新中道的企业管理哲学

张立波　陈少峰　著

图书在版编目(CIP)数据

新中道的企业管理哲学/张立波,陈少峰著.—北京:北京大学出版社,2012.7

ISBN 978-7-301-20904-2

Ⅰ.①新… Ⅱ.①张…②陈… Ⅲ.①企业管理-管理学-哲学 Ⅳ.①F270-05

中国版本图书馆CIP数据核字(2012)第139868号

书　　　名:	新中道的企业管理哲学
著作责任者:	张立波　陈少峰　著
责 任 编 辑:	胡利国
标 准 书 号:	ISBN 978-7-301-20904-2/C·0772
出 版 发 行:	北京大学出版社
地　　　址:	北京市海淀区成府路205号　100871
网　　　址:	http://www.pup.cn
电　　　话:	邮购部 62752015　发行部 62750672　编辑部 62765016 出版部 62754962
电 子 信 箱:	ss@pup.pku.edu.cn
印 　刷 　者:	北京京华虎彩印刷有限公司
经 　销 　者:	新华书店
	730毫米×1020毫米　16开本　21.5印张　319千字 2012年7月第1版　2017年7月第2次印刷
定　　　价:	45.00元

未经许可,不得以任何方式复制或抄袭本书之部分或全部内容。
版权所有,侵权必究
举报电话:010-62752024　电子信箱:fd@pup.pku.edu.cn

作者简介

张立波,博士,中国海洋大学国家文化产业研究中心研究员,文化产业管理系教师,主要研究企业伦理、文化企业商业模式与核心竞争力等。迄今在《北京联合大学学报》、《福建论坛》、《安徽师范大学学报》等刊物发表论文30余篇,合著《比照与融通》、《文化产业商业模式》、《中国文化企业发展报告》等。

陈少峰,博士,北京大学哲学系教授,北京大学文化产业研究院副院长,主要研究伦理学、管理哲学与文化产业等。作为管理思想家,著有《伦理学的意蕴》、《宋明理学与道家哲学》、《企业家的管理哲学》、《学而优则商》、《企业文化与企业伦理》、《文化产业商业模式》、《正义的公平》、《企业兵法》等,并在其中提出了一系列原创性的管理思想或观点。

内容简介

本书主要以"新中道"来探讨企业管理中的一些核心问题,即针对企业管理实践存在的现实问题,对问题进行结构性分析,提出改进或完善解决问题的思路和方法。

作为一种哲学方法论,"新中道"注重分析问题和解决问题的统一。借助"新中道",本书系统阐述了一系列创新性的管理思想,如企业整体价值最大化、发展战略的专业化与多元化、选择策略的逻辑上优先与时间上优先、目标激励的长期性和短期性、管理方法的原则性与灵活性、组织设置上的家族化与职业化、薪酬分配的"差异化"与"公平对待"、商业中的逻辑、企业元老文化及其应对策略、团队悖论、企业家与职业经理人之间的博弈与合作、通过完善商业模式提升企业核心竞争力等。同时,本书特别重视利用"新中道"的方法,对困扰企业管理者颇多的各种悖论与两难问题进行深入剖析。

前　言

管理哲学是一种跨学科研究经营管理活动的观念与方法。我们在研究管理时发现，无论是工商管理还是公共管理，从经济方面入手研究问题仅仅是其中一个角度而已，而其他许多方面的问题如管理的文化基础、人力资源的开发方法、商业中的逻辑、企业伦理与企业美学、政策与社会正义等，往往都不是经济研究所能解决的本质问题。正因为如此，我国日新月异的管理实践所需要的管理学家，并不是仅仅从经济视角来研究管理的管理专家，而是真正具有哲学素养和具有相应的管理知识结构的管理学家或者管理思想家。与此相联系，企业家和职业经理人在经营管理中也需要具备哲学及其他基本的人文素养，并且在其中形成更具前瞻性的眼光、综合把握问题的能力、历史与政经结合的见识、国际视野和分析问题的方法等等。

从总体来看，目前通行的管理理论，无论是理论所占据的高度还是在指导实践和应用解决问题的方法，都有不足之处。举例来说，许多研究管理的学者在谈及人力资源或企业核心价值时往往不得要领，谈不到点子上，而经常把一般性的绩效考核作为企业用人的原则——这无疑是失之偏颇的。再如，我国很长一段时间包括一部分官员和经济学家把指导经济社会发展的主要政策理念定义为"效率优先，兼顾公平"，其实从哲学层面来分析，这是完全曲解了"公平"的地位和意义。更有甚者，有的经济学家竟然提出了"市场经济是先利后义"的观点，实在令人瞠目。市场经济的本质在于,它是市场的经济主体(企业)通过自由而公平的竞争来实现资源配置的效率化和相应的经济目标。在这里,自由竞争是主要手段,而自由竞争需要建立在基本权利得到保证基础上的机会平等;公平(即"义")是市场经济的第一位的制度要求。由此,在没有实现经济目标之前,就必须合乎道义地选择实现目标的手段,怎能说"先利后义"呢?!显然,"效率优先"和"先利后义"只是庸俗经济学的庸俗价值观而已。

  从哲学的角度来研究管理,不仅涉及管理方法的问题,也要涉及跨学科的知识结构,包括思维方法、战略与战术、经济学、伦理学、心理学、美学乃至于法律、政治和常识等因素。举例来说,在企业管理中,总是存在着一些悖论和两难问题,而对于悖论和两难问题往往是典型的管理中的哲学问题,需要真正把管理学还原为人的管理学,即从人文学科的角度进行理解和思考。当然,无论是工商管理还是公共管理,都是理论与实践密切结合的领域,因此,哲学家研究管理,也必须对实践有深入的把握,并且能够从中提炼出具有代表性的问题,并予以具有方法论意义的分析。

  在本书中,我们尝试着从"新中道"的理念和方法来探讨企业管理的一些核心问题。我们对管理哲学的理解,主要偏重于实践的针对性、对管理问题的结构性分析和完善解决问题的思路和方法。一方面,所研究的对象主要是企业管理中的哲学问题;另一方面,是从哲学的立场和方法来研究企业管理问题。不过,从哲学的方法来说,既有一般性的方法如逻辑分析等,也有哲学家自己的方法。因此,我们就根据自己在研究管理过程中提炼的方法——"新中道"哲学来研究问题。大家知道,中道是我国传统文化的核心理念和方法,它是一种实现合理的均衡和达至和谐目标的理念,同时,它强调对"度"的把握,是一种反对极端的思维方法。我们对传统的中道在方法论上进行了新的发展,特别是提出了一种基于反向的平衡、结构化和本质还原方法的改善主义的思想。我们认为,在对事物进行正向和反向思考的认识视野中,可以对事物的内在组织进行结构化的分解,进行分类分流地深度分析,并找到构成结构的各种元素及其性质,然后针对这些元素和性质进行本质的还原,试图找到解决和改进具体事物的方法,并最终通过结构化的整合来实现在更高水平上的均衡。结构化和本质还原的目标,不是为了分解事物，而是为了改进结构和完善局部的质量，从而提升认识和实践的水平。举例来说，当探讨企业文化问题时，我们可以首先分析文化的类别结构，从时空上理解文化的特点以及社会文化与企业文化的区别与关联、企业文化的结构、核心价值与企业形象设计之间的关系、员工的职业化与企业文化基础建设等结构系统，然后从各个不同的角度去把握其本质，再在把握本质的基础上，找到改进解决企业文化建设中相关问题的办法。通过以上的方法，我们可以理解企业核心价值的本质，即企业核心价值是企业具有原则性意义的价值，也是企业用人的基本原则。由此我们可以找到确立核心价值的立场与方法，使企业核心价值建设更具有直接现实性和针对性。

在本书中，我们还提出了一些创新性的概念或思想，如企业整体价值最大化、商业中的逻辑、团队悖论、人力资源管理中的"三高"、企业元老文化及其应对策略、企业家与职业经理人之间无缝合作、通过完善商业模式提升企业核心竞争力的方法、活动经济等，在其中自然而然渗透着新中道的思路和方法。同时，我们特别重视利用以上概念工具和方法，对企业管理中困扰颇多的各种悖论与两难问题进行深入思考和分析，诸如管理标准的普适性与相对性、管理方法的原则性与灵活性、治理结构的分立与整合、领导方式的权威与民主、组织设置上的家族化与职业化、薪酬分配的效率与公平、员工激励的长期利益和短期利益、发展战略的专业化与多元化、发展目标的利润最大化与整体价值最大化、选择策略的时间上优先与逻辑上优先以及企业家与职业经理人等等。我们认为，只有属于悖论与两难的问题，才是企业管理者最值得思考、研究和解决的问题，当然也是企业管理哲学所应当重点关注和研究的对象。此外，本书所思考的基本问题都是来自作者对许多企业实践问题的独立思考和总结以及多年来从事企业咨询顾问工作的切身体会。在分析问题之余，我们也提出了一些如何完善管理的具体操作方法上的建议。

本书的结构安排可以分为三个主要部分：第一部分（即第一至三章）包括新中道的管理理念与方法，以及这些方法与企业管理中的问题相结合所扩展的内容和角度；第二部分（即第四至十五章）是对企业管理问题的具体分析，以增强该新中道方法在指导实践中的展开和应用；最后一部分（即第十六至十七章)是结合实践所做的进一步延伸思考和展望。

  本书适合企业家、职业经理人以及各级企业管理者阅读,也适合对企业管理与企业文化有兴趣的专业研究者作为参考书籍,同时还适合管理类相关专业的学生作为参考教材使用。书中或有不当之处,敬请各位读者批评指正。

目录/CONTENTS

第一章　新中道的理念与方法

> "新中道"作为分析和解决问题的方法,它包含"反向的平衡"、"结构化"、"本质还原"和"改善主义"。

一、儒家的中道　/3

二、其他诸子的中道　/6

三、新中道的理念与方法　/8

四、新中道的"反向的平衡"　/11

五、新中道的"结构化"　/13

六、新中道的"本质还原"　/14

七、新中道的"改善主义"　/16

第二章　管理的基本思维方法

> 每种基本思维方法各具特性,在不同管理情境中需使用不同的思维方法或工具。

一、混合性思维　/21

二、辩证思维　/23

三、逻辑思维　/26

四、战略性思维　/30

五、反向思维和启迪式思维　/32

六、创新性思维　/33

第三章　新中道的实践方法

> 通过结构化对管理问题进行分解,再通过本质还原认识所分解问题的本质,然后以改善主义来推进对问题的解决。

一、新中道的分析方法及其应用　/39

二、新中道的实践方法举要　/43

三、解决冲突的新中道　/46

四、重视优先性的新中道　/48

五、简单化与复杂化　/50

六、关于提升企业核心竞争力问题　/51

七、文化变革与体制创新　/53

第四章　目标管理与前瞻性思考

> 目标决定企业的结构、主要活动以及人员配置。企业的核心目标是实现企业整体价值最大化。

一、目标管理的要素　/59

二、作为发展目标的"好的企业"　/64

三、合理的目标:由强到大　/70

四、前瞻性与目标的实现　/72

第五章　管理、文化与法治化

> 企业管理的法治化主要体现为制定标准、尊重规则，从而降低内耗、减少冲突、提高效率。

一、管理的阶段性及其文化与法治化问题　/77

二、文化与核心价值　/81

三、沟通与共识　/83

四、经验与传统的问题　/86

五、企业管理中的道德与法治化　/89

第六章　管理观念及其创新

> 确立好的管理观念，需要用本质还原的方法对流行的观念进行必要的反思和省察。

一、观念及其力量　/95

二、本质还原与本地化　/98

三、对具体管理观念的反思　/102

四、观念创新　/106

第七章　商业中的逻辑

> 常识是化解企业经营风险的第一屏障。对商业活动进行逻辑分析可以帮助管理者把握企业可持续发展之道。

一、管理与逻辑　/113

二、常识及其意义　/117

三、正反向的思考　/118

四、破除假象与甄别假问题　/121

五、管理中的悖论问题 /123

六、管理中的两难问题 /126

七、管理中的辩证法 /128

第八章 职业化及其管理

> 员工自我的职业化、企业的职业化管理和职业化的企业文化是三位一体的。

一、职业化与法治化 /133

二、职业化的内容 /135

三、职业化与职业精神 /138

四、职业化与职业道德 /140

五、职业道德的原则 /144

六、职业化管理 /149

第九章 企业家

> 发挥企业家的核心作用,需要企业家对自身特点有清楚认知并进行合理的角色定位。

一、企业家的特点 /155

二、企业家的自我管理 /160

三、权威与民主管理风格及其缺陷平衡 /161

四、企业家群体的成长 /163

第十章　企业家与职业经理人

> 企业家与职业经理人之间既有互补性又有冲突。企业引进职业经理人关涉到一系列体制与文化变革,应审慎对待。

一、职业经理人的特点　/169

二、既有互补又有冲突　/170

三、以契约为基础　/173

四、充分了解是无缝合作的前提　/177

五、引进职业经理人的程序　/180

六、家族企业与职业经理人　/186

第十一章　领导者

> 领导者是具有战略眼光和整体思维的管理者。企业管理者成为领导者,需要培养领导素质和领导能力。

一、领导素质和领导能力　/193

二、以身作则　/195

三、领导者常犯的错误　/197

四、怎样成为一个领导者　/199

第十二章　人力资源管理哲学

> 人是企业最重要的资源,人力资源只有通过组织化过程才能发挥其积极性、主动性和创造力。

一、人力资源的新理念　/205

二、职业化的人力资源文化　/207

三、团队及其悖论　/210

四、企业人力资源总监　/215

五、企业高层团队　/216

六、企业员工的培训和培养　/220

七、激励　/222

第十三章　企业战略与商业模式

> 战略是一种结构，应进行模块化分解。企业发展战略需要有可行的、具有竞争力的商业模式来支撑。

一、重视战略的原则　/227

二、战略的策划与规划　/229

三、战略目标与发展战略　/231

四、竞争战略　/235

五、战略的执行　/237

六、管理模式与商业模式　/241

七、具有竞争力的商业模式　/243

八、商业模式的选择与完善　/246

九、以文化产业为例看商业模式的特性及其创新　/251

第十四章　企业文化建设

> 企业文化是一种结构化体系，包括核心价值、制度、企业形象等。企业文化建设关键在于确立核心价值观及其制度化。

一、企业文化的结构　/261

二、企业文化的影响因素　/264

三、企业核心价值观的确立　/267

四、核心价值观的制度化　/272

五、关于 CIS 设计 /274

六、企业品牌文化 /276

七、对企业文化中悖论的思考 /280

八、企业文化变革的时机选择 /283

九、企业文化变革的基本程序 /284

第十五章　企业发展的阶段性及其管理方法

> 企业发展需要经历不同阶段,相应管理的方法及境界也有新商、业商、兵商、法商、儒商、道商、圣商之分。

一、创业图存的新商 /289

二、赢利第一的业商 /290

三、不战屈人的兵商 /292

四、依法治企的法商 /293

五、以文化人为主的儒商 /295

六、无为而治的道商 /296

七、泽被天下的圣商 /297

第十六章　反思与启迪

> 企业管理者要善于汲取古今中外的智慧资源,时时保持对管理问题的警觉和敏锐。

一、绿色狗食 /301

二、一个晋商的故事 /303

三、韩非子的防奸说 /304

四、德鲁克的知识工作者管理 /305

五、哈默买公牛 /306

六、曾国藩论英雄 /307

七、庄子坐忘　/308

第十七章　中国式企业管理哲学

> 中国企业的管理需要形成自己的管理哲学，它不仅体现本土化的特色，更需要体现前瞻性的思考。

一、经济崛起与管理模式　/313

二、民营企业的发展走向　/314

三、在比较中学习　/318

四、中国式管理的文化基础　/319

五、中国企业的管理哲学　/321

参考文献　/325

第一章
新中道的理念与方法

"新中道"作为分析和解决问题的方法,它包含"反向的平衡"、"结构化"、"本质还原"和"改善主义"。

我国传统哲学中有一种重视"中"和"中道"的理念或方法。在先秦诸子百家中，普遍存在着相关的中道思想，而以儒家的中道思想最为系统。然而，无论是儒家还是其他诸子，都没有把它作为一个哲学体系加以系统阐述。《中庸》中的中道，实际上是抽象的、过于空洞化的，因而也是不完整的。而我们所谓的新中道，是在综合先秦诸子百家思想的基础上发展起来的一种理念或分析问题的方法。对企业管理来说，对中道予以提升并进行拓展性发展是一个有积极意义的选择。因此，针对企业管理中的问题，我们需要分析新中道的要素和特点，并基于传统中道的理念提出了一种以反向的平衡、结构化和本质还原为主轴的改善主义的哲学方法。

一、儒家的中道

传统的"中道"就是"持中"之道，它可以分为两个部分：一是先秦儒家的中道，二是先秦其他诸子的中道。不同的中道都强调"中"的原则，但也有微妙的内涵上的差别。

儒家的中道包含几个方面的特点或内容。第一，就是"无过无不及"。这里的"过"与"不及"都是有所偏颇，是儒家所反对的。之所以反对"过"和"不及"，其中最主要的一个原因就是强调不要走极端。"不及"就可能缺少力度，但是"过"就有点适得其反，或者过于偏激。在"过犹不及"的思路当中，包含了一种比较理性的思维。这种理性的思维中有一个规范，就是能够有一个约束的标准或者方法，使做人处事时不至于出现"过"或者"不及"的状况。例如，企业追求做强做大是合理的，做强是基础，有了这个基础就可以实现做大，但如果忽视了做强这个基础而一味追求做大，可能会出现过于盲目追求做大，而忽视了各种相关条件以及可持续发展的问题。

第二，先秦儒家的中道主张利益相关的各个部分之间有一种"相互依存"的关系，即实际上是讲一种"相互依存"的关系，或者是在倡导一种双赢（或多赢）的价值。试想，在这方面，为什么《周易》的阴阳和谐的思想很快就与儒家重视相互关系的思想结合在一起？原因就在于，先秦儒家所关心的问题基本上都是在讲一种"关系"，如君臣、父子、人与人、上下、左右的关系等等。这种关系都是和谐对应的，也就是说，不是以某一方绝对为主的关系，而是一种相互对应的关系。包括传统上讲的阴阳和谐、动静相随、相互依存、双赢，实际上都是在讲双方之间具有一种相互依赖、相互补充、相互促进的关系。甚至可以说，利益相关者之间具有共同的利益和目标，它们必须具备这样一种相互的关系，才能实现共同的利益和目标。而且，实现这种利益和目标的方法，一般来讲也都是比较好的方法，是符合经济效益和社会（文化）效益两个方面的要求的。

第三，中道实际上也是一种对事物的"度"的把握。"中道"或者"中庸之道"，它在指导方法上是表示一种恰到好处的"度"。正如古人描述一个女人的"美"："东家之子，增之一分则太长，减之一分则太短，着粉则太白，施朱则太赤。"[①] 她的"美"可谓完美，就是恰到好处。这种恰到好处不是某个固定的目标，更不是讲的某一"端"与对立之另一"端"之间的某种折衷，它实际上是讲在两端之间有一个最佳的点；这个点需要结合环境、时间（阶段）等因素来把握，而不是简单的"中间"的点。比如平时说的"三七开"或"黄金分割"点并不是中间，有时反而是很好的"度"。另外，在企业管理经营当中都会有一个"二八"规律，即20%的人创造出80%的成绩，或者说，20%的核心人员做出80%的贡献。相应地，做企业工作的人要抓好其中做出80%贡献的这一部分。这就是一种度。那么，如何去确定这20%的人力资源呢？显然，这些人力资源不是指企业最上层的部分，而是企业各层的核心部分，或者说，是每一个层次中的20%。因此，需要有一定的经验、有一种综合的眼光，并做好相应的背景分析，才能把握好这个"度"。

[①] 参见《登徒子好色赋》，收录《楚辞选》，人民文学出版社1958年版。

第四，中道是一种"平衡"。这是在比较两边的基础上对于多边关系的理解和方法。"中道"涉及两种情况，一种是"两边"，一种是"多边"。"两边"的中道是一种直接的对应性的平衡，而"多边"的情况下的平衡则带有某种"民主"的性质。也就是说，一方面存在着两端之间的"中"或者"度"，它是一种平衡；另一方面在"多数"的情况下，它是一种协商性质的平衡，相当于民主性质的"集中"，所以它在政治上也是在寻找一种共识或者是平衡，或者说是一种"多数的共识"。之所以无论是儒家还是法家都注重民生问题、注重大多数的人福利问题，这是与它们都关注多数人所面临的核心问题是有密切关系的。儒家虽然讲等级"秩序"，但是它的目标还是保障多数人的基本权利，以及在价值观上的多数人的共识的达成。

第五，中道也涉及"时中"。所谓的"时"，就是合乎时宜，天时、地利、人和基础上的时间的关键点，也可以理解为"动态中的中道"或者是"与时俱进"。这个问题，在进行企业的产业分析时具有重要的指导性。例如，在过去的五年左右的时间里，许多民营书商没有根据图书业的产业变化和电子商务的要求来创新发展自己的业务与商业模式，仍然拘泥于小作坊的做法而遭到淘汰。纸质媒体面临着新媒体的挑战，因此，国外许多著名的报纸及时加强所属的网站建设，取得了很好的效果。这是符合"时中"的方法的。另一个方面，可以把"时中"理解为"循序渐进"，如孔子所谓"因"袭继承与损益之间的平衡关系。也就是说，在改革和发展中，我们实际上既不要保守的也不要激进的改革，而是要一种循序渐进的发展。这样，在发展当中它能够保障"中"和"和"，比较平稳，但又能够有发展。所以，这种"循序渐进"表达了一种发展过程上的"中道"。

第六，先秦的儒家中道中包含着"和谐"的理念，也叫"中和之道"。"和"是指包容性，和而不同。"和"不是没有原则，"和而不同"也不是说原则冲突的时候它都可以包容。而是说，在原则不发生冲突的情况下，可以采取一种在非原则问题上的包容性。所以"和而不同"应该有一种具体的"和"的原则，以及包含了灵活性的"和"的这种包容性。或者说，"和"，就是要寻找到一种原则上的共识，并在"多样性"的方面采取一种

"包容的态度"。

另外，儒家的"中道"在《中庸》里体现为"极高明而道中庸"，也就是说，中道还是一种精神境界，或者说是一种实现目标（包括大的战略目标）所需要的智慧境界。对于商界的领袖来说，高明就是英雄的本质，能够高瞻远瞩、能够精明细化，同时能够洞察事物的本质。要达到极高明的境界，需要对中道的方法有深入的把握能力。

最后，需要注意的是，有人认为儒家的"中道"中含有折衷的意味，甚至有无原则的包容，这其实是儒家历史发展中逐渐变得庸俗化的一种观念，不是儒家中道的本质。当然，汉代以后的一些儒家有时会在发生冲突的时候过于追求折衷，导致了它在方法上的走偏和失去意义。在此一问题上，我们希望通过"新中道"的方法予以改变。就是说，我们可以提倡在发生对立的时候采取必要的缓冲手段，使问题得以暂时保存，不至于激化矛盾，然后在合适的时间和地点再由合适的人物来进行符合各自原则的"和而不同"的综合或者平衡。

二、其他诸子的中道

除了儒家以外，《周易》中也有求"中"的意蕴，这实际上是另外一个层面上的"中"，或者说，是处于枢纽位置的意思。我们知道，在《周易》中，凡是"中"卦或者是"中"爻都具有吉利的特点。传统上讲"九五之尊"，因为"九"代表阳爻，"五"是中爻；阳爻且居中，只有"君"才能享有，所以它是君位。而作为道家思想的代表，老子讲"守中"，庄子讲"处环中"，代表了道家重视"自然"和"无为"的主导倾向，也都是与"中"有关系的。

墨家提倡兼相爱、交相利，讲利益相关者利益的平衡，直接把中道作为一种伦理原则或者核心价值。墨子所谓的"兼"就是要超越自我或者与自我相关的狭小范围内的爱或者利，达至所有各方的利益互惠。墨子反对"亏人自利"，就是因为损人利己的做法是不符合互利原则的，甚至会陷入相互敌对的恶性循环。就此而言，墨家的思想对于儒家注重等差之爱的思想既是一种挑战，也是一种重要的思想资源。

　　法家的中道则是别具一格的。我们知道，法家看起来是比较注重"严刑峻法"的，但是实际上法家也讲"中"。法家的"中"就是"法"；或者说，"法"就是"中"。"法"是所有人都要遵从的，即所谓"王子犯法，与民同罪"；就是说，只有一个标准。这个标准是什么？就是朝廷或官府所制定的政策和法制，这是一个"中"。大家遵守它就可以形成一个"中"。法家注重打破皇亲国戚的特殊化，要求在统一标准的制度中实现具有激励意义的、有效率的和谐。

　　兵家也讲"中"。大家都知道兵家主要是要指导人们怎样在战争当中打胜仗。其实，兵家思想的代表孙武是反对打仗的，至少是反对过度用兵的。像《孙子兵法》当中很重要的一个思想就是，两国相争的时候最好的方式是不打战，因为"兵者，不祥之利器"。不打最好；如果实在要打的话，最好用计谋来打，不要用兵力来打。首先"伐谋"，其次"伐交"，再次"伐兵"。就是说，谋略应作为军事上优先选择的手段。那么，在军事上对各种手段进行选择的目标，就是要尽可能地不要造成两败俱伤。显然，"两败俱伤"不是"中"，不是一种和谐的关系。另外，《孙子兵法》要求在这个价值观的基础上，在打仗中讲究"知己知彼"，讲究我方能够在不牺牲或少牺牲的情况下打胜仗。它强调"主不可怒而兴师，将不可愠而致战"。涉及战争时，强调人要在理性的时候才能做决策，特别是帅和将，不能只受情绪的支配。国家的首脑和军事将领要尽可能地不打仗，即使是打仗的时候也不能一味地打，一味地蛮干就容易陷入偏激。从这些方面来说，兵家实际上就是要求很理性、很中道地去处理战争这一严肃的问题。

　　从另外的一种文化和谐的角度来看，墨家重视兼爱，法家重视平等，兵家重视"奇"的策略，道家重视自然和无为（包括反对过分注重人为的"伪"），对于儒家来说，这些都是具有挑战性的另一种性质的方法，这些与儒家的方法相结合，就可以形成一种综合意义上的中道。

所以，在先秦各种原创性的思想中，尽管表面上各种主张莫衷一是，但是都注重一种稳定的制度与和谐的关系。当然，先秦也有一些极端的思想，但一般来说都是支流，主流都是主张"以人为本"和"中道"的。先秦诸子中，主流的中道都讲究公平，讲究多数当中的共识，讲究一种不要走极端的状态。我们要借鉴古代"中道"的文化，它应当包含"诸子"的"中"以及相关的一些因素。在方法上，我们可以把道家的反向思维的方法以及法家对法的重视作为对儒家中道思想的一种调节和弥补，以通过对各种相反性质的调和以及对相应的度的把握、平衡等来分析和解决问题。

中道不只是一种抽象的哲学观念，它作为一种哲学方法已经得到管理、中医、建筑、人事等许多方面实践的检验，并且已经得到西方管理学界的认同和应用。例如，在《基业长青》一书中，作者柯林斯和波勒斯从太极的原理出发，认为优秀的企业都能够兼容两种极致的性质，如进取和守成、保守和创新等等[1]，并能发挥各自具有个性化的人的力量。

三、新中道的理念与方法

中道就是中庸之道或者中和为道。对于中道在今天的应用，我们提出了一些新的补充，也做了一些必要的发展或发挥。因为传统的"中道"存在两个不足：一个是没有一直贯彻下去，有时候它会走偏。比如说汉代以后的一些儒家，在强调君臣关系时就过于突出君主的绝对支配性，或者一些提倡道德的学者有时就走向了道德理想主义。此外，少数精英高高在上，对大多数人的民生问题视而不见。在文化上，本来应该是精英文化与

---

[1] 〔美〕吉姆·柯林斯，杰里·波勒斯：《基业长青》，真如译，中信出版社2005年版，第107页。

大众文化并存，精英代表理想，大众则代表过普通日子的要求，对两方面都要有所关照。但是在这个问题上，无论是哪一家哪一派，在发展的过程中都会走向某种极端。也就是说，本来在思想原创的时期即先秦时代，诸子都比较注重中道，但是一些后学或所谓的继承者就出现了走极端的情况。从另一种角度来说，先秦的这种"中道"在方法上还没有达到一种完善的程度，因为在传统的文化结构当中，许多都是静态的、局部的问题和思考方法，没有形成系统化和动态化的解决问题的方法。例如，对于儒家来说，如果对"标准"或"原则性"的问题没有更多的考虑，就会导致人们误解"中道"，以为"折衷"是它的本质。再如，对于像社会正义这样的问题的理解，本来是可以找到相应的方法的，但是按目前流行的方法就不一定能够做到。还有，从今天的视角来说，如果不能解决"法治化"与"亲亲相隐"这两个原则之间的矛盾，那就只能用"折衷"的办法去解决了。类似的还有企业中的"人性化管理"与"规范化管理"之间的冲突；如果不引入"优先性"的概念，就无法解决两个核心价值之间的冲突。此外，还有一些诸如新旧之间关系的动态的问题，对于儒家来说也常是悬而未决的。

中道的基本方法是过犹不及和致中和的结合。通过前两节的分析，我们看到，传统的中道理论由于过分突出理念层面的阐释，而在方法论层面上还是比较模糊和薄弱，因而弱化了其分析和解决问题的价值。藉此，我们提出一个在动态中把握正态或常态的方法论，由某些哲学方法和指导原则来指导实现中道。我们把对于中道哲学的发展称为"新中道"，它不是完全脱离原有中道传统的哲学和文化基础的新理念，而是在传统中道基础上的发展，特别是朝着与现代哲学方法一致的方向的发展和创新。换句话说，"新中道"就是指导那种在企业管理方面不能体现传统中道要求时所应当坚持的原则和哲学方法。

"新中道"强调和谐，强调在原则基础上的包容性，反对极端化和单边化倾向。例如，在企业经营管理中，对于某些不好的做法或某些不符合企业核心价值的员工的行为视而不见，就等于纵容、助长或诱发道德风险。又如，一些企业在经营过程中忽视了顾客或者合作伙伴的利益，虽然短期利益增加了，但是因为违背了中道的原理及文化理念，过后一般会遭到利益相关方各种形式（包括用脚投票）的惩罚。

"新中道"注重在原则基础上的融合，不赞成也不采纳"非此即彼"的二分法。例如，选择稳定就不能选择创新；要求团队整体的文化就不能有个人的自主性；要用自行培养的经理人，就不会有根本的企业文化变革；要采取专业化的做法，就不能有敢于冒险多元化发展的目标；要追求利润，就不能根据企业的核心价值观和目的行事；变革和稳定不能并存；低成本与高品质不能并存；创新的自主性与一贯性及规范化管理不能并存；为未来投资和短期优异表现不能并存；靠有秩序的规划追求进步与机会主义式的探索不能并存；为股东创造财富和为人类行善不能并存；理想主义与务实主义不能并存，等等。由于长期受二分法的先入为主的蒙蔽，人们的思维方式也习惯于把企业管理中的许多问题看成"非此即彼，非彼即此"的二元结构。确实，我们需要抛弃"非此即彼，非彼即此"，合理的思路可能是"兼而有之，不过比重或优先性会有所变化"。这就要求人们打破这种二分法思维模式的桎梏，更加注重兼容性、共赢性和互补性。

由此，"新中道"的理念和方法包含着如下几个方面：一是对原有中道的理解和把握基础上提出的"反向的平衡"或者称为"反思的平衡"，其中包含对不同性质的事物的均衡和反对走极端的精神；二是进一步提出"结构化"与"本质还原"相结合的方法，通过分解结构和建立新的结构来提高认识事物和解决问题的能力；三是"改善主义"，在认清性质之后不断完善和改进想问题或者做事情的方法。

相应地，对于新中道的方法，我们希望能够找到一种可普遍化的分析和解决问题的合适的方法。这种方法的运用可以围绕着"反向的平衡"，具体分为三个步骤：一是对复合问题进行内部结构或者亚结构的分解，我们称为"结构化细分"；二是对结构化分解的事物进行本质的还原并予以再认识，我们称为"本质还原"；三是找到可以对有关问题进行改进的具体的切入点，也就是找到解决问题的具体方法或策略，我们称为"改善主义"。

四、新中道的"反向的平衡"

老子言，反者道之动。想要保持某种事物或者状态，就需要在其中容纳一些相反的东西。老子式思考的价值在于，正向的做法能解决一部分问题，但反向的做法说不定能解决更多的问题。比如，柔弱胜刚强、以静制动、曲则全、枉则直、无为而无不为等等。结合道家有关自然之道、启迪式思维等方面的哲学智慧和原始儒家的过犹不及的思想，我们提出了一个称为反向的纠偏的思考和管理方法，即"反向的平衡"，或者"反思的平衡"。

"反向的平衡"强调反向与正向的结合，它是分析问题的一种有效方法，也是促进事物良性发展的可行性思路，它可以帮助我们解决单向度、极端化的偏执思维，从而达到合乎中道的度。正向与反向结合要求，既要从正向的角度提出问题，更要从反向的角度来思考和论证问题；或者说，我们应当经常同时从正向和反向结合的角度来思考和分析问题，以此促进纠偏，回归合理化的正态或常态。比如，"酒香不怕巷子深"的说法看似美谈，可能实际上却包含着对企业重要职能——市场营销的忽视。确实，"检验一流智力的标准，就是在头脑中同时存在两种相反的想法但仍保持行动能力。"① 在反向思考基础上实现反向与正向的结合，是改善和提升分析和解决问题能力的重要方法。

"反向的平衡"作为一种综合的方法，包含着对不同性质的事物的均衡和反对走极端的精神。从反向与正向相结合的角度来看问题，我们就会发现，越是特长突出的企业，就越需要注重纠偏。以大家普遍关注的企业

---

① 〔美〕吉姆·柯林斯，杰里·波勒斯：《基业长青》，真如译，中信出版社2005年版，第54页。

核心竞争力问题为例。其实，越是"超常规"发展的企业，问题越多，同样，越是技术长处多的企业，就越有可能忽视品牌等无形资产、忽视市场营销。再比如有一些搞资本运作的企业，往往最后就不干实业了；实际上，企业价值最大化中很重要的一点就在于，如果既有资本运作能力，又能把实业搞好，这样企业的综合价值（或整体价值）才可能是最大的。但是，现实的情况往往是，一个以技术和产品为主营业务的企业，其资本运作能力对于企业而言可能如虎添翼，但也可能造成企业尝到甜头由此成为投机心态太重的务虚者。因此，过于务实需要以务虚予以平衡，反之亦然。总之，对企业进行某些纠偏的工作很重要，企业如果某些长处特别突出，往往就会存在着相应的弱点，而对这个弱点一定要认真对待，防止它变成阻碍企业发展的因素。

再以确定发展目标为例，企业制定目标的过程需要审慎全面的思考，特别是需要在企业的当前需要和未来需要之间进行平衡，在企业整体诉求和部门具体操作可行性之间进行平衡，在所要达到的目标与现有条件之间进行平衡等等。显然，制定目标的过程离不开反向的思考和论证。

反向的平衡更注重反向思考和反向的纠偏。物极必反，欲速则不达，速度不等同于效率，所以要及时纠正极端的事情，包括速度过快带来的偏差。在企业管理实务中，很多人都忽视了一个简单的道理：懂得什么时候踩刹车的人才是真正会开车的人，只懂得开快车的人就是随时都可能会粉身碎骨的人。

许多企业在进行可行性决策时，往往事先就持有对项目可行性的主观意图，结果，对于"可行"的理由做了很多阐述，而对于反对的或不可行的理由则往往一笔带过。实际上，在可行性决策过程中，必须有完整的反向的思考和论证。就是说，当你论证一个正向的支持的理由时，也应一定列出可能的反对或怀疑的理由；或者说，对于一切正向的理由，都需要考虑可能的反向的论证。

五、新中道的"结构化"

"结构化"的对象是复合性的问题。首先,我们需要把问题分类。例如,曾经有一段时间,人们对于教育能否产业化的问题,争论不休。然而,当我们谈论教育时,它实际上包含着各种不同类型的教育。在结构上,教育至少可以分为"基础教育"和"继续教育"两个类型;前者的本质是由政府和社会提供公益性的教育,后者是由私人或者企业提供的服务;前者不能产业化,而后者则需要产业化。当然,在这些类别中,还可以进一步地分解,如继续教育可以包括成人学历教育、技能提升教育、专业培训、资格培训等等。另外,在进行结构化分解的时候,需要按照本质来划分类别,而不是按照数量或某种表面特征来划分。例如,人们通常把企业管理人员特别是高层管理人员笼统称为职业经理人,但实际上这是错误的分类,因为:一方面,只有"职业化"的经理人才是真正的职业经理人,很多经理人都没有达到"职业化"的标准;另一方面,职业经理人是一种素质,而不是一种职位,并不是高层的职业经理才称为职业经理人。职业经理人是从低级职位成长起来的,是需要专业培养训练的。从上述角度来说,结构化与本质还原是一体化的关系。

新中道的结构化的方法需要解决的另一个主要问题是:如何确立一个基准点,解决所有具有相关性的结构化问题。从结构上来讲,过去的中道只对应一种结构内部的方法,它不能够处理两个结构(尤其是包含有外部结构)之间的关系问题。比如说,我们知道法家与儒家的价值取向和处理问题的方法是对立的:法家重法,儒家重视道德;儒家和法家都不能很好地把伦理道德与法治结合起来进行讨论。如果"孝父"与社会正义发生冲突,在儒家那里要以"孝父"为主,而在法家这里则要以社会正义(法律标准)为主;当法家以社会正义为主的时候,它并没有思考怎样对伦理道德问题进行适当的考虑。所以,在这种双重的(或多重的)结构当中,传统的中道没有办法解决这类复合性的问题。

另外,结构化需要解决具体问题。例如,企业家与职业经理人是一种合作关系,他们的关系中包含着可能冲突的因素。那么,假如要他们处理好相互之间的关系,就需要把各自的特性弄明白,同时把合作的步骤以及如何处理冲突都弄明白。因此,结构化需要某种确定性,而不是一般的辩证关系。或者说,我们既需要理解结构中各个因素的辩证关系,更需要建立一种程序,特别是可以解决问题的程序。也就是说,当一个人面对一个事情的时候,儒家告诉你走中道,它在某种意义上就带有一种辩证性质,它并不告诉你具体的方法是什么。我们现在所提出的一种解决问题的方法是在"结构化细分"基础上寻找解决之道,这是一种新的方法。它注重优先次序,可以解决诸如"抓大放小"的依据这样的问题。具体而言,原则性问题优先于灵活性问题,而原则性问题之间必须依据本质上的重要性列出先后顺序。当然,这就需要先解决对本质的确定以及各个要素在结构中的地位的问题。

六、新中道的"本质还原"

所谓"本质还原",是指按照一定的程序和方法来重新认识和把握事物的本质。这其中,逻辑分析是一种方法,结构化也是一种方法,还有其他各种不同的方法。而我们所强调的"结构化的本质还原"方法,其主要特点是先进行结构化,再进行本质的还原。

分析的方法中包括逻辑分析等各种方法。举例来说,当我们谈到"企业核心价值"的时候,我们需要分析什么是价值,核心价值和一般价值有什么区别,在此基础上,才能理解如何确立核心价值,并进而知道"口号"并不是核心价值。

本质还原是要认识事物的本质。但是，在一些情况下，这种本质是无法直接认识的，尤其当一些问题是比较抽象时，就难以真正地理解。例如，当人们谈论"人文"时，实际上经常没有谈论的焦点。一个不太懂《论语》的学者，当他讲授《论语》的时候我们并不知道他讲得到底对不对，因为无论他怎么讲，他都是在"人文"的范围内。但是，如果他是一个真正的学者，那么他就不能光讲"心得"，这样会误导人们对《论语》的理解和认识。他应该讲清楚实际的《论语》是什么内容，有些什么根据，然后再强调我个人的"心得"是什么。否则就容易把《论语》的内容和对《论语》内容的发挥混淆了。学者应当是专业的学者，所做的工作应是真正的人文方面的研究，他们不应当是所谓的"人文学者"，而是哲学家、历史学家或者文学研究专家等等。因此，要认识事物的本质，必须先结构化。

再以古代与今天相对应的结构为例，当我们解读古代文献的时候，人们常以今人的认识去理解古代的语词。以《论语》中的"仁"为例，我们今天常理解为仁爱，但是很多人（包括一些知名的学者）都不知道，在孔子那里，"孝弟"是仁之根本。也就是说，孔子所谓的"仁"的核心是等差之爱，而不是我们常人所理解的仁爱。各种媒体上有学者讲解《论语》，谈些心灵鸡汤式的心得，但如果不懂孔子为什么讲"父为子隐、子为父隐"，他就并不是真正理解了《论语》的"仁"。

在结构化的基础上，我们可以通过比较来认识事物的本质。德鲁克在讲到决策需要做出妥协时，有一个非常生动的分析：存在着两种不同的妥协，一种妥协可以用一句古老的谚语来表示："半块面包总比没有面包好"；另一种妥协则可以用所罗门判案的故事来说明："半个孩子比没有孩子更糟"。我们都知道，面包的作用在于充当食物，而半块面包还是食物。可是，半个孩子却不再是半个活生生的、会成长的小孩了，而是分成两半的尸体。这实际上是对两种不同的事物进行比较分析之后把握二者的本质，在本质还原的基础上才能真正提出合乎中道的"妥协"。再比如，人们经常说做事情要合情合理。实际上，所谓的"合情"，就是能够满足人与人之间感性的、经验的要求（引起共鸣）；而所谓合理，则是满足理性的标准化的要求。一般而言，这二者有不冲突的情况，也有冲突的情况。当它们之间不冲突的时候，固然可以合情合理；但当它们之间冲突的时候，就很难合情合理了。因此，"合情合理"的说法只能针对解决简单的问题，而不能针对冲突问题的解决。而现实面对的问题的关键，常常在于如何解决冲突的问题。例如，当企业家面对元老文化的问题时，他必须做出优先性的选择：究竟是要优先考虑维护友情，还是要优先考虑企业利益的最大化，并为企业的未来奠定新的文化基础。这是企业家必须要考虑和解决的冲突问题。

七、新中道的"改善主义"

　　循序渐进是新中道的理念，"改善主义"是将这种理念转变为思考问题和处理问题的方法。改善主义是这样一种目标，它希望通过把问题分解为一个个本质不同的事物而考察它的来龙去脉，它注意分析不同性质的事物在综合结构中的地位和影响。这种方法应用的目标，是为了通过对问题的结构进行新的认识，并通过改进局部或全局的结构来创新和完善经营管理。这其中，我们还提出了实践改善主义的一个新的方法，就是"立新破旧"。

　　以人力资源为例分析。首先，人力资源必须综合把握。在企业（以及国家等其他组织）的战略中，人力资源管理不是人力资源部门的问题，而是战略性的结构环节。易言之，要做好人力资源的工作，不能仅仅关注人力资源本部门的工作，而是要各级管理人员都懂得做好人力资源工作并因此而有效地协助人力资源工作。在这一战略视野下的人力资源战略的结构是一种综合的结构，它必须和企业整体战略保持一致。其次，任何一个领域里的人力资源工作都具有不同的性质，而职业化是其最核心的要素。职业化包含许多要素。例如，一个职业化的人必须德才兼备，这种德才兼备不是一般意义上的德才兼备，而是履行职业要求方面的德才兼备。就此而言,是否做个合格的职业化管理者,必须具备履行职业的资格,包括职业的道德资格和才能资格。不过,即使如此,还没有真正把握职业化的所有要素。在我们看来,职业化的人还必须克服履行职责时的主观性,以及使自己成为学习型的人,以便能够不断适应接受一种更高职位之后组织发展和工作的挑战。在职业化管理方面,改善主义的要求是,我们要了解什么是职业经理人,然后根据相应标准去自觉主动地培养企业的职业经理人。为此,我们就需要知道做到职业化的经理人的要求,必须做一种自觉的、系统的、长期的培训。例如,我们知道,职业经理人的活动空间是规范化管理和严格的制度。为此,当一个企业家引进职业经理人的时候,它必须首先规范企业的管理制度。当然,即使要培养自己的职业经理人,也一定要完善规范化制度和决策流程,同时要保障在企业家和职业经理人之间的各自决策的定位和互补性,避免因为随意性而打破规范或管理制度。此外,对于职业道德的提高,不仅需要制度化的约束,还要在招聘员工时严格进行面试和翔实背景调查,并通过企业文化建设来予以完善。总之,对于人力资源框架内的职业化的努力,不仅需要在结构上有合理的设计和规划,而且通过本质的还原来认识具体的环节,提出具体事务的处理方法,并最终形成一个更高层次上的合乎"中道"要求的综合结构。

  企业管理中面临许多新问题,需要做出创新性的思路,而传统的破旧立新的做法容易造成文化的中断和真空。例如我国的辛亥革命或者"文革"期间,旧的破了,新的却并没有立起来,这就出现了价值观念和文化的真空。因此,在破旧之前,必须先立新,从而实现可持续和累积性的发展。以产品创新为例,当企业更新产品的时候,同时需要做好旧产品的服务工作,否则就会失去老客户。

  改善主义不只是一种理念,还必须有具体的思路和方法。它在解决问题的程序上,一部分是理论的,另一部分是具体的操作方法。从理论上说,一方面在理念上要做到不断突破和超越自己,以新的管理思路和商业模式来实现自我否定或创新,另一方面要建立起一个进行改善的流程和有效的激励机制;从具体的操作方法上说,需要重视标准化并强调高效率的手段和程序。

第二章
管理的基本思维方法

每种基本思维方法各具特性,在不同管理情境中需使用不同的思维方法或工具。

思维方法是思想和行动的基础。从结构化来看，管理中的基本思维方法可以细分为惯性思维（或者混合性思维）、逻辑思维、辩证思维、战略性思维、启迪性思维与反向思维以及创新性思维等。在不同场合需要使用不同的思维工具，不同的思维方法作为工具，各具特性。例如，逻辑思维注重逻辑性和可验证性，作为在实践中的应用，它寻求对于一些问题的普遍共识，在实践理性上体现为追求行为效果最佳的善行原则。而辩证思维则突出了传统反向思维的魅力，它与启迪性思维及创新性思维的结合，注重非常规的看问题的角度。而在思考一些动态的综合性问题时，需要结合逻辑思维和辩证思维，并需要战略性思维的指引。

在思维方法上，中国古代的反向思维和启迪性思维的方法是独特且富于启发性的，是对逻辑思维的重要补充。它们可以归类为辩证思维，但这一类思维更注重现实针对性。相对而言，启迪性思维主要针对那些悟性高的员工，而管理者则需要战略性思维。随着人们在管理中的职位的提升和职责的加重，需要越来越多地承担战略决策的任务或参与战略决策的讨论，这就需要具备战略性的思维能力。战略性思维不能只靠经验的积累，还必须依靠思维方法的训练，特别是需要结合管理的任务与目标来加以培养，这种思维方法也是最值得重视的内容。

一、混合性思维

所谓混合性思维，是指人们平时的思维方式既有理性思维的一面，也有感性或习惯性的一面。前者的特点是理性化，对思考对象或问题有所反思；后者则主要是顺从思维惯性或习俗，缺乏严谨的思考程序。可以说，平常人所具有的思维特点可以分为三个方面：一是习惯，即由习惯和从众而养成的惯性思维；二是经验和常识性的思维；三是后天学习所掌握的部分理性思维。不过，这些思维特点是综合或混合的，经常会出现不够条理化和清晰化的问题。

惯性思维是混合性思维的一种俗称，它突出了人们习惯中所不知不觉地接受的思维定势。例如，在大多数情况下，"大"的比"小"的好，所以许多人就喜欢"大"，认为大的容易受到尊敬，因此，做企业就往大里做，名声也往大里做。同样的道理，"外来的和尚会念经"，许多企业家就极力去寻找外面的高人来加盟；实际上大多数成功的企业都是注重从内部培养管理人才的，除非企业的规范化程度很高。另外，惯性思维还受主观立场或态度的影响，比如自己开车时就会觉得行人妨碍交通，而步行时则会觉得汽车横冲直撞。

惯性思维中包含着部分理性思维，但这部分理性思维有时能发挥作用，而有时则会被情绪所代替。例如，大多数企业都注重控制成本，这当然是对的，但是，有时企业会把工资成本看成是成本控制的重头戏，而不顾这种成本有时其实是不能省的。因为人才是企业的第一资源，对那些能创造巨大价值的员工，就要把给他的工资与他的贡献结合起来考虑，而不能一味地只看工资成本，能少给就少给。如果总是不把人才作为稀缺的第一资源，这样，有才能的雇员一旦知道别人会给他多得多的工资，他就可能跳槽离开这个企业。

经验性或常识性思维介于惯性思维与理性思维之间。经验性或常识性思维的特点是注重总结经验，包括对他人、自己和社会所发生的各种经验的积累和总结。所谓的常识，包括社会常识和专业常识两个方面。一般来说，经验性或常识性思维方式与注重实践的态度经常结合在一起，对常识的重视并根据常识行动，常可化解一些风险并使人做事更容易成功。

所谓的经验，包括自己的经验和他人的经验（他人的经验也难免有一些是道听途说的成分），有时也难以应对变化的局势。在产业竞争并存在各种泡沫的情况下，企业如果只是根据道听途说而不是可行性分析来行动，就容易陷入高风险的局面乃至破产。例如，过去有一些人听说游戏很挣钱，就贸然投资其中，但实际上，只有极少部分的游戏才挣钱，而大多数游戏都没有多少竞争力，这就要求企业进入游戏产业时要十分慎重。

理性思维以逻辑分析和反思为主，需要掌握一些基础方法。在企业规范化（特别是职业化）的管理中，尤其是当企业做到一定程度后，理性思维的迫切性就变得日益突出。但是，由于企业常缺乏这方面的培训，因而常借助于经验来解决问题，这常导致企业缺乏前瞻性。

混合性思维（或惯性思维）最大的问题是不能反思自身并辨别思维方法究竟是否合理或可取，因此，不能仅仅停留在惯性思维上，而是必须学习并掌握其他各种思维方法，做到能在不同的场合下应用不同的思维工具来分析和解决问题。

二、辩证思维

除了人们自发并时常使用的混合性思维以外，还有一些思维方法，可以根据不同的情况发挥作用。长期以来，在理论和实践中，人们经常把辩证法作为主要的思维方法，但实际上，辩证思维在管理上是一把双刃剑。

许多人都学习过辩证法，但往往忽视了辩证法应用的条件，因而在辩证法的使用上流于随意性，使辩证法成为"变戏法"。我们过去经常强调事物的对立和统一，但是它并没有揭示究竟什么性质的对立是问题的关键所在，也没有解决统一的基础和条件。而传统的中庸（中道）思想中就包含一种辩证。我们过去把中庸看成是形而上学，其实，恰恰相反，所谓中庸就是在两个极端之间把握一个最好的度，中庸要求在两个极端之间去平衡，要求找到那个度。而所谓的辩证法，只是让我们不要用固定的形式化的方式看问题，它是思维的一种态度而不是一种具体的方法。也就是说，辩证法与我们讲的其他的方法不一样，它不是一种具体的解决问题的方法，而是让你不要教条地看问题。再者，辩证法需要比较，因而需要标准或参照系，否则辩证法就会变成"无法"。比如说，一个公司的利润年增长率是30%，要知道这个增长速度是快还是慢，就需知道中国企业的年平均利润增长率是多少。如果没有标准,辩证法就会变成一种争论,变成既可以这么看,也可以不这么看,最后变成没有确定的结果。所以,在使用辩证法去看问题的时候,一定要找到某种确定性作为基础。或者说,辩证法是建立在某种确定性基础之上的,它不是独立的。在这个确定的标准之外去谈辩证法,就会变成没有标准,结果只能是一场胡乱的争论而已。此外,从某种意义上来说,辩证法实际上是对某种科学方法的补充,就是说,我们首先要找到科学的方法,然后再用辩证法去补充。例如,有一种提法叫做"原则性与灵活性的统一",那么,我们要问,"原则性"能不能与"灵活性"相统一?既是"原则"的东西,就不能是"灵活"的,二者是无法统一的。"原则性"与"灵活性"的关系,只能是在坚持原则性的前提下,才可以考虑灵活。这不是一种统一的关系,而是"原则性"须是优先的。凡是"原则性"的东西,是不可能随便"灵活"的。所以,过去笼统地讲"原则性和灵活性的统一"是有问题的,有"灵活"的地方就没有"原则",而强调"原则"的地方就不应有"灵活"。

再比如,不少人过去都学过"量变引起质变"一说,其实这是最为错误的说法,因为量变并不能引起质变。量变是指性质没有变化、仅有数量或者程度的变化。或者说,具有某种性质的东西,在量变过程中它只有量而没有质的变化。性质是指事物的本质,本质如果发生变化,就等于该事物不存在了,转变成了另外一种本质的事物了。例如,一个人偷一块钱叫做偷,偷一百个亿也还叫做偷,不会因此就变成了谋杀凶手,这个"量"无论有多少变化,即便他把全世界的钱都偷了,"质"还是没有变化。当然,它在同一性质上有着程度(量)上的区别;偷一元钱与偷一百亿元,在同一性质上程度(量)上有着很大的区别。再比如水的量变质变问题,水如何量变才能够发生质变?水即使多到把地球淹没了,它也还是水,而不会变成别的东西,这就是量变。有人会说,水库的水增加到一定程度后,堤坝就会崩塌,可是,那水还只是水,并没有变成别的东西。水坝的崩塌说明量变可能会引起相关联事物的质变,或叫做第三方的质变,但第三方的质变并不是水本身的质变。决定事物的本质的叫做性质,就同一种性质来说,量变只会使这种性质的程度发生变化,但不会改变这种性质。

比如说，在发达国家，一般没有因为经济犯罪而被判处死刑的，因为经济犯罪与谋杀犯罪相比，性质根本不同①。世界上大多数国家的宪法都把保护生命排在保护财产的前面。生命是第一位的，凡涉及到生命的，在性质上就属于很严重的；而凡只涉及经济（或财产）的在性质上就要低一等。这就体现了性质的不同。总之，要区分不同性质的事物；并且，不同的性质之间，不会因为量的改变而发生变化。

性质决定原则，这一点对于理解企业用人政策的制定很有帮助。企业用人时要有标准。标准通常分为两个类型，原则性的和非原则性的。非原则的标准即为规则，原则比规则重要。我们平时讲一个人做人有没有原则，同样，在企业里也要讲用人有没有原则。企业在提拔干部时究竟以什么为标准？是听话、业绩好还是勤奋卖力，或者是其他的什么标准？凡是有原则的用人者，一定会公布他的标准。一般说来，企业用人应有三个原则性的标准：一是职业道德，二是企业的核心价值，三是企业的战略。第一个原则所强调的职业道德特别重要，由于职业道德与一个人的成长有关，在一个人成人之后，企业不容易改变其道德观念，因此企业在聘用员工时，一定要对其职业道德有清楚的认识和考察。第二个原则要求是被聘用的员工的观念要与企业的核心价值相吻合。第三个原则要求员工与企业向着同一个战略目标去努力。符合职业道德、企业的核心价值、企业的战略这三个原则性标准的，即是可以加盟企业的"同道"。所谓道不同不相为谋，道不同难以共事，道理就在于此。

总之，在辩证思考问题的同时，要确立原则或者标准，这些标准要稳定，少变化，否则人们就会无所适从。有人认为，这个世界唯一不变的东西是"变"；这句话是对的，却是没有实际意义的，因为人们的目标是要寻找某种稳定可靠的东西，要求探求某种规律性的东西，否则所谓的"辩证"反而会让人无所适从。

---

① 由此，经济犯罪不判死刑，已经成为普遍认同的基本司法原则。诸如浙江东阳吴英案因集资诈骗数额特别巨大而判处死刑，其实是没有区别性质问题和数量问题二者的根本不同。

三、逻 辑 思 维

有人把逻辑思维仅仅理解为工具理性，嘲讽其只具备工具性价值，缺乏人文性（价值理性）。实际上，正是因为有工具性的特点，它对我们解决共识、可普遍化、提高工作效率和探求改进管理流程等技术课题等诸多方面都是不可或缺的。至于价值理性，既有像中道这样的积极的取向，也存在着某些狂热的信仰或其他非理性的迷执。例如，一些过分理想化的管理者，往往一味地批评现实，他们常是特立独行、不易合作的人群，对于组织的经营管理水平的改进并没有助益。

所谓"科学管理"或者"提高管理水平"，是要求我们不去搞模糊的东西，而要努力得到一种确定可靠的东西，所以我们需要有逻辑思维。孟子有一个"缘木求鱼"的典故，所表示的是逻辑上正好相反的自相矛盾的做法：捕鱼应当到水里，怎么能跑到树上去呢？看来，孟子是很重视逻辑思维的。孟子还有一个"顾左右而言他"的故事，也是应用逻辑推理的典型例子。孟子对大王说，有人出远门的时候，把妻、子托付给一个很要好的朋友帮他照看。等他再回来后却发现，他的这位朋友并没有照看好他的妻、子。孟子问这位大王如何看待这位朋友，大王说，要是我就跟他断交。孟子又问，假如一个小吏做不好自己所承担的事情该怎么办，大王说应当解雇他。孟子接着问，假如一个监狱的监狱长做不好他的职责怎么办，大王说应当开除他。假如一个市长做不好自己的职责怎么办，大王说他应当去职。孟子继续问道，假如一个国王没有管好自己的国家怎么办？大王无言以对了，只好"顾左右而言他"[①]。孟子通过逻辑推理，让这位国

[①] 出自《孟子·梁惠王下》：孟子谓齐宣王曰："王之臣，有托其妻子于其友而之楚游者，比其反也，则冻馁其妻子，则如之何？"王曰："弃之。"曰："士师不能治士，则如之何？"王曰："已之。"曰："四境内不治，则如之何？"王顾左右而言他。

王认识到，所有人都有职业责任，都必须有职业道德，对于违背了职业道德，未能恪尽职守的人，应该辞职或被解雇。

我们再来从逻辑上考察一下量与质的关系。从逻辑上说，质比量重要。抓住事物的本质，确确实实地了解了事物的性质，使此事物与彼事物区别开来，这是很重要的。比如说，当人们平时有很多事情要做时，就有个优先顺序的问题——是选择在时间上紧迫的，还是在逻辑上优先的（比如从因果关系上考虑），还是选择性质上重要的事情先做？显然，性质上的优先性更为重要。例如，企业管理中性质最重要的问题是解决企业战略问题。解决和确定了企业战略问题之后，可以接着考虑解决其他的问题。然而，在实践中不少企业老总并不是根据性质上的重要性和逻辑优先性来解决事情，而是什么问题在时间上紧迫就先解决什么问题。这种"见招拆招"的做法是有其合理性，但是，也必然会带来"头痛治头，足痛治足"混乱问题。有时，一个企业家在一年里都没有好好思考过企业该怎么办，没有思考过企业战略问题。不少企业经营者都是最近有什么项目就赶快把它做完，基本上都是短期行为，而实行短期行为的企业总是要等到遇到问题时，才会被动地解决当前问题。

同样，人们经常讨论这样一个问题：先治本还是先治标？当企业的"本"和"标"同样存在问题的情况下，大多数人都会围着治"标"的问题转，因为"标"的问题都是很紧迫的问题，它在时间顺序上总是排在最前面的。往往是紧急的事情都会逼着你去做，但凡是逼到头上来的事情，一般来讲都不是重要的事情。企业战略问题不可能天天在逼着你，你可以慢慢地思考，但是如果慢慢地思考了几年还没有思考出来，企业的战略期限也就过了。所以，在"标"和"本"都有问题的情况下，应该先治"标"，然后应赶快去治"本"。因为不能丢下"标"先去治"本"——就如牙痛，应先止痛，但此后就一定要马上治本，因为"本"在逻辑上更为重要。例如，在制定保护私有财产的法律和抓小偷的问题上，制定有关法律是本，是更为重要的，而抓小偷是标。由于我们过去没有保护私有财产的宪法，抓小偷其实在法律依据上就存在问题，因为当时的法律并不保护私有财产，这样推理，就算一个人随意把他人的东西拿来放在自己口袋里，那也不应该算是小偷，因为他没有在法律上侵犯任何人的权利。

从逻辑上说，不同性质的经营活动会有不同的结果。例如，自主品牌与代工是不一样的。我国台湾的企业与大陆企业相比，台企很擅长做代工。所谓代工就是用别人的牌子，替别人生产，把别人的牌子贴在产品上，而品牌仍是委托代工的企业所有。代工的利润一般不是很高，约5%—8%左右，但是它有规模，而且是先有订单再生产。由于有一定的规模，代工与自主品牌比起来，它最大的好处就是风险很低，因为只要替一个大的厂家做得好，就会一直做下去，源源不断。而做自主品牌有很大风险，但也有好处：一旦做出品牌，利润就会很高，企业就有了可持续发展的基础。假如你要做企业，是做代工还是做自主品牌？道理很简单，在开始的时候可先给别人做代工，等到经验丰富、很有能力的时候，再做品牌，因为自主品牌的风险很高，难度也很大。虽然做代工也有一定的难度，但仍没有自主品牌的难度大。代工主要是以质量管理为主，当然技术也要跟上，但建立自主品牌却需要建立庞大的相关资源管理和综合控制系统，这是一个非常不容易的课题。

再来看小企业防止裂变的问题。在中国，很多小企业都比较容易生存，它们有很多的生存之道。比如说，给人办一个活动或新闻发布会，搞个论坛，或者搞个培训公司。但是小公司有一个问题，即它总是长不大，容易出现裂变。比如说，某小公司为做一个项目，请来一个经理人，该经理人做完这个项目不久之后就发现，这事情很好做，我自己开一家公司就行了。也就是说，门槛低，很容易进入并立足。所以，小企业怎样才能解决裂变问题呢？一个企业，如果项目的各环节之间的依存度非常高的时候，就不容易发生裂变。也就是说，任何一个人在这其中做某件事，他都必须取得其他部门的人的协作配合才能成功。在这种情况下，他就不容易裂变出去。所以，项目团队必须靠一种模块化的技术，通过一种业务组合的团队的方式使得大家的工作互相依存。举例来说，如果是一个做会展的企业，那么就按照策划、招商、执行、服务、监管等部门设计各个模块，而招商的客户信息掌握在老总手里。这样形成一个总的团队，就相对不容易发生裂变。

在企业管理中，需要讲究并追求确定性，这是逻辑上的要求。著名学者钱锺书很有名，但是他不愿意与媒体见面，所以记者总是想办法找他。钱锺书就对记者做了一个很有意思的比喻：你读过我的书，假如你觉得好，也就行了；就像你吃了一个鸡蛋，觉得好吃也就行了，无须去找到下这只蛋的老母鸡，非要看它长得是什么样子。他的意思是劝记者们不要采访他，只读他的书就行了。但是，记者的职责之一就是要按照采访的事实说话，他们一定要看看钱锺书长得是什么样，然后才好评论他和他的作品。管理企业时，也有类似的要求：一定要把握确定性。第一个确定性就是一定要让员工正直诚实。要知道有人是不是在撒谎或蒙混，是不是在掩盖真相。企业领导常常远离第一线的员工，可能其中隔了好几个层次，这样，员工是否受到不公平对待企业领导固然不知道，员工撒谎企业领导也不知道。久而久之，员工都跑了，企业领导也许还不知道这是什么原因造成的。所以，企业领导一定要知道他手下的人有没有撒谎或蒙混，有没有掩盖问题的真相。因为任何事情只要员工能说出来，企业领导又能够理解他的话，就总可以找到一种办法去解决问题。反之，如果问题总是被掩盖起来，某一天忽然冒出来，就会出现难以预料的道德风险，导致难以收拾的局面。所以，在管理中，对犯错误的员工固然要很严厉，但是也不能严厉过度，以免出现问题时员工掩盖问题，不敢告诉上司，最终导致漏子越来越大。第二个确定性就是出现问题的时候企业领导要能够感觉得到。特别是对企业里一直都很忠诚的员工，如果哪一个将要辞职企业领导事先都不知道，那就说明企业里至少缺少某种沟通的渠道。任何一个员工，只要他是个优秀的人，都不会一生气忽然间就走了，事先一定有苗头，他对什么东西不满一定会事先表现出来的，他一定是与人沟通过的。所以，企业领导一定要能感觉到将要出现的问题，以便提前采取措施。第三个确定性就是要善于在变动中、在不确定中去把握确定的要素。比如说，时尚这类东西总是变来变去的，但是好的公司总是能够把握它。下一拨最酷的手机是什么样子？一个好的生产手机的公司不仅要能够说出来，还要能够赶快做出来。它能够在不确定的形势下把其中的趋势归纳出来，再把时尚的产品造出来。最后还有一个确定性是，所有的事情只要能够量化就要尽量量化。当然，这里要强调的是不要刻意把不能量化的东西硬性加以量化。

揭示假象也是逻辑思维需要解决的问题。以"人多力量大"的说法为例。我们要追问，什么情况下人多才力量大？一般来说，是在需要体力劳动的时候。但是，有一些体力劳动也不一定是人多力量大，因为有时候所需要用的是"巧劲"。所以，"人多力量大"的说法在多数场合下一般都是不适当的。在许多情况下，应该说是"人数恰到好处时力量大"，在一些情况下甚至是"人少力量大"。所以，在人力资源管理上我们主张应采取"三高"，即高工资、高标准、高绩效。就是说，一定要用尽可能地减少人数，以减少他们之间可能发生的摩擦。再如，有人对中国的动漫市场估计很高，说大概有一千五百亿元的容量。但是，具体分析起来并不是这样的。尽管在理论上说这个市场很大，实际上多数企业不赚钱。原因很多，但主要是因为我们缺乏有吸引力的故事构思，动漫制作水平还较低，这样，单论动漫市场有多大是没有多少意义的。

四、战略性思维

对企业高层管理者来说，战略性思维是不可或缺的。一般说来，战略性思维包括如下几个方面的内容。首先是需要有累积性发展的观念。所谓累积性发展，是确立一个未来的目标，然后以不断累积增长的方式达到这个目标。其次是要综合性地思考问题。必须理解事物的复杂性，既要看到事物的表面，也要能透过事物的表面来看待；要能够从多个层面的或立体的角度来看待事物，包括从事物的未来影响来看待它。再次是要有前瞻性的眼光或能力。前瞻性是一种着眼未来、面向未来的态度和一种高瞻远瞩的能力。着眼未来、面向未来的态度和高瞻远瞩的能力不是天生的，它是逐步培养和专门训练的结果。

我们可以通过以下的途径来培养前瞻性的眼光或能力。第一，要经常思考过去、现在和未来,特别是对未来的方向、环境、格局要经常进行思考。第二,要善于进行趋势分析。趋势分析不能期限太长,太长没用,最好以两三年为分析期限。分析问题的过程是一种模拟训练。分析趋势时可以与别人讨论,大家一起来分析、预测,讨论各自的分析都有些什么支持的理由。在分析的时候首先要了解信息,要做出独立的判断。例如,以前我们曾经分析以光盘为媒介的音像生产会遭遇寒冬,因为数字化的音像产品可以不需要光盘,自然也就不需要以光盘为媒介的音像生产线了和相应的产品了。另外,做趋势分析时还要考虑到撞车的问题。例如,如果一个生产电视机的企业在去年做得很好,当它今年想要增加一些产量的时候,就要考虑到同类的其他企业或竞争对手也都有可能会增加生产的。第三,要善于把握常识和总结规律。平时要善于总结,包括对其他人的总结也都要认真对待。有些因素会影响管理的趋势,可以考虑把它作为一种规律来认识。第四,要多些预测的实践并善于总结、修正。平时可以多做预测,无论预测对还是不对都不要停止,应继续预测。通过对一些事情的预测以及对预测结果的修正,可以提高自己的预测能力。第五,要注重反思企业正在做的方向是否正确。企业发展的方向有时候看上去是很对的,但是过一段时间后也许会出现问题。比如煤矿企业,挖的都是"黑金",但是只能挖上几年,不可能多年以后还照样繁荣,因此就必须一边挖金,一边寻找有成长性的产业或更好的产业方向,提早考虑进入新的产业。

战略性思维是企业的财富。不仅企业高层(尤其是一把手)在决策中需要战略性思维,企业董事会成员同样需要战略性思维才能做好决策。此外,在培养员工方面,随着员工的成长,也需要培养他们的战略性思维。一般而言,在培养战略性思维方面,员工需要得到指导和帮助,因此,企业的骨干员工应当作为培训对象纳入思维方法培训的范围。

五、反向思维和启迪式思维

　　反向思维和启迪式思维是中国哲学最具特色的方法。反向思维和启迪式思维都是打破常规的思维,或者说是对常规思维的补充。但启迪式思维是激发或打开思考的通道,本身并不是具体的思维方法,而反向思维则是具体的思维方法。反向思维有两种基本的角度。一个是区别于正向思维的角度,也就是说,反向思维总是善于从正面和反向的两个不同的角度来思考问题。特别是在论证某个决策的可行性时,对于每一个正面的支持理由所进行的反向审思可以避免盲目性和主观性。这种思维作为一种确定的方法,在中国古代的老子和兵家那里表现最为明显。反向思维的另一个角度表现为一种特殊的方法,"曲则全"一说最可以反映反向思维的这方面的特质。平面几何学中有一条公理:"两点之间,直线最短。"但是在现实生活中人们做事情的时候,大多需要走"曲"线,并不是任何时候走直线其距离都是最短的。甚至可以反过来说更合乎实际:两点之间,曲线更短。因为在现实生活中,事物往往是多维交织的,曲折的发展过程是事物存在的常态,因而走曲线往往很重要。例如,在说话做事特别是在处理人事(或人际关系)的问题时,如果一下子过于直截了当,往往会把事情搞僵,因此"曲则全"往往是最好的处理方法。

　　中国的古代有一种思维方法,它并不直接说明事物,而是用比喻的方法来启发人们觉解某些相近的道理。这就是启迪式的思维方法。庄子和禅宗的思维方法都有显著的启发式的特征。《庄子》一书中所讲的很多故事是启发性的。例如《庄子》强调不要按照别人的标准来做事,而是要按照自己的标准,否则就会像"邯郸学步",新的东西学不到,自己的东西又没有保存下来,结果很糟糕。道家讲顺其自然,庄子的顺其自然是跟常识对着干,你常识是什么我就反对你。比如社会上总要拿出个标准,庄子讲每个人都是自己的标准,所以搞一个统一标准的做法都是无效的。因为每个人都有自己的特点,你怎么能搞出一个标准呢?这个标准要么绝对抽象无法适用,要么不适合于人。庄子的风格就是"齐物,齐不齐以为齐",不齐才是齐的。所以,不是要制订一个自己的标准,而是大家以自己为标准,每个人以自己为标准,形成了符合他本性的标准。这是庄子式的反向思考,不要试图制定一个统一的标准。

还有,《庄子》用"井底之蛙"一说来启发人们不要坐井观天,通过"朝三暮四"一说来启发人们不要看事物的表面。禅宗中的启迪式的方法有时又称为"机锋"和"公案"。例如,有个老和尚看到一个新来的和尚正在念经,他觉得念经不是修行的正道,于是就拿着砖头到那个念经的和尚面前磨了起来。念经的和尚不禁好奇,问道,磨砖干什么用?老和尚回答,把砖磨成镜子。念经的和尚大笑说,砖头是土做的,如何能磨成镜子?老和尚答道,既然砖头不能磨成镜子,那么念经如何能成佛?新来的和尚无言以对,从此觉悟。按照老和尚的理解,人们自身的觉悟才是佛性的显现,佛性就在我们身上;成佛的途径不是去拜菩萨,也不是去念经。菩萨是外在的,而佛在心中,拜菩萨成不了佛,而念经也不能成佛。因为按照庄子的说法,书只能体现糟粕不能体现精华,道不能在书中表达,这叫言不尽意。所以,禅宗也讲"不立文字"。中国历史上把庄子和禅宗的思维或文化统称为"庄禅",强调的是庄子和禅宗有着同样性质的思维方法。

六、创新性思维

我们所说的创新性思维,是一种面向未来并结合了改善主义的思维。这种思维的特点是在对事物的内在特性、可持续性及其发展趋势的把握的基础上,进行必要的创造性的变革或改进。

对于企业来说，创新性思维要求企业不能过分依赖自己过去的经验，而是要持续改进经营管理技术并探索新的管理模式和商业模式。产品创新是必要的，但更为重要的是要按照产业的变动趋势和顾客需求来改善经营方法、改进商业模式。例如，在产业领域，不能只是固守于自己所擅长的专业，否则就可能失去调整战略的时机。比如数码相机今后有可能很快会被手机所取代，所以生产数码相机的企业就需要及早考虑进入手机领域寻找商机。又比如说，对于企业传播而言，既要在传统媒体上做广告，也要在网络上和手机上做广告，更需要在影视产品和游戏中做内嵌式的广告，并且通过赞助娱乐、选秀活动做广告，以提高广告的渗透效果和传播水平。

企业经营管理中的可创新领域很多，需要制定相应的创新战略。创新战略的核心一方面是寻找机遇，改善经营方法；另一方面则是与时俱进，避免被动落后挨打或不合时宜。例如，当企业发展需要扩张时，就需要选择资本市场，而这就需要创新治理结构，以符合资本市场的基本要求。又如，以出口企业为例，在经济发达国家不断提高环保标准的条件下，企业为适应国外市场的严格要求，就需要结合出口目的国的政策来完善环保方面的指标，提高自身的产品质量标准。

创新性思维应当体现两个层次的原则。一个原则是在原有的基础上做持续的改进；另一个原则是立新破旧。如果需要做根本性的改变和调整，就应该立新破旧，而不是破旧立新。例如，当一个企业引进职业经理人时，不是先推翻原来的人事和薪酬制度，直接引进人才；而较为合理的方式是先建立新的人事制度、竞争机制和薪酬制度，再引进人才。假如没有新的制度就否定了旧的制度，那么"破旧"以后就会出现制度真空，难免会引起管理上的混乱。

以上的各种思维方法中也同时也包含着分析方法。也就是说，各种思维方法以及分析方法、解决问题的方法之间是一体化的关系，它们在管理中体现为解决问题时的不同侧面或不同维度的思考。我们所提出的新中道的方法，就是基于以上的各种思维方法。以商业中的逻辑分析为例，结合结构化和本质还原的方法就可以看到，企业追求利润和防止缺陷是一种对应的结构，在本质上都是提高效率的做法，因此，企业不能仅仅把目光放在赢利上，还要把目光放在存在的问题上，包括像老顾客是否流失等的问题。

第三章
新中道的实践方法

通过结构化对管理问题进行分解,再通过本质还原认识所分解问题的本质,然后以改善主义来推进对问题的解决。

在把握基本思维方法的基础上，本章将结合结构化、本质还原和改善主义等分析方法来理解和深化管理方法，特别是要结合在一些领域中的应用问题（如怎样提升核心竞争力和文化与体制创新等问题）来理解和完善管理实践。

一、新中道的分析方法及其应用

"中道"的理念注重和谐与平衡，特别是注重在方法上避免走极端并把握解决问题的"度"。不过，由于它比较朴实，并没有突出在具体情境中可供选择的具体方法，也没有提供对反向方法与正向方法的一致性问题的解决思路，这些都是"新中道"希望加以改进的要点。新中道把分析和解决问题视为内在地包含着复合环节和性质的结构，对结构的理解是一项基本的问题分析的任务。通过对结构化细分直至达到某种单一性质的内容，可以深化对问题的认识，而这种认识是基于本质还原的策略和方法的。换句话说，在对结构进行细分的过程中，在找到类别和单个性质的问题或分析对象后，再对它们进行本质还原的处理。这样，一方面可以澄清假象，另一方面可以更准确地把握具体事物的性质，并提出相应的解决方法。在解决把握本质的问题后，就可以回到对结构整体的综合认识上来。

这种新的哲学方法还重视找出冲突的问题，并在一种新的结构中寻求冲突的解决。例如，许多企业仅仅关注执行力，但在企业管理实务中，任何执行力都必须在对战略或任务的性质有了深入的理解之后才有可能实现，而不是仅仅有了命令就可以解决问题的。就是说，"好的执行"和"按照命令去执行"存在着冲突，必须跳出惯性思维才能发现这种冲突，并且只有理解了"好的执行"的要素才能找到解决这种冲突的方法。以2005年台湾明基公司收购德国西门子的手机业务为例，该收购导致巨额亏损，最终矢败了，但这并不是明基公司派到欧洲的高级经理的执行力的问题。由于在短期内西门子手机就根本没有扭亏的可能，这样，在执行中根本就不存在任何解决问题的出路。既然它不能在亏损中继续支撑下去，那么宣布破产就是解决问题的最好方法。

把结构化、本质还原和改善主义几个方面结合起来分析管理问题，能够实现分析问题和解决问题的统一。通过结构化对问题进行分解，再通过本质的还原就可认识到所分解出的问题的本质（包括对假象的破除），而改善主义则是要在这一基础上实现新的突破，以推进对问题的解决。

通过结构化来还原事物或某些抽象概念中的个别性质，是把握本质的基本分析方法。比如说，有的大学试图把"国学"作为一个本科专业。那么，我们不禁要问，"国学"究竟是什么？顾名思义，国学是本国之学，指的是中国传统的各种各样的学术、思想、文化。在这意义上，国学是无所不包的，而这种"无所不包"的专业有点像是一种宽泛的"知识"了。这样，如果说是以国学为专业，也就是以宽泛的"知识"为专业——显然是不能这样说的，因为这样也就无所谓"专业"了。所谓"专业"的所指是某种比较专门化的知识或技能，但如果学习的范围那么宽泛，如何能称为"专业"呢？例如，单单是儒家知识就足够一个人研究一辈子的，区区大学四年能研究多少？更何况要研究的是整个"国学"。这样，在对"国学"进行内容分类和本质还原之后，可以得出一个结论：如果把"国学"作为一个"专业"，实际上也就等于没有"专业"了。因此，在学科设置上，按照具体学科而不是笼统的"国学"更能符合对学生专业培养的要求。即使要搞素质教育，也应当是围绕能力的培养来进行的，而不能是记诵古代诗文的赶时髦式的复古式教育。在当今知识经济强调能力、提倡现代知识及人文素质教育的时代，如果让学生把主要时间和精力都用来记诵古代知识，显然是一种复古的、不合时宜的做法。

再以"文化产业管理"所属的学科问题为例。有人把"文化产业管理"叫做"文化经济学"，因为其中有"产业"二字，所以也有人就从"产业经济学"的角度来研究文化产业。但实际上这是不可行的。因为"文化产业"与其他的"产业"并不一样。文化产业包含许多行业，内部的相关性很强，而其他产业间的相关性则通常很弱。而且，文化产业中所涉及的文化的特殊性是不能用某种一般意义上的"产业"来把握的。实际上，文化产业在本质上是一种"管理"。对"文化产业"的研究，并不是作为一般的"产业"来进行的，而是把它作为一种特殊产业的"管理"来研究的。就是说，文化产业是涉及文化内容方面的，问题是我们如何去管理它。在管理上，文化产业要求有一些特殊的方法。对于这种要求特殊方法的管理，需要管理者既懂市场懂管理学又懂文化艺术。过去通常把管理分为三大类：工商管理、行政管理和公共事务管理，那么，现在应增加一类，即文化产业管理。虽然各类管理在方法上有共性，但是在管理的内容上或者说在学科的特点上，文化产业管理是有特殊性的。例如，做文化产业的人一般要了解艺术的特点，做影视和动漫的人一定要善于做产业链的经营，而这些都是其他产业所不曾考虑的。

结构化处理的是各种对应关系。在各种结构中可以找出包括"上下"、"内外"、"时空"以及"过程"等方面的中道。例如，企业重视短期利益与长期利益的平衡，重视可持续发展，这就是时间上的"中道"。再如，企业的"战略的期限"应该有多长？一年、三年还是五年？一种比较适当的方法是"立足现在，面向未来"。所谓的"面向未来"，是面向企业的"可把握、可控制的未来"，这就是企业的"战略期限"。这个未来的进程是企业能够控制、能够把握的，不是虚幻缥渺的或遥不可及的。既然企业要立足现在并面向可把握的未来，那么不仅要重视眼前的任务，也要重视战略目标；既要防止有些人急功近利，也要防止有些人太理想化。凡是理想化和急功近利的做法，多是违背"中道"的企业文化。"理想化"有一些典型的表现形式，如老是拿理想或者拿最好的企业的标准来衡量自己，或者总是批评自己的企业而牢骚满腹等。"急功近利"也有一些典型的表现形式，如不注重积累，不注重今天的事情与下一步的事情之间的衔接，只考虑到今天，甚至有"杀鸡取卵"式的行为。除了"时间"方面的中道外，在"空间"上也需要注意结构上的对应关系。例如，如果让一个企业的财务人员近水楼台先得月，工资过高，权力过大，就势必会影响到企业其他部门人员的积极性和工作热情。

结构化要求在动态中解决问题时不能一边倒。例如，现行的房地产政策为解决穷人的住房问题规定开发商只能盖每户 90 平方米的房子，但这样一来就剥夺了不少中产阶级的选择权。要解决穷人问题是可以理解的，但不能因为解决穷人的问题，就剥夺了中产阶级的选择权。即使是限定了 90 平方米，如果它的价格很贵，很多穷人还是买不起的。最适当的做法应该是用一种办法来专门解决穷人的住房问题，这才是一种"中道"的策略。例如，可以想办法盖一些保障房或者廉租房，都是 80 平方米以内的，很便宜，由政府补贴，出租或卖给没有房子的低收入家庭。这才是真正的解决办法。因为不同阶层所面临的问题性质是不一样的。从本质还原的角度来说，富人、中产阶级与低收入群体的特点各不一样。对于有钱人来说，他手里有钱，愿意买多大就买多大。在这种情况下，笼统地限制普通人买房面积的大小，这是不合理的。那么，在房地产政策上如何体现"中道"？这就要看这一问题的"结构"及其要求。在解决穷人住房问题时要防止产生连锁反应，假如连不穷的人也获得了补贴或优惠，这样的政策就不合理了。所以，对于结构中的各类别，要做本质的还原。我们要解决穷人的住房问题，在本质上必须由政府提供帮助，而不是强迫市场主体怎样；穷人也会受到诸如房价上涨等的市场因素影响，但是他们还是要尽可能保留自己的选择权。在这种情况下，政府不能因为解决一个问题而引起结构中其他部分的紊乱。政府的一些限价、限购等不当政策不符合"中道"的结构化的目标和原理。所谓结构化的目标，就是要达到既解决了具体问题，而这个结构本身又是平衡的；如果结构不平衡，那就没有意义了。

　　在对结构进行了分类分流的处理之后，就形成了不同的亚结构。在对结构进行了本质的还原以后，就分成了不同类别的事物。不同类别的事物有不同的特点或问题，可采用不同的方法去解决它。然后，再回归到一个完整的结构，这样就形成一个对问题由混沌到细分再到综合把握的自否定的提升过程。比如前面所提到的房地产政策问题，可以找到一种更好地解决问题的方法——无须规定 90 平方米的上限，一旦解决了低收入人员的住房问题后，其他问题的解决也就不难了。例如，要解决投资性需求引发的房价上涨的问题，可以考虑收取不动产税，大幅度提高交易所得税，以及防止有人多购房等等。这样的做法可叫做"用建设性的态度来做改进"。在找到了不同结构中的具体问题的本质之后,在针对问题提出建设性的改进意见。

以结构化、本质还原和改善主义的分析方法来分析企业管理问题,可以改进管理方法。"管理"实际上是不同门类的管理,它们的性质是不一样的。例如,管理人力资源与管理产品营销、技术开发等是性质不同的管理。就人力资源来说,应当把人力资源视为企业战略下的一个模块;它是跨部门的,它不仅涉及人力资源部门,也涉及其他部门的人力资源管理。一个企业里的人力资源工作的关键问题之一是企业里所有部门的管理者都要懂得人力资源的内涵。否则,单凭人力资源部门的管理者再怎么努力,也难以满足要求;即使招聘来了不错的员工,如果该员工所在部门的管理者不懂人力资源,不能与人力资源部门配合好,也许没几天那人就走了,这样的人力资源工作是很难有成效的,有时甚至是很容易失败。再比如说,人力资源管理会涉及企业文化与人力资源的关系,涉及如何让员工有价值观上的共识,需要考虑如何用企业文化来引导员工。因此,各部门的管理者必须对企业的核心价值观有很深入的了解。如果企业现在还没有这种核心价值观的意识,那么,就应建立它:首先要做企业的诊断,看看员工目前的价值观是什么样的,再来根据企业的发展战略提出核心价值观。当然,从哪个角度来提炼核心价值?有什么根据?由于"企业文化"是一种与"产品"性质十分不同的东西,只有在把握了不同的性质之后,才能提出建设性的改进建议并做到有效的管理。

二、新中道的实践方法举要

"新中道"的改善主义可以作为实践方法的指导思想。这种方法侧重于抓住本质问题,通过理论分析为实践奠定基础,并通过对实践的系统化的改进，实现企业经营管理水平的改进和提升。荀子说："虑必先事而申之以敬，慎终如始，终始如一，夫是之谓大吉。"这段话可以作为实践方法的总纲领。

首先，理论上的成熟考虑是很重要的。"虑必先事"是指实践之前的研究，也可以说事先的沙盘推演是很重要的。假如当年诸葛亮不是让马谡去守街亭时以为立下军令状就不再多虑，而是问问马谡具体准备怎么做，遇到某种情况该采取什么策略，对各种可能的方案进行一番沙盘推演，就可以避免马谡照搬所谓的"置之死地而后生"的教条所招致的失败。以"申之以敬"的态度来思考问题，就是要做到认真细致地分析问题，对于困难想得周全一些。有人以为"纸上谈兵"是不必要的，其实，纸上谈兵是决策流程中的重要一环，不应被减免掉。至于有些人虽会纸上谈兵却不会执行，那是另外一个层面的问题。可以不让纸上谈兵的人来执行，而是找其他人。毕竟，咨询和决策过程与执行过程是对人的素质和能力的要求有很大不同。有的企业找所谓的"知名策划人"来做营销，难免会犯纸上谈兵的错误。

其次，对于实践涉及的全过程要有通盘的把握，对于可能出现的意外和困难要有完整的了解，对于如何结束要有妥善的安排。以某些在轰轰烈烈中开始自己事业的企业为例，它们对销售产品十分重视，但是对市场上出现的撞车和可能出现的呆坏账问题估计不足，就出现了"爱多"、"秦池"那样的失误。再以现在生产数码相机的企业为例，有些企业可能目前看上去很风光，但是，如果不考虑未来的产业转移和产品相互替代性竞争的情况，而一味地以为只要提升核心技术就可以生存和发展的话，那么不久的将来，手机的照相功能得到普遍提升，数码相机终被手机所取代，到那时数码相机企业所面临的可能就是灭顶之灾。其结果可能就如柯达胶卷等被数码相机业淘汰一样。

再次，对于局部与全局的关系，要有整体的解决方案。例如，"团队悖论"告诉我们，过于严格地以团队为单位所进行的绩效考核，一方面可能出现团队利益与企业整体利益的背离，另一方面可能出现急功近利。因此，不能只看到各个局部的团队表面上满足了分解整体任务的要求，而是要考虑各团队间如何整合的问题。又如,有的大型商场在招商时只考虑到怎样尽快把营业单元租赁出去,却缺乏整体的规划和业务安排,导致各单元的顾客群定位错乱,最终造成无法统一协调,也不利于整体品牌的推广。

此外,实践者必须找到一种可行的方法,这种方法不是上级的指令或者他人的传说,而是实践者自己的领会,甚至是基于自己独立思考后的决策。上级在给下级安排任务时,不能三言两语交代完就此了事,而是要了解下级是否掌握了解决问题的必要的知识,是否有针对具体问题或任务的解决方案。假如下级的思路并不是很清晰,就应当引起警惕,设想可能出现的不理想的结果。同样道理,一个高管无论能力有多强,在用人时也要十分小心,一定要对拟录用的人员有方方面面的深入了解和评估;对于别人推荐而自己并不熟悉的人更应小心谨慎。因为用人方面的决策影响深远,而对人的了解又很难做到知根知底。

再次,以整体为基础架构来做局部的改进和完善。一方面,需要设计防火墙,使局部的危害不会扩散。例如,某些企业遇到经销商欠款时一再宽容,最终因为影响企业的现金流而危害到了整个企业的发展。对此,应该确定一个欠款的限度,到了这个限度就果断处理,以把损失控制在有限范围之内。另一方面,要注意不能因为企业的局部人员的权力过于"膨胀",从而影响到整体的均衡。例如,有些企业的技术人员或者是艺术总监、销售总监过于强势,就需要重新考虑人力资源的结构,如果仅仅顺势进一步放权,结果难免对其他多数人员的工作积极性造成更大的挫伤。总之,在企业经营管理的许多情况下,都需要不断地回归到整体,然后再来调整局部问题处理方法。

显然,改善主义注重的是整体的改善,局部的改善一定也是为了整体的改善。无论是局部还是整体,在改善的过程中都需要预留出进一步调整的空间。以企业吸引股权投资为例,第一轮的增资应考虑限定在尽可能小的范围内,并不是钱进来得越多越好,否则就会失去下一轮以更高价格融资的机会。再以营销中的区域代理为例,一开始代理费用可能比较便宜,假如企业因为希望有更多的代理而一下子把代理权都授让出去,就没有了调整代理费的空间，或者会没有了灵活性。比如原来的代理是省级的，现在想让地方城市代理，就没有了余地。在这些情况下，企业的远期利益和近期利益可能是冲突的，这时就需要预留出调整空间来。

三、解决冲突的新中道

　　管理的目标之一是实现效率最大化。但是，效率最大化目标的实现常会遭遇在相互冲突的选项之间做出选择的问题。例如，企业整体效率最大化和部门效率的最大化、短期效率最大化与长期效率最大化的目标之间，就一直存在着内在的紧张或冲突。企业管理者的管理工作需要对整个企业的绩效和他所在部门的绩效、对当前和未来两个时间维度都承担相应的责任。企业管理者第一位的任务就是创造出一个真正的整体，大于各个组成部分的总和的整体，一个富有效率的整体。由此，投入其中的各项资源所带来的产出一定要大于投入资源的总和。其次，企业管理者的任务，就是在每一项决定和行动中协调当前的和长期的要求。牺牲了当前要求和长期要求中的任何一项，都会使企业的发展受到损害。企业管理者所做的一切，必须既有利于当前的目标，又有利于长期的根本目标和原则。即使不能把这两个方面协调起来，他至少也要在二者之间求得合理的平衡。

　　在管理手段的选择上也存在着冲突或其他需要平衡的内容。例如，在发展教育方面，我们既需要考虑到基础教育的公益性质，也需要考虑继续教育的不断扩大，而后者只能采取市场化的发展策略。人们常质疑一些"高价"的培训项目是否有"唯利是图"之嫌，实际上，这只是问题的表面。真正的问题不在于教育要不要产业化，因为基础教育不能产业化，而继续教育则应当产业化。这里真正的冲突在于，首先，能否既加大基础教育的投资又不影响其他教育的投资；其次，在有限的投资范围内，是应该重视中小学教育、职业技术教育还是重视高等教育。在政策上我们必须解决这个问题，而这个问题的解决要求我们找到一个基本点——这个基本点就是扩大基础教育的投入。投入的来源应包括社会赞助。为此，学校应当成立董事会或理事会，建立严格的预算制度和审计制度以保障对赞助人资金的诚实、有效率的使用，并保障筹集资金的信用。就此而言，大学是首先需要进行管理机制改革的机构，因为大学的经费支出很大，需要社会赞助，但是它们的使用不够透明，这严重妨碍了社会赞助。

在企业管理中，所存在的内在的紧张或冲突往往都很复杂，一些管理者在犹豫不决的过程中难免会丧失解决问题的最佳时机。例如，企业中的元老问题是一个情与理相冲突的问题，这个问题的解决不能按照既往的包容性原则来处理。它不是要求折中的平衡，而是要求从减少冲突和保持企业可持续发展的角度来予以彻底的解决。并且解决的方法不是去照顾情与理，而是对不同的元老分别做适当的利益分配、清算，最终采取分流的办法去解决问题。也就是说，它是一种"功夫在诗外"的新的结构化的平衡。易言之，是在理的范围内解决，以情为辅，而不是情理之折中。实际上，对家族企业成员之间的利益冲突以及家族企业成员与其他成员之间的利益冲突的解决也应采取这种办法。

管理中大多数冲突都属于结构性的问题。例如，就地方保护主义来说，其中有一部分是不合理的，是属于强调短期的、地方的、局部的利益，但也有一部分却是合理的，比如说，本地要开发，其他地方也在寻求开发，本地就想办法压低价格以把投资商吸引进来，这样，两个地方相互压价的行为对国家整体来说是不利的，但是对这个地方来说是有利的。投资商到这个地方投资比到别的地方投资要好得多；虽然两地的价格都压低了，最后是有一种整体结构上的损失，甚至是不符合国家整体利益的，但是，作为一个地方官员，他必须解决地方上的利益问题。如果某个地方要求多建一些项目，从而多占用农田，不符合国家的规定，但是对于地方来讲，这确实是它的利益所在。因为对许多地方来说，工业化总是比搞农业更加符合地方利益的。这样，必须要找出一种结构来平衡这种利益的冲突。再例如，不少企业在经营一段时间以后就会出现一些问题，为了解决这些问题，企业会提出"二次创业"的口号。不过，必须认识到，企业的

"二次创业"其实并不是一次真正的创业,而是要解决两个问题:一是解决利益再分配的问题,二是要解决文化冲突的问题。所谓的利益再分配问题——比如说,元老们的贡献很大,但是经过一段时间的发展后,一些元老的能力跟不上了,但是他们的地位和收入却很高。在这种情况下,如果要按贡献来分配,对新进来的人就要给予适当的补足,但是一般来说会遭到元老们的反对。这便是一种新人和元老在利益上的冲突。利益冲突与文化冲突交织在一起,常常发生在新人与元老之间。对于这种复杂结构中的冲突的平衡,最需要优先解决的是人的问题。

以新中道的方法来处理问题,涉及包容性的问题。例如,企业内部对于战略和管理问题可能存在着不同看法,在某些方面可以强调一致性,但在另外一些方面则必须保持"和而不同",让不同的声音能够表达出来。当然,这种声音不能是背后说闲话和坏话,这就要求保持有效的沟通,保障一定的制度透明度,并多做解释工作。要允许不同意见的表达,在某种意义上说,这是一种传统意义上的主动"纳谏",是对领导者的包容性的一种考验。

为了合理应对可能发生的冲突,应当学会建立"缓冲"地带。必要的克制和尊重对方是一种美德,缓冲或疏导的机制更是必不可少。当然,原则性的问题必须正面解决,不能"和稀泥"或者做"乡愿"——这也是"中道"区别于"折衷"的一个基本要素。

四、重视优先性的新中道

"新中道"要求解决优先性的问题,它涉及一些重要问题的优先安排。例如,制定好的战略应优先于好的战略的执行,企业做强应优先于做大,等等。不过,有时一些问题的优先性并不是显而易见的,而是需要根据具体情境在对问题进行结构化和本质还原之后才能看清问题的本质。举例来说,一般情况下企业"做强"优先于"做大",但在一些情况(如零售业或者新创业的商业企业）下，"做大"却是"做强"的前提条件。当然，先做大再做强，其风险显然比做强再做大要高。特别是在电子产品领域（包括家电、计算机和手机等领域），做大虽然很必要，但是它仍然取决于你是否具备了其他条件如经验、机制、品牌以及核心技术等要素。如果缺乏这些要素，"做大"就不能成为"做强"的保障。

在企业管理中，"新中道"要求注重建设性的态度以及循序渐进的可持续发展之道，这是在价值或理念上的一个优先的要求。在一些情况下，控制发展速度就是对这一要求的体现。例如，一些企业通过并购（或其他资本运作手段）盲目扩张，获得了超常规的发展，但是消化不了，管理跟不上，这样就很容易栽大跟头。三九集团、三株和秦池都在发展速度上吃过大亏，TCL也在2005年并购海外企业的扩张中吃过大亏。即使是相对稳健的海尔的扩张也没有多少斩获，它在境外办厂的做法所收获的更多的是一些教训。多数追求"大"的企业面临着人才的瓶颈，它们不善于培养人才，没有建立相应的人力资源的开发体系。虽然不少企业口头上都宣称人是第一位的，但是在实践中它们并没有把人作为第一位的资源来考虑。因此，它们的"第一"并不是优先性意义上的第一，更多的是"赶时髦"的第一。它们并没有深刻认识到，企业的可持续发展是性质上的第一位的要素，而人力资源则是第一位的支持系统。

新创业的企业一般都很重视原始积累，意在解决生存问题。实际上，生存是具有优先性的要求，而原始积累则多少是个落伍的观念，因为在不少领域里的经营必须引进投资者，要善于利用外部资源来发展企业，而不是靠自己去积累。现在，风险投资已经成为原始积累的一种替代物。企业一旦有了一个比较好的商业模式并能生存下来，就需要努力解决专业化水平的问题，而不是积累原始资本，因为它完全可以通过引入风险投资来积累、扩大生产或周转资金。因此，应当把"原始积累"的概念转换为"可持续发展"的概念，可持续发展的要求应优先于赢利的要求。只要企业拥有可持续发展的后劲，哪怕它现在是亏损的，也仍然可以得到各种投资者的认可和帮助。

就企业内部来说，人力资源部门与财务部门谁更重要（或者说具有优先性)？从企业家的角度来说，当然"人"更重要，有"人"才能有钱。实际上，世界上有许多企业家在人才培养上花费了大量的时间和精力，但是他们并没有花同样的精力在财务部门。在财务部门仅仅管算账，而不是管资产经营、财务规划和财务拓展的情况下，人力资源的地位就会更为突出。而在我国，情况则往往相反。这也是我国的一些企业虽然都能盈利，但是在管理方面上不了新台阶的原因之一。简单的道理在于，它们没有在人才培养上下功夫。

五、简单化与复杂化

一味地追求简单化和复杂化，肯定都是过火的做法，所以，一般需要把复杂的事情简单化，简单的事情复杂化。不过，不是所有复杂的都要简单化，也不是所有简单的都予以复杂化。

在新中道的方法上，我们提出了两个实践的原则。第一个实践原则是，凡是跟人际关系有关的东西就尽可能简单化，凡是跟人际关系没关的东西尽可能复杂化。跟人际关系有关的东西为什么不能复杂化？因为跟人际关系有关的东西，往往很容易被情绪所支配，你越复杂，情绪越不可控制。所以，要把它简单化。换句话说当你讲某种东西，看到别人脸色不高兴的时候，千万不要继续再讲下去了，这是个很重要的道理。不管好还是不好，你再考虑一种别的策略，因为对听者来说，你再讲下去就把问题复杂化，你不能讲得越来越多，点到为止就算了。简单化的方法是尽可能用一个工具完成任务：将过去需要靠多方沟通协调完成的工作转换为系统化的工作方式，将凭经验行事的方法归纳为原则和规则，以合乎逻辑、协调一致的思维方式取代对事情的偶然认识。

但是，如果思考问题、做决策或者分析事情，一般要复杂化，不管问题看起来多么简单。特别是对于一些战略性或者关键性问题，你一定要分析透彻，因为你分析不透彻的话，别人可能理解不了。你感觉他们似乎理解了，别人高高兴兴去办了，办回来其实啥也不是，完全是因为手下仅仅理解了其中简单的部分，误解了复杂的部分。所以，最好的员工每次办事之前一定要重复老板的话。比如说，老板，我认为你讲的意思是不是这样的？等等。这样的员工就是好员工。因为重复一下的话，你能够把对方对事情的要点把握住，如果你发现他讲的不是那回事的话，马上可以纠正他，或者不派他去做这件事，这样就会减少很多失误。

因此，新中道的第二个实践原则是，凡是跟事情有关的一般都需要复杂化。不过，复杂化不是要走极端，复杂化就是不能把事情简单处理而已。因为你如果过于简单化了之后，其实当中的很多事情的要点还没有解释清楚。从企业经营管理的角度来说，战略要复杂化，战术要简单化。也就是说，你对战略的理解要非常充分，把尽可能涉及的要素通通地都找出来，然后在战术上把它讲得重点很突出就行了。总之，用复杂化来深化思想，用简单化来落实行动。

六、关于提升企业核心竞争力问题

企业管理实践中最核心的要素或者性质最重要的问题，是不断提升企业的核心竞争力，而不是解决一些具体的问题。核心竞争力标志着企业的专业化水平。我们可以从内在性优势、外在性优势以及商业模式的创新等一些角度来理解企业的核心竞争力，并且在掌握一些相应的方法之后不断提升核心竞争力。

一些学者把"核心竞争力"理解为很神秘、很虚无的东西，认为核心竞争力是企业的某种独特的、不可模仿的能力。然而，这样的论点在逻辑上是自相矛盾的。如果核心竞争力是别人模仿不来的，那么有核心竞争力的企业为什么会被别人超越？如果核心竞争力是无法被分析和掌握的，那么我们如何去培育或提升自身的核心竞争力？

　　从本质还原的角度来看，核心竞争力并不是不可理解的"玄学"。核心竞争力主要体现在内在性优势和外在性优势所对应的商业模式上。商业模式是一种基于某种交易结构基础上的可盈利方法，这种方法体现在你是否具备专业化经营的知识和水平，是否能够不断完善、改进这种商业模式，以强化比较优势。好的商业模式，需要好的战略和执行能力，以及好的企业文化等相配合。而比较优势的形成，是综合经营的结果，包括要善于做品牌、拥有专业领域的核心技术等等。以分众传媒为例，与其他的广告公司相比，它开辟了一个新的商业模式，它以很快的速度达到了规模化并上市，这一结果反过来强化了它在竞争中的比较优势。分众传媒的经营特点其他公司都很清楚，并且是可以模仿的，但是，其他企业暂时做不到它的水平，所以它拥有一定的比较优势。再以某知名的游戏公司为例，它一开始是通过引进国外好的游戏产品发展起来的，由于长于各种渠道的经营，因此它在开始时具有一定的比较优势。但是，它自己的开发水平比较低，核心技术不强，所以当它以自己的产品开拓市场的时候，企业的竞争力就一直在持续下降。由于有一些善于开发产品的游戏企业做得比它更好，它就逐步丧失了自己的比较优势。

　　具有竞争力的好的商业模式是形成比较优势的核心环节所在（关于商业模式，我们将在第十三章再予以更多的分析）。这里所说的比较优势（包括内在性优势和外在性优势）本质上是一组能力，它是在竞争中逐渐形成的。例如，在其他因素同等的情况下，善于做营销或者做品牌的企业就会具有比较优势。因此，比较优势是个相对的概念。但是，它也有着某些确定的因素。例如，当某类企业拥有持续的技术创新能力和产品的核心技术时（如微软的视窗或通用电气的大型飞机发动机技术），特别是同时拥有很强的管理能力时，那么企业的比较优势就会是比较突出而且稳定的。然而，几乎不存在永远的比较优势，正因为如此，它不是绝对优势。有竞争力的企业不会因为它有好的商业模式和比较优势就可以高枕无忧了，它仍要不断地挑战自己，用更好的产品和更强的能力来淘汰自己过去的产品、商业模式或其他做法。正因为如此，企业的领导者要把主要的精力放在改进商业模式、扩大比较优势以及培养或寻找合适的人来参与执行上。总之，企业战略必须落实到商业模式和比较优势上，企业家和CEO的责任就是"抓大放小"，致力于不断提升企业的核心竞争力。

不过，现实中不少企业领导者并没有找到一种理解和评估核心竞争力的结构，他们经常把一些具体事务等同于战略性质的任务且乐此不疲。除非他们能够对企业的不同性质的任务（特别是涉及抽象问题的）做不同性质的评估和还原，否则他们就不能抓住最为关键的一类问题，也不能真正地改进他们的工作效率。

七、文化变革与体制创新

新中道的分析方法对动态平衡的问题具有针对性。在企业管理中，需要结合企业的发展进行改革与创新，——改革的对象是一些沉淀下来的惰性或问题，创新的目标是提高管理水平。在企业管理中，人们经常讲创新，但是文化与体制的创新却往往被忽略。以所谓的"二次创业"、"三次创业"为例，新一轮的创业并不是业务拓展或是创业热情提高的问题，而是要解决妨碍企业发展的文化与体制方面的问题，特别是解决元老问题和利益冲突（或利益再分配）的问题。

无论是文化问题还是体制问题，都涉及观念、能力、文化差异和利益等几个方面。随着企业的发展，企业文化成为双刃剑：一方面，企业内部的共识或文化积淀形成了有效的交流平台；另一方面，企业的文化积淀形成了其文化的阶段性和保守性。例如，创业时期的文化与发展时期的文化不同，新人与旧人（包括元老）的文化不同。文化的差异性显而易见。保守的文化代言人一般会坚持保守的立场，反对变革和创新。这样，当企业文化形成一段时间以后，文化上的冲突就会变得明显。我们知道，企业创业时的文化大多是一种自发、随便、简单的文化。当企业做大以后，就需要规范管理了。创业初期的元老们与老板之间都像兄弟一样的关系，彼此很熟，有什么事情大家相互说说就行了。但在企业发展到一定阶段后，老板认为必须实行规范管理了，要求大家凡事都要做规划、拿报告，这样一来冲突就很容易发生了。新人的引进也是发生冲突的一个因素。新人中有大学刚毕业的，有刚从国外引进的，有刚从外单位调进来的，等等。新人的文化背景多种多样，他们与元老们的文化不一致，这就难免发生冲突。在这种情况下，大多数企业都会遇到元老问题，所以，元老问题本质上不是创业的问题，它实际上是利益分配和文化方面的问题。

家族企业里的元老问题则更为麻烦，因为是家族成员，企业没有相应的标准或规范去制约各方，以使得企业按照规范的要求来发展。当企业初创，家族成员刚进来时，还很少有观念或利益的冲突，但当财富创造出来以后，家族成员之间就难免会争夺对财富的控制权、计较各自在企业里地位的高低。并且，家族成员常会一致地排斥那些聪明能干的员工，因为如果企业重视了他们，就不可能同样重视家族成员们。凡此种种，使得元老问题在家族企业里更难获得解决。当然，在一些较为正规的企业里，解决元老问题还是有办法的，例如，可以通过控股权的归属来解决问题。但是，家族企业的股权结构常很分散，或者即便是企业的管理者拥有控股权，他的父母和长辈也会出来干预。这涉及一种看起来有序而实际上缺乏标准的家族文化。在"情"与"理"的问题上，家族文化是以"情"为主的文化。所以，对于元老问题的处理会遇到两种"情"与"理"：正规企业里的和家族企业里的。在一些正规企业里，对于一起创业的元老们，解决问题的方法是"分类分流"，使不同的人有不同的待遇，在利益上基本都有所保障。当然所保障的主要的是他们目前的利益，而企业未来发展的利益就不一定有他们的了。对于家族企业来说，其"分类分流"就要难得多了，因其"情"与"理"的冲突更为复杂了。过去的元老们彼此一起创业，这是一种"战友情"，"家族成员"之间又加上亲情，这就变成了双重的情。"情"变多了，而"理"却只有一条，"情"与"理"的统一变得更困难了。在这种情况下，企业很难解决规范化管理以及在此基础上的发展问题。所以，"情"的问题是家族企业中的一个难题。这个问题如果解决得好，家族企业就会发展得很好（就像新东方公司所做的）；如果解决得不好，企业就可能发生内耗，甚至最后可能会面临分裂。这是今天中国很多家族企业普遍碰到的问题，并已经发展到了相当复杂的阶段。基于现实情况，新成立的公司应当意识到，元老问题在三、五年之内就会出现，创业者一定要从创业伊始就从文化上考虑人力资源的问题。元老问题一旦出现就要尽早解决，这样解决问题会比较容易一些，因为解决得早些，企业可以选择的制衡手段就会多些。

体制创新是与文化创新相对应的。从体制上说，建立公平竞争的评价机制是基本的要求，并且作为一种制度，这种机制是需要随着时间和环境的变化作阶段性调整的。当部分新人的贡献超过了元老时，就需要做调整了。同样，企业从外面引进高薪人员的做法也是对老员工的一种冲击，难免会发生连锁反应，这时就需要对薪酬体系做出相应的调整。从新中道的角度来看，这种调整应努力实现新的和谐，不能顾此失彼；不可既没有照顾到新人，也得罪了旧人。因此，企业在进行涉及人员福利的制度调整时，不能机动性过强，应当先建立起标准再做实际的调整。例如，可以先研究公布新的薪酬标准和竞争评价标准，然后再照章办事。

此外，循序渐进地走向规范化管理，是企业发展过程中一个必经的环节。当企业进入高速发展期以后，往往碰到许多不和谐的因素，在结构上容易出现失衡的状态。例如，当企业规模上去以后，对于资金渠道或财务管理就需要规范化，否则会出现现金流问题、坏账问题等等；此外，还有有关人员随意向顾客许诺一些企业根本做不到的事情等问题。这就需要加强制度建设和规范化管理。即使如此，有些支持制度的资源可能仍会不足，例如员工和经理人不够职业化，企业文化制约等等。如果企业无法实现结构上的稳定，那么就需要适当放缓发展速度。因此，规范化的推进与发展速度之间往往会形成一种两难的局面。有一种说法：企业发展速度越快可能倒得越快。这句话主要是针对制度和企业文化支持不力的情况而言的。至于推动规范化的进程，并不是用来解决所有矛盾的，主要是解决结构失衡的问题。只有解决了这个问题，企业发展才会有后劲，才真正具有可持续发展的可能。

第四章
目标管理与前瞻性思考

目标决定企业的结构、主要活动以及人员配置。企业的核心目标是实现企业整体价值最大化。

任何一种管理都需要渗透目标管理。企业内部的目标管理不是孤立进行的，它是与企业发展方向和发展路径相辅相成、相互支撑的。在目标的设计或规划中，一般以战略策划和规划作为主要的工具。策划和规划都是面对未来事物的判断，需要前瞻性思考，需要考虑到尚未发生的情况，以及在未来可创造的条件。战略目标涉及对未来的预测和思考，而战略目标的诸要素与企业管理的阶段性实现密切相关。

一、目标管理的要素

管理是围绕目标来进行的。目标管理要求对目标进行结构化的分解并落实到人，通过协调以达到进程的同步化。而围绕战略性目标的管理以及核心价值的实现是保障总体目标实现的重要途径。

目标管理的基本任务，是对目标进行论证和思考，这些目标包括作为一个好的企业的发展方向、企业的战略目标、具体领域或项目的目标、具体事项的目标等不同层级。目标决定着企业的结构以及必须从事的主要活动，还决定了人员的安排，它既是设计组织结构的基础，又是设计企业各个管理单位和管理人员的工作的基础。作为目标管理这一个思想的首倡者德鲁克认为，目标的设定需要考虑如下五个方面：其一，各项目标必须源于"我们的业务是什么、我们的业务将是什么、我们的业务应该是什么"。它们不是抽象的，而是行动的承诺，是借以实现企业使命的一种投入。同时，它们也是一种用以衡量工作绩效的标准。其二，目标必须具有可操作性，即必须能够转化为具体的小目标和具体的工作安排。同时，目标还必须能够成为工作和工作成就的基础和激励因素。其三，目标必须使各种资源和努力能够集中起来。它们必须能在企业的各项目中找出基本目的，以便能够把人员、资金和物资设备等重要资源集中起来。所以目标必须是有选择的，而不是包罗万象的。其四，必须有多种目标而不是唯一的目标。管理企业，就是要在各种各样的需要和目标之间进行权衡，而这就要求有多种目标。其五，在影响企业生存的各个关键领域，都需要有目标。各项具体的小目标，即每一目标领域中的目的，取决于各个企业的不同战略。这些关键领域主要包括：（1）市场营销；（2）创新；（3）人力资源；（4）资本资源；（5）物质资源；（6）生产率；（7）社会责任（特别是环境保护责任）；（8）利润要求。在上述的八个关键领域中，一般都需要有目标。①

具体目标的设定及其相互之间关系的协调或系统化，是目标管理的重要环节，特别是短期目标与中长期目标的内在一致性及其相互间的衔接，是确定目标的重要内容。每个企业都必须对各种目标进行平衡。在制定各种目标时，往往需要进行三种平衡：目标必须同可以达到的利润率相平衡（在利润目标和成长目标如扩大销售之间进行平衡）；目标必须在近期需要和远期需要之间求得平衡；必须在各种目标之间求得平衡，并对某个领域中的理想绩效与其他领域中的理想绩效进行权衡②。特别是，企业在制定各种目标时必须始终在近期未来与远期未来之间求得平衡。因为如果不能兼顾到近期未来，那么也就可能没有远期未来。但是，如果为了近期利益而牺牲了远期需要，那么企业很快就会无法持续下去。对一般人而言，短期目标就是直接目标，直接目标对他们完成岗位责任具有优先性。因此，企业管理者需要明确不同层次的目标的地位和权重，特别要注意是否因短期目标而忽视了长期目标或其他重要目标的逐步实现。总之，对目标（特别是战略目标）的分析和分解决策，也是一个形成共识和引导对可持续发展的文化理念的关注的过程。目标不是纯粹经济的，而是包含着企业自身的文化理念以及对企业未来的期待或奋斗的愿景。

在实现目标的过程中，对目标进行模块化分解，并把职责落实到每一个岗位，是一个基础性的工作。与此相对应，针对目标的绩效考核是与落实职责相对应的措施，也是目标管理的关键性工作。绩效考核与关于人才

---

① 〔美〕德鲁克：《管理：使命、责任、实务（使命篇）》，王永贵译，机械工业出版社 2009 年版，第 103—105 页。
② 同上书，第 122 页。

培养和提拔的考核的内容是不一样的。例如，就行政工作来说，它的绩效考核常是个难题。实际上，行政管理中的绩效考核同样包含着岗位责任和量化指标的统一。比如对一个企业的办公室主任，一方面需要对其做岗位责任的考核，另一方面也需要他在一些量化指标上完成任务。再比如作为一个图书馆的馆长，不能仅仅局限于所谓的做好服务工作，还必须保障图书有更高的借阅率，要主动吸引读者来阅读，甚至要考虑举办一些诸如新书介绍的讲座等等。绩效是可以核定和验证的。当一个人的绩效的取得是与其他人共同努力的结果时，对于绩效的各自所属部分必须明确。在考核中要防止有人把他人的绩效归功于自己，挫伤他人的积极性。

岗位责任的设置很重要，这是落实目标管理的关键。我们日常管理中所谓的绩效考核，主要是对应于岗位责任履行情况的考核。岗位责任首先需要有一般的定性的目标，然后再围绕它做定量的分析。目标管理最根本的指向就在于自主管理与自我控制，即以建立在自主选择基础上自我控制的管理方式来取代强制式的管理，因而它能够实现更高的绩效目标和更宏伟的愿景。自我控制要求有自我约束，使管理人员对自己提出更高的目标和要求。对应于这些目标，绩效考核应当包含自主完成的责任、协作完成的责任和为企业整体价值提升所完成的事项等三个主要部分。岗位职责应包括跨岗位的职责，因而绩效考核应包括整体的跨越单个岗位的责任。当然，跨岗位的责任如何落实到个人的职责范围，这需要仔细研究，最终应做到明确、清晰。绩效考核是激励人们履行职责的重要手段和保障。除了对岗位职责进行正面评估的绩效考核外，有时还可以采用一种反向的考核。比如说，顾客满意度的反馈是旅游企业服务人员考核的基本环节；售后服务中的顾客投诉情况，是对售后服务人员进行考核的重要标准。再比如，财务部门职工的服务态度和客户对其的投诉应视为对这些职工的绩效考核的一个内容。

在落实岗位责任和进行绩效考核的过程中，必须同时关注两个与企业文化相关的问题。一个问题是，个人总是要在团队中去体现自己的岗位责任的，这就需要明确团队整体目标（乃至企业整体目标）与个人职责之间的关系，既要讲究提高效率，也要提倡体现团队合作的文化。"企业绩效要求的是每一项工作必须以达到企业整体目标为目标,尤其是每一位管理者都必须把工作重心放在追求企业整体的成功上"①。当然,这种团队合作的文化是建立在组建团队的技术和任务合理分配、个人责任感的基础上的,团队文化不能是表面文章。另一个问题是,由于需要关注可量化的指标,绩效考核一般都免不了带有短期化的色彩,而克服短期化,正是企业文化的一个基本要求。由于人的动机主要趋向于确保眼前的利益,行为的短期化现象成为人的活动的常态。因此,在进行具体绩效考核时,应当与用人的原则有所衔接。这就是说,绩效好不是用人的决定因素,只有具有整体意识并关注战略目标的实现,才是一个绩效好的员工应当具有的特点。因此,在绩效目标的设定上,应注意到具有前瞻性的共识和合作。

战略目标是根据战略期限的不同来设定的。战略目标的实现基于对现有资源的配置或使用,以及对自身长处特别是比较优势的发挥。我们前面分析到,战略的期限的长短取决于可把握的未来,或者说,取决于企业可持续发展的要求及对某一阶段的掌控能力。因此,不同企业应有不同的战略目标,哪怕业务相同,所制定的战略的期限也可能是不一样的。作为一种愿景,导向性的战略目标的设定相对要容易些,但是对于要实现的具体目标,则必须进行深入的可行性论证。其中,有一点很重要,就是一定要有战略目标,因为战略目标是引导企业采取手段进行资源配置、不断积累成就的方向所在。没有战略目标就无法判定企业发展中所采用的手段或方法的合理性。一些小企业认为自身不需要战略,实际上,小企业虽然不一定像大企业那样要制定一个宏伟的战略蓝图,但也需制定一个较具体的战略,这有利于小企业不断积累资源实现持续成长,并积聚与大企业进行竞争的能力。

目标与手段之间是一种对应的关系。要实现战略目标,就要具体研究发展战略和竞争战略。比如说,要走向"国际化",就要用到"国际化"的标准,那么企业的做法就要符合这个标准。以招标为例,国际上的招标基本上都是采用邀标的方式,而我们现在的招标却常是只做一个简单的公

---

① 〔美〕德鲁克:《管理的实践》,齐若兰译,机械工业出版社2006年版,第102页。

告或是只找些熟人来做，显然，这是不符合国际化的要求的。总之，企业的做法应该与企业的目标相对应；如果企业要追求卓越，那就应当有具体的做法。实现目标的基础是具体的手段或方法，二者要对应，否则所提出的目标往往是没有根据的，会流为空洞的口号。缺少相应的方法和手段，目标便难以实现。

有一些岗位的职责看起来像是没有目标，其实仍是可以为其确定目标的。举例来说，企业里的行政总监或总经理办公室主任，通常看不出他在做些什么，也很难考核他的绩效；而相比之下，像销售人员的绩效考核标准似乎就更为清楚些。实际上，行政工作的目标也可以是很清楚的，可以他的岗位职责作为标准来进行考核。既然对销售人员是按照其工作量作为岗位责任的标准的，那么，无论是行政总监还是销售总监，实现岗位职责所规定的任务就是他的工作目标，他有没有实现这些目标是很容易评估出来的。一些行政工作的目标表面上看起来没有办法量化，其实是可以量化的。

至少可以有三种方式来确定这种目标，一是定性，二是定量，三是按照职位的要求来确定目标。有一些东西是定性的，譬如"没有做错事"就是一种定性的评价。企业里的任何人，无论贡献有多大，只要他违背企业的战略或核心价值，那么就是错误的，而且是一种很严重的错误。销售量稍微差了一点点并不是一种很严重的错误。这就是定量与定性的不同。定量的问题不用多解释，很容易看清楚，但是，定性一定是优先于定量的，这一点不少人没有搞清楚。一个岗位的职责履行要与岗位目标相对应。比如说，博物馆的内部管理一般应有两方面的目标：一个是定性的，一个是定量的。定性的目标包括博物馆应提供公共文化服务。这个定性的目标要通过定量的内容来体现，例如，提供什么样的服务，如何提供，等等。有了这些目标之后，再把它分解到每个岗位上去，例如，对于搞展览的人来说，一年要办多少展览，怎么展，要达到多少人次等，都可以有具体的任务分解，并可以在前一年就把这些目标确定下来。也就是说，管理一定要有目标，没有目标，管理就只能是没有航向的航船，任何风都不可能是顺风。没有目标的管理一方面随意性很大，另一方面也缺少工作上的积累性，有时甚至会出现更大程度的冲突。总之，有目标的管理才能够更好地引导企业公平竞争，激励人们做得更好。

二、作为发展目标的"好的企业"

作为目标管理的一个环节，了解"好的企业"的共同特点是很重要的。企业家经营企业有自己的信念，就是要成就一个好的企业。作为一个好的企业，有一些基本要素或品质是各优秀企业所共同具有的。企业家所追求的企业经营的成功，不仅有经济目标，也有非经济目标。所谓经济目标，可能主要体现为现金流动性、销售业绩、市场占有份额、利润率等经济方面的成功；而所谓非经济的目标，就是企业具有良好的信誉，能够受到人们以及社会的尊重。可以说，企业家和商人的主要区别就在于前者追求综合的成就（包括经济目标和非经济的目标），而后者则更重视财富的获取。当然，有些企业家的目标并不是十分清晰的，特别是他们并不一定了解一个好的企业至少应具备哪些要素。其实，对好的企业的一些基本要素的分析，不仅可以帮助提供一些具体的目标，以有助于实施目标管理，而且可以帮助企业家对企业实现发展的动态进程了然于胸。

企业家们一直在经营企业，并与各种企业打交道，对于管理或经营企业，他们会有很多切身感受或体会，不过，这种切身感受或体会不能等同于对企业在本质上的认识。在企业家们认识了企业的本质以后，对企业的经营或管理就会有更为深刻的见解，最终会进入企业管理哲学的认识层次。

一般说来，人们对企业的认识都是经济上的，然而，企业在本质上却是人文的，而不是经济的。正因为如此，在那些单纯学习工商管理的人当中较少会出现大企业家，并且职业经理人也不一定学习过经济和管理。也正因为如此，一些企业家虽然学历不高甚至没有专业知识，却有着丰富的常识，并能洞明世事、抓住根本。总之，管理企业，从根本上来说，是关于"人"的问题。单单从经济角度上来看，人们不一定能够把握"好的企业"的本质。例如，关于效率和利润的关系问题，正如德鲁克所说，利润是个虚拟的东西，是未来的成本。从管理上来说，利润问题是一个辩证的问题，它不仅与投入有关，而且与收益及其形式有关。例如，一个企业对股东来说可能没有多少回报，但是它却可能解决了就业问题。又如，有些企业虽然现在还没有盈利，却有着不小的市场价值。

利润最大化与企业整体价值二者是密切联系的。人们通常会认为，利润最大化包含着两个方面，一是短期内多赚钱，实现利润最大化，二是股东利益的最大化。从表面上看，这样的看法很有道理，其实是一种严重的误导。实际上，企业的本质要求和真正的管理之道并不是追求短期利润的最大化，而是企业的整体价值最大化，这其中蕴涵着使企业发展生生不息的可持续发展之道。这就是一种"非常道"，是平常的企业管理中所蕴含的真正的本质所在。

为了更为清楚把握"企业整体价值最大化"的涵义，我们可以借用德鲁克那个关于石匠的故事。有人问三个正在忙碌的石匠在做什么。第一个石匠回答："我在谋求生计。"第二个石匠一边敲打石头一边回答："我在做全国最好的雕刻工作。"第三个石匠仰望天空，目光炯炯有神，并带着憧憬说道："我在建造一座大教堂。"① 在德鲁克看来，第三个石匠才是真正的"企业管理者"。第二个石匠存在的问题是必须要关注的。工作技艺是极其重要的，企业应该鼓励员工精益求精，但是精湛的技艺必须和企业整体价值密切联系起来，才有意义。每一个管理部门都需要有各自特殊的视野，否则就无法从事自己的工作。但是，如果各个管理部门对于企业的认识差异非常之大，以至于在谈论同一件事的时候，处于不同管理部门的管理者常常认识不到企业整体价值这一根本点，很可能彼此是在谈论同一件事，而实际上却是南辕北辙。

---

① 〔美〕德鲁克：《管理：使命、责任、实务（实务篇）》，王永贵译，机械工业出版社2007年版，第61页。

把握企业整体价值的概念，理解现代企业与利润的关系，有必要要弄清一个问题：为什么有些企业一直在赔钱，根本没有利润，而企业的市场价值却很高？原因是，企业将来会赚钱，并且企业现在已经具有整体价值了。众所周知，当一个上市企业发布季度、半年度或年度业绩报告披露相关信息时，短期利润要求的压力会很大，这样就容易扭曲企业发展的战略。如此，企业就会不断追求短期利润，一个个地试项目，结果难免成为"项目型"的而不是"整体价值型"的企业。此时，企业的成败只与项目利润的多少有关，而与企业的整体能力和整体价值提升无关，这样企业就缺乏深度的或长期可预期的确定价值。虽说企业的短期利润是企业的生命源泉之一，正如水是人的生命源泉之一一样，但是人光靠水是维持不了多久的，企业也不能总是靠短期利润维持。一旦什么时候因为某个经营项目的失败或投资失误而喝不到"水"了，就很可能会难以为继。当然，企业是需要利润、需要现金流的，正如人的身体需要血液的循环一样；不过，这种需要不能一味地通过短期利润的最大化来满足，而要以企业"机体"的健康以及有效的"保健"工作作为保障。

当然，"股东利益最大化"这一提法也有其合理性的区间，其合理性取决于说这句话的人是哪一方。一般情况下，企业的执行层需要保证股东利益的最大化，因为是股东们聘用了他们，他们的职责就是要实现所有者利益的最大化。但是，假如高层管理者本身是企业的股东或是企业的所有者，如果再持这样的说法，员工们就难免会产生消极的想法：我无论怎样努力，企业怎样发展，都是为了满足那些股东们的利益的最大化，那我还卖命干什么？虽然这样的想法有违于职业道德，但是减少了对员工的激励却是事实。利益最大化后都归了高层管理者，员工的工作纯粹是被动的，与他的利益或发展前景没有什么关联。因此，这时"股东利益最大化"的提法就会与对员工的激励相矛盾，而没有了员工的积极性、主动性，最终就会与"股东利益最大化"的愿望相背离。因此，一方面要站在员工和管理者的立场来促进股东利益的最大化，另一方面要站在股东的立场来促进员工和管理层利益的最大化，这才是考虑到利益相关者的利益最大化的企业文化和管理哲学。

追求整体价值最大化是"好的企业"的本质特征，这是从综合角度来说的。对于企业本质特征的认识还有赖于对"好的企业"要素这个问题的结构化的理解。作为追求整体价值最大化的企业，它有一些具体要素，包括：整体上稳定的、可持续的增长；有形、无形价值的实现以及整体价值最大化；合理的治理结构，不会因个别领导者的个人品德或个性的不同而蒙受巨大损失；处于合适的产业及产业链环节中；业务及能力与环境相适应；员工对企业的未来有信心等。下面我们将对上述各点做出逐一诠释。

第一，好的企业并不是超常规发展的企业，而是整体上稳定的、可持续发展的企业。企业在整体上应强而大，其中，强在先，大在后。"强"是指企业具有核心竞争力，"大"是指企业的规模要大。超常规发展是企业抓住某些机遇的结果，是企业发展的某一特殊阶段，就像人成长过程中的两个快速发展的阶段（初生时和十几岁长个头时）一样，企业也可能有这样超常规发展的阶段。但是，"飘风不终日，骤雨不终朝"，企业的发展不可能一直是超常规的，超常规只能是短暂的、一时的。企业的发展不是随意地或人为地加速的。正如人的个头快速长高时需要很好的营养一样，企业在超常规发展的阶段也对管理提出了很高的要求。因此，我们不能把超常规发展作为企业成长的一般规律，不能把它作为企业进入发展时期后的正常追求。好的企业的发展是阶梯式或螺旋式地向上走的，其中需要若干个调整或休整的时期。总之，企业的可持续发展是很重要的，它不是个简单的生存寿命或者生命周期的概念，而是如《易经》上的"生生不息"之说，意味着不断发展、不断进行自我超越。

第二，好的企业重视无形价值的积累和实现。一般来说，企业家们对企业中的那些产品和服务即有形的、看得见摸得着的东西，往往处理起来得心应手，但是不少人对战略、品牌、信誉、人才培养和团队建设、企业文化、资本运作等无形的资产和问题只是勉强应付，有时甚至避重就轻，只会卖产品，不会经营无形资产。举例来说，一些企业家虽然赚了不少钱，但却丢掉了更多的钱，因为他们只会把握一个个具体项目的盈利，而不会把一个个项目的价值放大，考虑无形资产的经营，以实现企业的价值最大化。比如说，一个人做了十个项目，十年赚了一千万元，而另一个人做了一个项目，利润五百万元，再加上其他的有形或无形资产的经营，企业的市值是一亿元。这里的高下很分明。一个现实的例子是，日前一家手机广告公司被收购了，它的市值已是两亿多元，而该公司实际上还没有开始盈利。所以说，企业家们不应只是埋头苦干，还要设法掌握高端的经营手法，也就是要善于经营企业的无形资产。当然，这并不是说不需要重视产品和技术，而是说，要善于"实者虚之、虚者实之"，"虚实结合"才是经营的一种境界。

第三，好的企业要有合理的治理结构，而不能随便搞英雄主义。有这样一个算术题，比如"海尔－张瑞敏＝？"有人可能回答说"等于0"。那么，我们不禁要思考，假如"等于0"，是彰显了企业创业者的伟大，还是企业发展的一种悲哀？这是值得当今我国许多明星企业反思的。其实，不是说不允许企业里有英雄，但是不能搞英雄主义，不能在治理结构安排上体现个人崇拜，因为从企业发展历史上考察，建立在个人崇拜之上的企业很少能长久。企业要有组织地决策并有组织地执行，而不能让某一个人的直觉去决定一切。如果拥有良好的董事会运营机制和决策层与执行层的适当制衡，那么即使某个人一时糊涂或者人品上有缺陷，也会有组织的制约，以对他的决策或行为做出调整。一些明星企业家也曾风光无限，其中却有不少人由于个人的因素而最终沉沦了。关于企业的治理结构问题，在后面讨论企业的高层管理团队问题时，我们还会有更多的分析。

第四，企业战略的制定要使得企业处于合适的产业及产业链环节中。中国有一些企业一直想学习美国通用电气公司的做法，盲目搞多元化，可惜这些企业只是学到了它的表面甚至是糟粕的东西，而没有学习到它的精华：通用电气公司始终处于朝阳产业的领域，并总是设法进入该产业的高附加价值的产业链环节中。由于产业总是在不断变化中的，所以，企业的战略任务之一就是确保所在的产业没有进入衰落期，或确保企业能够结合其他产业来进行创新。此外，不同的产业链环节的地位和价值是不一样的，企业一定要处于其中适合的环节中。好的企业应处于某个产业链的高端部分，或者在自身拥有比较优势的条件下力求形成规模效益。值得一提的是，一些代工企业虽然不具有自主的品牌，但由于它们通常是与信誉比较好的企业进行合作的，企业自身也有很强的质量管理能力，因而通常更能够取得稳定的可持续的增长。

第五，企业的业务和能力要与经营环境相适应。一般来说，在竞争性的成熟产业领域，规模风险随着市场的饱和或增长的放缓以及组织成本的叠加而逐渐大于规模效益。比如说，如果增加一亿部手机的销售，其规模效益可以增加十亿元。但是，如果其中的两千万部没有销售出去，企业就会亏损几十亿元。在竞争性领域，那些缺乏核心技术、品牌和有效管理机制的国企是最危险的，它们或者随时可能陷入亏损，或者最终可能破产，因此，国企及早退出竞争性领域是必要的。越早退出越好，这样还可以套现部分现金。对于一些处于上升时期的朝阳产业，企业也要考虑自身的经营能力，不要搞超出自身能力之外的"多元化"。因为越是多元化，就越是需要专业化，只有具备高度专业化的多元化才是立得住的。企业也不要一头扎到一个产业中去，而不去了解产业的变化对自身的影响，以至于不能及时调整自己的经营方法。另外，企业经营必须基于对市场环境风险的评估。例如，一些企业把产品批发了出去，由销售人员发了货，但是却不能收回货款，这是在信用度较差的市场环境中，企业的经营能力不能与经营环境相适应的表现。

第六，好的企业一定是为员工所了解和忠诚的企业。在好的企业中，由于有战略方向和目标，并一步一步朝着目标前进，员工总是对企业的未来充满信心。即使在企业处于暂时困难的低谷时期，员工仍然坚信黑暗即将过去，曙光就在前面，由于心里感到有奔头有希望而甘于始终不渝和企业共患难。当然，要做到这一点，企业需要有一些举措，包括战略清晰，管理比较透明，主营业务蒸蒸日上，以人为本，具有好的商业模式，等等。

第七，好的企业常能体现好的企业所共同具有的优点，并能体现行业美德。只有达到一定的行业标准才能成为体现行业美德的企业。"行业美德"是我们提出的一个概念，它与"标杆"企业的标准形成互补的关系。行业美德主要是某行业的具有核心竞争力的企业具备某种必要的素质或优点。比如IT行业需要突出创新和敢为人先的品质，餐饮行业需要特别讲究卫生等，这种素质或优点是属于该行业的而不是所有行业所共同具备的。从行业的角度来评价好的企业，可以使得管理者更好地做到知己知彼。

以上是对好的企业本质要素的一些分析。有些企业家可能会认为，无须这些分析，不管黑猫白猫，抓到老鼠就是好猫，能赚钱的企业就是好的企业。其实这种看法是站不住脚的。举例说，有一家从事图书业务的电子商务公司，已开办八九年了还未赚到什么钱，但一直有风险投资进入该企业，现在企业已经值二十亿元，而企业老总的身价也有近十亿元了。总之，环境在变化，企业的经营方法也在变化；特别是在知识经济时代，在很多情况下人力资本的重要性超过了货币资本，这样，企业的本质也有了新的变化。利润要在追求企业可持续发展当中去实现，这样才能把企业做强做久。

三、合理的目标：由强到大

一些较大的中国企业常艳羡"世界五百强"并试图让自己成为其中的一员。但结果却是，无论如何努力，不但目的没有真正达到，反而因快速扩张（包括采取并购、国际化等各种扩大企业的手段）使得企业虚弱了很多。实际上，世界五百强企业并不一定会因为它们是"五百强"而骄傲，因为所谓的"强"是就销售额或营业收入而言的，其实是"大"的意思，它们中的不少企业也会处于经营亏损的窘境之中。

打破盲目求"大"（包括跨国的"大"）的思维，是对企业高层管理者的基本要求之一。好的企业要体现一定的成长性，而盲目求大未必可以解决成长性的问题，因为成长性要求良性健康的发展，而不能采取像相扑运动员那样只求虚胖的快速增加体重的方式。企业组织的自我评价和自我认识是制定发展战略的重要方面。例如，有一些在国内领先的企业到国际市场上进行战略并购时，往往忽视了自己在新环境中是否具备比较优势这个问题，往往会出现大的判断失误。

由强到大的过程与"应当专业化还是多元化"的争论无关。所谓的"专业化还是多元化"的问题，可以还原为"一个业务的专业化还是多个业务的专业化"的问题。从中可以看出，专业化是做强的基本途径。所谓的专业化，并不是说一心只做某个专业，而是说在这个专业上要达到行业一流的水平。所以，一个管理能力强的公司可以管理多个业务，就是多元化。但是，它是专业化的多元化，而不是只为了充数或扩张规模的多元化。

在做强还是做大的争论中，还有一些复杂的方面。在一些情况下，特别是在规模竞争的领域（譬如零售业），要达到强就需要一定规模的"大"。在另一些情况下，"强"和"大"之间的界限并不是很清楚的。比方说，一个胖子的力气通常会大于瘦子，但是在拳击台上，速度有时反而会成为力量之源，这时瘦子就会在灵活性或速度上胜过胖子。

一般来说，强的企业都比较容易很快地做大，因为强的企业比较容易通过上市融资或并购而实现扩张。在这一点上，美国谷歌公司就是一个很好的例子。

与企业的由强到大相适应，企业在管理上应提升到一个新的境界，否则做大之后就可能会失控。根据企业发展周期和发展水平，企业管理可分为如下几个阶段：第一个阶段是指创业阶段，企业只考虑业态和项目管理，还缺乏制度上的建设和规模化管理的能力。创业阶段的特点是要实现"立足"，先解决企业最基本的生存问题。第二个阶段是向规范化转型阶段。在这个阶段，企业以类似于法家的"法"来进行管理，已建立起一个秩序井然的有纪律的组织，并已建立起一个很有效的激励机制。规范化转型阶段要求根据原则来用人，以纪律来保障行动的效率。在这个阶段，企业会努力避免主观随意的管理。第三个阶段是重视软性智力阶段。它的特点是强调了企业文化的作用，最大限度地保障了对人员的自主性、积极性的调动。同时，在这个阶段里，企业在实现了职业化管理的基础上更重视凝聚力和可持续发展的能力。例如它在强调管理者领导力提升的同时，很重视对员工系统培训，以促进文化上的共识，增进自主性或自我约束，以保障职业化的实现。第四个阶段是以无驭有的阶段。这个阶段的企业已在管理上得心应手，特别是能懂得结合考虑有形的东西和无形的东西，能够将战略主导与灵活性相结合。在这一阶段，管理层的管理思想已上升到哲学的高度，具有前瞻性和策略上的多样性，并能注意吸取一些兵家的战略思想。第五个阶段是社会公民阶段。在这个阶段，企业一方面关注外部世界，力求作为"企业公民"而得到社会的认可，并最大限度地获得社会资源。另一方面，企业在经营中更关注为社会做贡献，努力成为"使命型"的企业。社会公民阶段不仅关注企业永续经营，还关注企业的社会责任，关注企业之回馈社会，使得老百姓能够享受到企业发展所带来的恩泽或好处。社会公民阶段的企业体现了经济效益与社会效益的有机统一。

企业由强到大，是一个逐步变强、逐步做大且保持可持续发展的过程。企业的核心竞争力，是通过不同的管理方法体现出来的。有一种观点认为，企业应当针对不同的阶层采取不同的管理方法，例如对高层采取道家的无为而治，对中层强调儒家的自律，对下层则强调法家的严明纪律。这种观点看上去不错，实际上却割裂了企业文化与管理之间的统一性。试想，如果企业的高层不重视纪律，那么员工就难免会上行下效，最终会影响对纪律的遵守。

四、前瞻性与目标的实现

前瞻性在战略上具有举足轻重的地位。规划或战略中的一个很重要的问题就是前瞻性问题。相对于所期望达到的目标，前瞻性就是对行动的可能结果的预测，以便于在此基础上采取一些必要的行动达到积极的结果。例如，就企业的国际并购这个目标来说，它需要在策划阶段进行严格的可行性论证。因为不同的企业会遭遇到不同的困难和挑战，企业原有的比较优势能否发挥作用，是一个根本性的问题。像联想、明基和TCL这三个国际化的企业把握一些发展机遇时，都过于强调了自己的能力和做大企业的愿望，而忽视了一般的风险。例如，联想一直注重自身成本控制的优势，但是却没有看到品牌管理与成本控制完全是两种不同的文化。管理国际顶级品牌的困难，不在于你有没有经验，而在于对于国际上的消费者来说，人们可能并不相信中国人能够管理好顶级品牌。因为在许多国外人士看来，中国企业几乎一直都是低端产品的代名词。台湾明基公司在大陆的发展很成功，完全可以自己建立品牌，而没有必要去增加一个不必要的负担（收购西门子手机）。虽然西门子是知名品牌，但在手机领域里却没有什么地位。至于TCL收购汤姆逊公司的电视机业务，它并不熟悉所收购对象的历史由来，也不很了解欧洲的文化，它却一心想把握做大产业从而成为世界第一的机会，但问题是，这次收购中的风险自不必说，即使它真的成为世界上最大的电视机生产商，它能否具备世界级的竞争力呢？显然，在索尼等公司的新型数字电视的压迫下，传统技术面临着被淘汰的命运。因此，TCL与汤姆逊公司的结合，并不能够带来TCL未来的竞争力。可能TCL认为世界上的大公司走的都是并购和国际化的发展道路，但问题在于，那些公司都具有某种核心技术，并且并购的都是优秀企业而不是亏损企业。

前瞻性问题是与目标管理结合在一起的。前瞻性对于所要追求的目标很重要，它是围绕着整体目标来展开的。例如，我国过去有一段时间对电力的规划很糟糕，就是缺乏前瞻性的表现。由于对电力的需求缺乏前瞻性，有几年常拉闸限电，致使企业遭受损失，百姓生活也受到严重影响。所以，从国家的角度来说，前瞻性十分重要。即便是负责某一方面工作的各部委也都应具有必要的前瞻性。像国家的人力资源部门，一定要知道教育发展的趋势，了解国际化的情况，了解国内的人才需求，在这个基础上，才能搞好人力资源的战略规划。企业也是一样的，一定要先确定其整体战略。尤其是高层和中层干部要对企业战略有较深的理解，要知道企业几年后会是什么一种状况，到那时企业需要什么样的人才或梯队，会遭遇到什么样的挑战。考虑到了这些，企业从现在开始就应做好相应的规划以应对挑战、实现目标。

所以，前瞻性是领导者应具备的能力之一。职位越高前瞻性越重要，因为职位高对未来发展承担的责任更大。有前瞻性的人能够为未来做准备；缺乏前瞻性的人的目标常是虚幻的，也难以为未来做切实的准备。并且，缺乏前瞻性的人所定的目标往往也是有问题的。比如说，某地为了发展当地经济，要搞文化产业，就策划了一个项目，搞个"某某节"，但在做策划时，并没有事先考虑好所搞的这个"节"能不能把客人吸引过来。而一旦不能吸引客人来，就难免把相应的费用摊派到老百姓身上，那就是非常有害的了。初看起来很堂皇的一个项目，到头来却害了老百姓。企业的行为也是一样的道理。比如说，有个企业花了几十亿元去参股所谓的"广电宽带网络改造"，后来没有获得预期的"付费使用"的收益，结果造成了巨额的损失。

前瞻性有助于目标的调整。可持续发展以及成为一个好的企业是企业的基本目标。一般来说，企业只有进入合适的产业和产业链环节，才能够保证企业可持续发展的目标。例如，过去某些曾经辉煌的广告公司在进入21世纪后就逐渐变得落伍了。这可能不是因为广告业本身的市场问题，而是因为"战场"在转移，商业模式在变化。"战场"已从传统媒体转移到了新媒体方面，这些新媒体包括互联网、手机、影视内容产品以及楼宇内部广告等等。得益于此，百度、腾讯、分众、好耶等公司都获得了快速的发展。商业模式也发生了变化，这包括按照受众接受程度来收费，按照创意活动的项目（包括体育、节庆等）来收取赞助费，等等。总之，前瞻性要求企业调整具体的业务和业务目标，采用新的竞争战略或策略来实现战略目标。

前瞻性可以为目标的实现积累必要的资源。例如，当企业发展了，需要进入新的产业（或并购企业、开展国际业务）时，对于新领域的了解、研究以及对人力资源的储备都是必要的。再如，一个演出集团如果试图进入新的领域，就必须对文化产业趋势做出具有前瞻性的洞察和研究。总之，企业必须时时从对未来趋势的预测出发来考虑或规划新的目标，并且为目标的实现准备必要的资源。

第五章
管理、文化与法治化

企业管理的法治化主要体现为制定标准、尊重规则，从而降低内耗、减少冲突、提高效率。

当今，文化与管理之间的联系日益密切，无论是在企业管理还是公共管理领域都是如此。这一方面是客观形势发展的结果，当一个社会或组织在发展的过程中遇到困难时，多半是遇到了文化方面的问题；另一方面，一些管理者逐渐认识到文化建设的重要性，文化作为沟通的基础或平台，有利于社会或组织的管理。总之，在企业管理的不同阶段，都显现了文化在管理中的地位和作用。文化在管理中的表现是复杂而微妙的，同时也是具体而可操作的。或者说，管理中的文化问题，无论是企业文化与人力资源的关系，还是其他诸如公平竞争、行业美德、形象设计等方面，都是具体的。然而，在涉及具体的内容之前，人们应先把握一些重要类别的文化，如价值观、沟通、行为规范等等。

　　文化在管理中的地位的提升，需要有法治化进程的配合，否则单凭文化无法形成一种合力。企业的法治化进程，不仅关涉到企业能否开展大规模的经营，更关涉到能否通过规范化管理来提高效率。对于中国企业来说，法治化更是一种新的文化意识或追求。

一、管理的阶段性及其文化与法治化问题

　　我们知道，企业管理是有阶段性的。在每一阶段里，一方面要管理具体的事务，另一方面要进行人力资源的开发。而后者需要某种新的文化意识或内容。同时，管理在进入提升阶段后，需要达到法治化的水平。这样才能更有效地整合各种管理要素，降低内耗、防止非正常冲突，并实现各种管理资源的优化配置。

　　在管理的第一阶段需要认识到管理是什么。管理者的管理与具体的生产过程的管理不同。比如说，要生产某种产品就要知道，是顾客的评价决定了对产品的质量要求，要考虑如何进行产品质量的检验以及如何改进生

产流程。如果是提供的某种服务，就应区分不同的服务，并做不同的对待。无论是产品还是服务，都需要考虑到服务或产品的供给对象的不同，并对这些不同的对象的特点有清楚的认识，进而对这些对象进行细分，以做区别对待。企业的管理要基于对客户（或潜在客户）的性质的了解。企业要知道，对产品的质量要求是由客户决定的，是客户说了算，而不是企业自己说了算。就行政服务来说，不同的行政门类服务的对象不同，它的服务质量的好坏，是由服务对象说了算，而不是由行政部门自己说了算。一个显而易见的例子是道路建设问题。道路建设的本意是要让大家交通方便，为此，路与路之间的通连或衔接是个基本的要求。但在北京，一些环路与主要道路之间就缺少必要的出入口，没有做必要的连接。显然，这属于产品质量没有达到要求。这对管理者的要求是，必须将个别的愿景导向组织的整体目标，而将他们的意志和努力关注于实现目标上。总之，管理的第一阶段是要懂得各种相应的规则，要知道过程如何展开，对活动的过程本身有一定的了解。否则，不懂有关的规则，也就不能做好相应的事情。就像参加足球赛，懂得比赛规则是起码的要求，这是最为基本的问题。

企业管理的第二阶段涉及良好的纪律或秩序的建立，即一定程度的规范化。在这个阶段，企业文化更侧重于法制或纪律的方面。做事都强调要有效率，而纪律、秩序或某种程度的规范化是效率的保证。在管理的这个阶段里，企业对规则有了更为深入的了解，并能将各种规则整合为一个体系。目前，中国企业已经普遍进入了需要规范化管理的时期；行政干预也要进一步减少。企业管理不能任由变化的意志来随意支配，而是需要依靠制度的约束。在行政管理方面，要了解新时期行政的本质，要懂得如何做好服务、如何提高管理质量。要依靠纪律或规则，包括依靠绩效考核、规范的监督等手段，最终形成一个较好的系统化的制度。

第三个阶段涉及对文化上的冲突的处理。如果仅仅有强制性的规则，其中难免会存在着一些冲突。企业管理需要大家具有某种共识，有公认的原则和规则。比如说，管理者在提拔人才时如果只考虑业绩，就会妨碍合理的用人原则的建立；如果大家只注重短期业绩，而相互之间却不愿意配合或合作，就会加剧冲突。应当把一个人有无职业道德、做事是否符合企业战略以及是否符合企业核心价值这三个方面作为用人的基本原则，而不能把业绩作为用人的原则；业绩要求至多只是其中的一个具体的规则。如果没有原则的指导，有时就会有沟通上的困难：人们对某些问题认识的不一致，各有自己的观点或看法，这样，人们之间要协调时，就会因文化或观念上的差异而无法形成共识。文化上的差异和冲突会体现在多个方面。例如，在进行企业并购时就会涉及文化上的整合，如果要到国外去经营和发展，更要理解当地的文化。解决文化上的问题或冲突很重要。在企业管理的高级阶段中，会面临更多的文化上的问题。在这个阶段，要考虑通过核心价值来重新调整原来的管理制度，要把核心价值制度化。

企业管理中的文化与法治化之间应形成合力。法治化既关系到企业从无序走向有序、从不规范走向规范的问题，也是一个在管理上贯穿始终的问题。企业在提升管理效率和规范企业文化的阶段，必须始终坚持标准，坚持法治，而不只是仅仅依靠文化理念。文化理念是必要的，但文化理念要落地生根，必须成为制度，而不能仅仅停留在个人意识的层面上。

企业的法治化需要以社会的法治化作为基础。随着改革的深入，中国已经进入到"公民社会"的发展阶段。公民社会是在认可法治的基础上，充分发挥公民自觉性的社会。公民社会的基础是一般的社会道德和法制，包括诚信、尊重他人权利等一般的社会道德和维护法律尊严的法治。这两个方面都是社会的基本制度。在比较成熟的社会里，公民相互之间会形成一种基于基本的行为准则的关系。或者说，这些基本的社会制度最终会从强制性的、外在的约束转化为一种比较自觉的、内在的约束。这种自觉的、内在的约束中，即包括了公民道德。所谓的公民道德就是一个公民要意识到在公共空间里的其他公民拥有与他同样的权利；一个人不应随意妨碍别人，要意识到他人的权利。比如说一个走进了电梯，不能大大咧咧地堵在电梯门口，要意识到应方便他人进出；又如在驾车时不应突然转向，这样既危险，又挡住了别人的去向，妨碍了他人的路权。此外，公民之间在竞争机会的获取上的公平也是公民道德的一个重要方面。比如说，企业不应搞商业贿赂，这是作为企业和公民的道德责任，因为在竞争中，虽然各自都有自己的权利，但一旦采取贿赂的手段，就妨碍了他人的平等机会和正当权利。所以，"公平"应当被包括在公民道德的要求中。此外，"互相帮助"也应是一种公民道德；当其他公民遇到困难时，作为一个公民，与他人之间有相互扶持的义务。还有一类，我们把它叫做维护公共社会的秩序所需要的品德。这种品德是多方面的，包括不能乱扔垃圾，因为这样就会破坏别人的享受或拥有公共空间的权利；包括要注意公共卫生、在公共场所要注意说话的声音大小不要影响到他人的交流；看到有人破坏秩序（如排队时的插队）要加以制止；看到有人破坏公物时要及时报警；等等。总之，每一个人都要尽力去维护这个大家共有空间的秩序。

企业内部的员工之间应当是类似于公民之间的关系。在公民社会里，立法要与时俱进，否则人们就会不知道该如何相处。比如说，在个人博客或微博上不要去随意评论他人，因为博客或微博实际上是公开的，他人可以随意看到，而在公共空间里随意议论他人是不尊重别人的表现，无论是正面的还是反面的都是不对的，除非是评价官员、明星等公共人物。目前的公共管理已经到了亟须法治化的时候，法制要尽可能细化，细到能够界定相互之间的界限。同时，要使人们对公共空间的问题不只是关注，而且要履行其自身的责任。比如说，某些公共事务需要召开听证会，这是让公民行使权利、参与公共管理的一种形式。对于这样的活动，其过程应透明，公民的参与应积极。与此相对应，企业内部的公民文化可以通过职业化和对相互尊重的提倡来引导。从具体的实践来看，企业文化中常遇到企业内的结党或"办公室政治"的问题。结党是一种少数人聚集在一起褒贬他人的行为，是对企业文化的分裂；"办公室政治"也往往是对公民文化的背离，它往往倾向于不择手段地满足自己的意图，而缺乏相互帮助、相互依存的意识，缺乏必要的礼貌、谦让和包容性。

在管理的各阶段中，文化含量不断增加，处理文化复杂性的要求也不断增加。企业做大后，如果再搞跨国经营，就会遇到多文化间的冲突。所以，如果到国外去经营，首先要熟悉当地的法律，了解当地的市场文化，包括其他社会文化习俗或习惯等。这样，在遇到文化冲突时，才能知道如何沟通，以防止冲突的加深成为企业经营难以逾越的鸿沟。

二、文化与核心价值

我们知道,文化中包括了价值观及非价值观(如思维方法以及行为方式等)。就文化的主导方面来说,价值观(Value)是文化的核心部分。作为对于善或好(Good)的基本态度和评判,价值观又可分为核心价值和非核心价值。核心价值是具有特殊的重要性、基础性和引导性的价值,对社会来说是如此,对企业来说也是如此。在企业发展的阶段性中,文化的管理需要紧紧抓住核心价值这个要素。同时,对企业不同时期的核心价值,需要做适当的调整。

从应用的角度来看,文化可有两种形态:积淀性的、不可轻易改变的价值和可以引导并塑造的价值,或者说,惯性价值和主动追求的积极价值两种形态。一方面,所谓的惯性价值,包括人们之间合作和交流所拥有的共同的语言、共同的道德与习俗、共同的饮食习惯以及共同的思维方法等等,这些都是一般的文化积淀。例如,道德观念一般都是历史积淀的,且是不会轻易改变的,不管是群体(表现为习俗)还是个体身上(表现为习惯)都是如此。因此,企业在录用人员时,要考察这些未来的员工是否具有良好的道德意识(包括职业道德),并应进行严格的面试和适当的背景调查。如果进入企业的人员缺乏某种程度的道德素质,这通常是今后很难改变的,难免会给企业带来很大的道德风险。另一方面,企业也会根据自己的特点提出并主动追求一些积极价值观,特别是要塑造自己的核心价值观。积极价值观有两个部分:传统的和今天的。传统的价值观中有一部分在今天可能已经落后了,而有一部分依然适应今天的需要。所以,为确立企业的核心价值,既要保留部分传统价值观,同时要根据管理的理念和企业的精神追求,再提出一些新的有生命力的价值,再在这些价值的基础上提炼和确立企业的核心价值,或者说价值原则。

企业的核心价值要符合企业今天的要求，也要符合企业未来的发展的要求，同时要基于共识或者能够引导人们形成共识。企业的核心价值应能支持企业的发展战略。其实，核心价值的确立，对于社会发展战略也同样重要。比如说，我们现在提出以科学发展观实现社会目标（建设和谐社会），这是一个发展战略。这个战略在价值上的意蕴就在于要避免贫富差距的不断扩大。管理者应采用一种中道的方式来确立和维护弱势群体的基本权益。虽然不一定要过多地考虑弱势群体与强势群体之间在收入上的差距，但至少要保证这些弱势群体的境况不会变坏，要使得弱势群体的社会保障问题得到公正的对待；同时使全体社会成员都有平等竞争、平等参与社会生活的机会。显然，这是一种重要的社会核心价值。

核心价值对企业的管理或行为具有重要的引导性。制度化了的核心价值是企业管理的一种标准，处于任何发展阶段的企业都要有明确的核心价值作为引导或标准。比如说，成为一个好的企业或追求卓越，以人为本，等等。企业如果缺少"追求卓越"这样的价值要求，凡事都"随便"或"差不多"，人无远虑，必有近忧，企业的发展就难免会被"种种困难"所厄。

在企业管理中，核心价值虽是相对稳定的价值，但也需要调整。过了一个阶段之后，应对部分核心价值进行调整，当然也有一部分是固定的或持续的。比如说，从重视产品销售到重视顾客导向，就是对核心价值的调整。又比如说，社会主义在本质上总是要把自由和平等（或公平）作为它的核心价值。无论今后进入到哪一个发展阶段，它们都应该是核心价值；即使没有提出建设和谐社会的要求，它也仍是核心价值。当然，"和谐社会"的要求，还应包括可持续发展、法治与民主、公平与正义等内容，这些也应成为核心价值。就是说，与建设和谐社会的要求相适应，政府应当重视一些价值观的变化和调整。

三、沟通与共识

对于企业文化的内涵的理解、核心价值以及规范化管理等等，都需要通过沟通来形成共识。核心价值观需要形成共识，其他各方面的文化也要形成共识。一般来说，文化具有多样性的特点。不同的人因经历和所处群体的不同会形成不同的文化。不同群体或个体的文化会有差异，差异的存在是正常现象。但是，仍需要在关键的领域里形成共识。特别是企业对规范化管理或法治化的追求，容易与企业前期的文化或价值观念相抵触，因此更需要强化对规范化文化的认同。总之，在塑造新的文化价值观时，或在企业管理的不同阶段面临具体文化冲突问题时，寻求一些合理的沟通方式来形成共识是十分重要的。

当然，共识可以从宽泛的意义上来理解：有时需要有共识，有时则需要彼此包容。当发生差异时，要区分其类别和性质；一般的差异可以并存或包容，原则的差异则应打破，以形成共识。在原则上要寻求共识，在其他非原则方面则可寻求包容，采用"中和"的方法，这是寻求乃至达成共识的前提和基础。

无论是原则的还是非原则的，只要有差异，就需要沟通。对于原则而言，一方面要明确原则的内涵，另一方面要沟通好，这样，人们才能认识或理解原则及其重要性。原则不能仅仅作为概念或口号，更要变成一种制度，要突出它的地位；这样，人们才会重视它。总之，在寻求共识和进行沟通的过程中，一方面要重视原则问题上的沟通，另一方面在非原则问题上要理解对方与自己的差异所在，并在观念和具体做法上考虑采取"和而不同"的态度或方式。

企业在文化上的理念能够得到员工的深刻理解，是一种重要的沟通。比如说，企业领导者如果希望某种文化理念能够被员工或同僚普遍接受，这其中就有不少东西需要沟通。有时创业企业家提出的核心价值之所以需要宣传足够长的时间，才会慢慢被人接受，就是因为它是一个沟通的过程。企业所确定的核心价值未必能为员工所透彻理解。企业的核心价值总是会对员工的某些行为有所约束的，所以，应该让员工理解其中的前因后果。有人或许会认为企业过去的那种不规范的管理方式会很成功，而对搞规范管理的必要性不理解。针对这些想法或问题，应该多与员工沟通，力求获得大家的理解。

当某种做法没有得到员工认同的时候，不能一味地独断专行，需要先做出适当的解释。例如，某企业经常宣传它好的一面，后来企业领导发现有些员工不认可这种做法，有人甚至很生气，认为企业缺点很多，不该只谈好的方面。从道理上说，好的方面需要宣传，坏的方面需要改进，而宣传未必会妨碍改进。不过，如果缺乏沟通，可能更会让员工误解，觉得企业总是在包装自己，在做虚假的宣传。但如果沟通得好，员工就会知道，企业一方面需要去改进缺点，另一方面也需要去宣传和发扬自己的优点，二者要以不同方式同步进行，而缺点的改进也并不是一蹴而就的。作为企业领导者，需要与员工去做沟通，这样员工才会理解企业的一些做法，否则，误解和抵触就是难免的了。当然，这里谈的属于一种比较具体的沟通。

沟通是一种交流的手段，包括思维方式、做事方法的交流，沟通也是形成共识的过程。现实中，企业管理者经常会缺乏沟通意识。有时，老板自己的想法改变了以后，就要求下面的人改变做法。老板的这种做法通常会存在两个问题：一是他没有考虑到他的做法可能会给下面的人带来很多不便；二是下面的人可能根本就不理解，在行动时会很勉强。这样，老板的做法既缺乏效率又忽视了以人为本。因此，企业老板要改变想法或做法应先做一些沟通，让人们理解为什么要做出改变、其要点在哪里、或者向下属讲清楚虽然现在的做法与过去的不一样，但可以殊途同归或者能更胜一筹，等等。这样推行起来就自然顺畅多了。

当然，在一些社会生活领域上，我们也往往忽视建立在"以人为本"文化观念基础上的沟通，势必会影响到企业内部沟通的意识。例如，行政和司法应提倡以人为本，这是较新的文化理念，需要多做沟通和引导。比如具体到审讯领域，警察不能向嫌疑犯刑讯逼供，这是一个重要的要求，它涉及有关警察在文化上的认知和其他的一些需要进行沟通的问题。一些警察对自己的职责并没有能上升到理论的层面上来理解。警察主要的任务是维护社会的秩序，保障人们的正常生活不受他人的干涉或侵犯，这是"正面"意义上的目标；至于"打击犯罪"，它也只是从"反面"来保证正面目标的实现的，"正面"的目标才是最为根本的。如果对一个嫌疑人实施刑讯逼供，最终就算是抓到了罪犯，但是一旦让无辜的人先受到了伤害，它本身就是违背法律的。而且，这种因刑讯逼供而伤及无辜所造成的损害要比抓住罪犯所带来的坏处大得多。因为警察实施刑讯逼的行为是违背职业道德、违背社会正义要求的，这种行为会使得公民对于人权的法律保护失去信心。所以，在司法或执法的过程中如何保障公民不受冤枉、不受伤害，这才是最为核心的问题；至于能否及时抓到罪犯的问题，只要尽了最大的努力并依法而行，完全是符合职业道德的要求的。是否能抓住每个坏蛋要取决于各种条件；而优先保护每个公民权利却是无论如何都要做到的。在现实中一些警察错误地认为，明明知道这人是坏蛋，就揍他一顿，让他说出真相来。这"明明知道"一说首先就是很主观的。更重要的是，一时没抓到罪犯，下一步还可以继续去抓，但如果冤枉了一个无辜的人，甚至伤害并致其死亡，这是难以补救的。《孙子兵法》说："主不可怒而兴师，将不可愠而致战"。孙武指出，将帅在生气时发动战争，死了很多人，等明天他明白过来了，那些死亡的人却不能复生了。总之，在社会生活的各个领域里都应"以人为本"，即人是目的不是手段，不能为了达到某种目的而把人作为手段来使用。相应地，在企业发展的各个阶段里也必须自始至终地贯彻"以人为本"，努力寻求文化观念上的沟通或共识。

沟通的过程就是引导并走向更高的文化目标的过程。相比传统的人治，法治是更高的要求。与文化管理的这种目标相对应，公民社会的管理须明确公民的权利和义务，这涉及道德、法律以及文化等很多方面的内容。有关公民的道德、法律和文化问题，有些与行政有关，有些则无关。与行政有关的主要是维护公民权益的问题，行政、法律都包含有维护公民权利的方面。从公民这一方来说,一方面要行使权利,另一方面也要履行义务。为了维护自己的权利不受侵犯,公民相应地需要承担维护公民社会的义务,例如见到坏人要报警,遇到他人危难时要尽量提供帮助等。公民社会一旦建立起来,就真正进入了文明社会阶段。一个文明社会,一定有着很好的文化管理手段和很强的文化意识。它的这种文化不只是建立在某种理想的基础上的,它更需要某种务实的精神,以提高效率,并强化公民的自主性。

企业也是一样的。适当的沟通有利于建立起有关标准或制度的执行意识,提高企业文化的软实力。一个好的企业一定是团队意识很强的企业。它不只是团队技术的结果。在一个好的企业里,成员之间都很尽责任,恪尽职守,并且有着公平竞争的行为方式,就像社会上公民之间的公平竞争。无论是在社会生活中还是在企业里,每个人既应该是一个公民,也应该是一个职业化的人。

四、经验与传统的问题

法治化是管理文化发展的一个重要阶段。在讨论如何建立法治化文化时,需要面对文化的继承性的问题。有一类文化问题是与经验有关的,而另一类是与传统文化的延续性有关的。就前者来说,典型的如一些企业的做法,因为它们没有能力改变传统惯性(如人治的做法),可能会比较依赖于经验。比如说,有些企业比较依赖于某种来自政府的"资源"来开展经营等等。就后者来说,典型的特点是传统中的注重人治、双重标准或多重标准。显然,这些特点如何面对当今法治化的挑战是一个重要问题。

从总的说来,多数企业都需要强化法治化管理的意识,进一步建立基本的法治化管理体系或框架,同时要改变个人绝对权威的管理方式,建立依靠团队权威的管理方式。可以说,当今企业管理和公共管理中的法治化和民主化进程已经提到了具体日程上,不过,就二者而言,法治化具有更基础的地位。然而,在涉及法治化文化时,人们在观念上难免会有与传统文化上的冲突。法治化要求建立一个具有普遍性的法律框架和相应的执行程序。法律体系与执法的要求或标准应该是相互统一的,不能有例外,它应该体现程序正义的要求。就法治化的要求而言,尊重法律的观念是具有优先地位的。不应有人高于法律,也不应有人低于法律;在法律面前,人人平等是一个良好的社会或组织的基本制度。这一理念或制度与公民对法制文化的观念或认知水平密切相关。公民概念的核心是拥有个人基本的权利并承担个人的义务。在一个组织良好的社会中,需要公民们尊重有关标准,遵守行为准则,其关键是要按照法律制度来行动。

公共生活要求公民对个人权利的行使不能妨碍其他公民行使其权利,这些权利涉及公平竞争、机会均等方面的内容。这方面有许多显而易见的例子。例如,乘电动扶梯应靠一侧站立、坐火车不应占据不属于自己的位置、驾车不应妨碍他人的安全驾驶以及公共场合排队等候,等等。这些都是法治化观念在实际生活中的要求或体现。就企业管理来说,企业的有关规章制度及其严格执行,就是法治化的要求。对有关规章制度的执行需要人们首先具备法治化的观念、意识或文化,否则就会虽有制度,却缺少支持这个制度的相应的文化或观念的力量。

注重法治化、民主化的观念,与我们日常生活中传统的"熟人文化"(即亲朋好友优先的文化)不一样。因此,在思考继承传统文化、弘扬国学(包括传承儒家等文化)的过程中,应当考虑到传统文化与当代法治化文化之间可能存在的冲突。在企业管理上,制度建设与任人唯亲的做法之间的冲突,以及随意改变用人标准的问题,很容易体现在观念较传统的老板与职业化的经理人之间。因此,企业文化的建设(尤其是一些家族企业)首先面临的是不同文化之间的矛盾或选择。就企业的可持续发展来说,面向未来,重视制度化、规范化的建设是唯一的出路。但这需要企业管理者对制度化、规范化的文化有深刻的认识,否则就会面临制度建设过程中观念上的严重阻碍。

为了实现向法治化的文化的过渡,就需要制定一些基础性的标准、规范，并予以执行。如果缺乏法治化的约束，企业文化就可能流于各种主观意见，难免发生各种冲突或矛盾。无论是社会还是企业，需要一种体现时代性、引导性的文化的力量，并达成一种良性秩序。但从传统文化的角度来看，法治和人治的问题并没有解决，以标准化、制度化为特征的现代社会生活的文化并没有确立起来。在调节人与人的关系方面，传统文化主要依靠的是儒家伦理。儒家伦理有两个特点可能会与法治化的要求相冲突：一是双重标准，二是很高的理想道德。所谓双重标准，是指做同一件事情的时候，只考虑对自己有利的方面，把可能出现的不好的方面转嫁出去，不愿意在一个共同的标准上接受可能有利益冲突的事实。反映在规则中，就是只接受规则中对自己有利的方面，而不遵守对自己不利的一面；或者，在规则的执行时，产生对内对外的不同尺度和做法。这必然与法治化强调同一标准相冲突。而第二个特点，当道德理想与法治化的要求发生冲突的时候，儒家更倾向于从道德的角度来考虑问题。而现代的法治化社会的文化正好相反。当道德与法制发生冲突时，一切都要以法制为准绳。比如说，当许诺未能兑现的时候，如果没有法律条文的约束，人们至多只能在道德上谴责某人的失信，但并不能够真正解决具体的法律责任问题。而法制恰恰是解决各种纠纷的一种直接的工具，是一种技术或策略。传统文化不太重视这种具体的技术、策略，这不利于应对今天复杂社会生活的要求。

在企业管理上也有类似的问题。在企业初创时，一般采取的都是口头承诺式的管理。但在企业做大的过程中，特别是在存在管理权限问题或其他的利益冲突时，就不能这样管理了。企业必须有具体的规章制度，规定好各自的权责归属，用以解决纠纷，并要将有关的规章制度细化、落实到所有的管理领域。这样，企业管理中可以依靠道德，但不靠道德也不会坏到无序状态，能够保证企业管理满足某种基本的要求。传统的儒家文化一味地强调某种很高的道德理想，看不到法治化或规范化对于解决问题的作用，这是儒家文化传统必须克服的问题。

五、企业管理中的道德与法治化

与国家治理类似，依法治企和以德治企，似乎是两种不同的文化要求。实际上，在法治化进程中，对企业文化应有更丰富的理解。应考虑把法律和道德作为彼此共存的、相互支持的制度。遵循道德和法律的准则来行动，这是一个法治化社会的基本要求。我们要提倡尊重法治的文化，并且要努力去实现法治化，即依法治国。而"依法治国"与"依法治部门"、"依法治企"其实是类似的。在"治企"的问题上，它既要靠社会的法律制度，也要靠企业的规章制度；或者说，无论是社会上的规则还是企业里的规则，都要遵守。例如，诚信是市场经济的规则，依法经营（如照章纳税）也是市场经济的规则。就道德来说，它包含着两种形态：一种是基本的准则（或者说基本的道德义务），一种是理想道德。理想道德并不是所有人的义务，它往往只是少数人所倡导或所追求的理想。而一般意义上的道德义务大体上与法律准则是相互对应的关系。从二者的优先关系上来说，凡是有法律准则的地方，都要以法律准则作为解决冲突的依据。就此而言，依法治企具有更加切实的约束力。

法治化要求企业管理应遵照标准来进行。或者说，企业里的法治化体现为严格依照标准或规范来进行管理。也可以说，所谓的法治化就是规范化或制度化（也包括核心价值的制度化）。法治化中的规范管理首先要求管理者有严格照章执行的意识，其次要有很明确的管理标准（包括竞争上的标准），不能够随意废弃或者打破标准。规范化或制度化管理的最大好处就是有效率。规章制度看起来很复杂，但如果把各种规章制度之间的协调性问题解决好，它反而使得管理更有效率。总之，法治化要求确定一个统一的标准，并且在任何情况下只有一个标准，没有人高于这个标准，也没有人低于这个标准。

法治化要求同等地实现人们的权利和义务。法治化不只是涉及人们权利实现的问题，同时也涉及人们义务履行。或者说，它不只是要求对人们权利的保障，也要求人们约束自己，并履行自己的义务。一个人如果不履行自己的义务，他就应受到惩罚。比如说，在危机发生时，负责处理危机的某个岗位上的人悄悄地逃跑了。在法治社会，逃跑至少是一种严重渎职行为，要受到很严厉的法律惩罚。所以，法治化要求人们的职业化，要求人们有很好的职业道德。职业道德与法治化是一体的。我们过去讲道德，主要是个人德性（virtue），比较重视个人自觉，或者是依靠社会舆论的推动，但却忽视了有些道德（如职业道德）是须由法治来做保障的。在企业里，也是一样的。一个人的职业道德要靠规章制度去维护、约束，而不能仅仅靠他的自律。可以说，法治化对于道德的实现实际上起到了一种很重要的辅助作用。有些道德的实现要依靠自律，但职业道德却是社会生活中的规范或制度所强制要求的一种义务。例如，在事关他人安危的岗位上，一定要强制工作在这个岗位上的人坚守自己的职责，负起相应的责任。总之，法治化对一些重要的道德（如职业道德）的有效性提供了支持或保障。

从发展趋向来看，企业管理最终必然要走法治化或规范化的道路。从这一点来说，社会上存在的"官商结合"现象本质上是一个社会走向法治化之前的过渡现象。从法治化、规范化管理对企业经营管理的要求来说，如果过多地依赖政府对企业的扶持，企业就会缺乏市场竞争力，只能是长不大甚至断不了奶的孩子。所以，企业经营最终应突破传统文化或传统商业的路子。传统商业以家族企业为主，借助官商结合才能做大，但今天可以有很多的选择。比如说，有很多专门学管理毕业的人可让企业去挑选。未必就要选取这种家族企业的管理模式；或者即便这种模式也不一定是传统方式的，可以从一开始就采取比较规范化的管理方式，其中的家族成员可以作为控股股东，而不一定作为主要的管理者。

法治化对企业管理的要求最主要地体现为制定标准、懂得规则。现在绝大多数企业都有自己的管理制度，但是不少企业的规则很不明晰，或者不能做到把制度或准则与核心价值形成一体。如果企业的制度或准则与核心价值之间没有关联，那么就会影响人们对核心价值的重视。企业管理所涉及的制度或准则可分为原则和规则，而核心价值是制度中的原则，是最为根本的东西。只有抓住了最为根本的东西，才能知道管理的重点所在。另外，所制定的制度要保障有效的激励、保障公平竞争，它应是一种弹性的、动态的、有着统一标准且能解决纠纷、解决各种利益分配问题的制度体系。再有，企业如果要有新的行动，制度设计一定要走在前面。举例来说，如果企业要从外面外进一位高层管理者，并准备付给他较高的工资，这难免会在原有员工中引起振荡或反应。为此，在引进人才前，要么应先进行工资制度的调整，要么就某个待聘的职位公开让大家公平竞争，而那个新来的人则作为其中的竞争者之一。总之，只有事先有了相应的制度或规范上的考虑，才能保证管理工作取得良好效果。

制度是用来保护企业整体利益得以实现的，它应是实用的、能解决实际问题的。举例来说，营销中的客户信息如只掌握在某个具体办事的人手里，一旦这个人离职并带走这些信息，就会给企业带来损失。但是，企业可以设计一个新的制度，规定重要的营销信息至少要有一组人共同参与。比如说，可以让某个人来初步接触或开拓客户资源，另一个人来巩固或维护客户，而老总则掌握关键的客户信息，等等。这样，如果某个人忽然离职，就不能把客户信息都带走了。总之，针对某些问题的具体制度必须细化。

在一些企业的法治化的进程中，所制订的规范或规则并不是要求越高越好。由于一些企业还不很规范，因此需要首先解决一些切近的纪律或标准问题，而不是如何达到高水平的规范化管理。比如一些家族企业，需要通过逐步的改革来实现规范化管理。有一些企业认为，可以通过引进职业经理人来尽早实现规范化或法治化的管理。不过，这里需要考虑两个方面的问题。一是要考虑企业是否真正认识到什么是职业经理人，二是引进职业经理人并发挥其作用需要一定的环境、制度基础作为条件。企业应先进行一定程度的规范化，有了一定的制度准备，才能考虑通过合适的途径引进职业经理人，然后再通过职业经理人来推动进一步的规范化或法治化。

第六章
管理观念及其创新

确立好的管理观念,需要用本质还原的方法对流行的观念进行必要的反思和省察。

基于对理论指导管理实践的需要，当前许多企业管理者对各种时兴的理论都表现出了强烈的兴趣。不过，由于对这些理论并没有作深入的研究，仅仅停留在某些引人注目的观点上，再加上缺乏方法上的引导，企业管理理论对于一些流行观念往往缺乏辨析，容易误导不少企业管理者。同时，管理观念一直在创新中。对于一些观念（包括已被人们视为经典的一些观念）需要进行必要的反思，在此基础上打破某些陈旧的不合时宜的观念。另外，一些企业家按照经验形成了一些自己的管理理念，在今天，为了提升管理水平，对这些过去某些时期所形成的观念进行反思并在某些方面进行创新也是很有必要的。

一、观念及其力量

一般而言，在经营管理上具有杰出成就的企业家，多少都具有管理思想家的一些特点。或者说，在企业经营达到一定的程度以后，所思考的主要方面就不再是具体的产品和技术了，而是观念或思想的力量将占据核心位置。比如说，"与时俱进"是一个抽象的观念，但在管理上如果把它与管理能力结合起来，就可以打破既有产业的限制。例如，李嘉诚在对网络一无所知的情况下创立了TOM.COM公司，该公司在今天已经十分成功，其中很重要的原因就是他相信人的力量；通过找到合适的人，做出合适的规划和相应的可行性论证，并带领团队持续执行下去，就保证了既定目标的实现。

企业管理者的成功，在很大程度上归因于认知上的合理的观念，如顾客导向、追求卓越、重视人力资源等的价值观念。与此相对应，不好的或者落伍的观念是妨碍组织发展的最重要的因素。就社会发展而言，中国在近代和当代的变革都是在与保守的或落伍的观念的冲突中、并在付出代价之后获得向前发展的；就企业管理而言，企业文化（包括历史沉淀的一些观念）往往会有保守或不能与时俱进的特点。以企业里的"元老问题"为例，其文化或观念上的保守性主要体现在对企业文化和变革的认知上。一些家族企业虽然在当代拥有很大的人力资源拓展的空间，但不少企业宁愿保持原有的家族化管理的模式，也不愿意尝试文化或观念上的突破并走向职业化的管理方式。

对于组织来说，高层管理者（特别是企业家和首席执行官）的观念更加重要，因为他们总是根据某些观念来决策的。例如，我国建国以后某些时期的错误做法，都是源于一些认知上落伍的观念和一些极端化的价值观念。在"割资本主义尾巴"、"一大二公"、"计划是社会主义、市场是资本主义"等教条观念的指导下，刻意与资本主义的一切做法划清界限，不强调经济发展，不顾包括基本的民生问题在内的基本人权问题的解决，使得社会主义没有取得本来应该有的发展。近年来，在发展文化产业的问题上，许多人仍存在着一些落伍的观念，以为文化就是"高雅"的专业人士喜欢的精英文化，而经常忽视大众（包括青少年）在通俗文化上的权利。此外，一些企业依然坚持20世纪八九十年代社会货币资本匮乏时期的原始积累观念，而忽视了通过资本运作来谋求快速壮大实力的机遇。相比之下，就像毛泽东当年"农村包围城市"的观念创新具有的重大战略价值，企业加盟连锁经营的观念对于企业的集团化、区域化的扩张发展等起到了巨大的促进作用。

好的观念来源于思考、总结和学习；而好的领导（特别是一些权威化、英雄偶像化的领导）也应善于反思和学习。总结是学习的一个重要方法。在总结时应注重分析和归纳。例如，在一些服务领域，第一线的员工必须具备什么样的理念才能体现出好的服务态度，可以通过总结来发现。所总结的结果，可以作为好的服务或做法的依据。此外，主动向他人请教也是一个基本的方法。例如，报纸的发行人通过向报摊经营者请教，可以对提高所办报刊的市场竞争力有所帮助。另外，虚心接受别人的批评并认真对待所提的建议，也是学习的好办法。在企业管理中，由于中国在市场经济方面起步较晚，我们确实需要虚心借鉴和学习发达国家的经验。当然，在这个过程中，应当多做认真的深入分析、研究，而不能流于表面或随波逐流。

一些基础的管理观念和某些新的、好的观念应得到普及并形成共识，最终成为企业文化的一部分。一方面，一些基础的关系到企业发展的管理观念必须普遍、掌握；另一方面，应结合不同观念的对比来领会一些好的观念。例如，重视长期利益和短期利益的结合，反对急功近利；重视团队合作，反对小团体主义和结党；重视做事细致认真，反对马虎潦草；重视善始善终，反对虎头蛇尾；重视学习，反对完全依赖经验；等等。对一些看起来比较平常的美德，如守时、讲纪律、审慎、正直、诚信等等，应形成普遍的共识，并转化为推动行动的认识。对于一些新的观念，特别是结合中国市场环境变化所需要的管理观念，如重视资本运作、专业化、品牌管理等等，应经常开展宣传或经验研讨，以形成普遍的共识或认知。

我们已结合企业管理实践总结和提炼出了一些具有理论和经验基础的好的观念，这些观念能够帮助企业实现卓越的经营。首先，人的作用应被提到"重中之重"的中心地位，人力资源应被看做是经济发展的核心动力。只有找到能够合作的人才，才能实现资源利用效率的最大化。尤其是人力资源的特性与知识经济时代的本质特性完全一致，应通过不断开发人力资源来创造高附加价值。其次，是对决策的重视，尤其是对理性决策的重视。"做正确的事情"比"正确地做事情"更为重要，并具有优先性。特别是要保障战略决策是在理性、审慎的情况下所做出的。再次，重视文化建设应成为一种重要的观念。注重制度和文化的建设，以形成共识，成为一种企业软实力，这是企业发展的内在要求。此外，企业不应急功近利，在务实的同时，要多为未来做准备。最后，优秀的经营者都能重视"追求卓越"的理念以及传统的"大匠精神"的理念，并把重视改善、精益求精和注重细节等要求结合起来，使之内化为员工的观念。

有一些管理观念是很实用的，还有一些则是寓意深刻的，二者都是重要的管理观念。一些实用的管理观念大大改变了管理的进程，如连锁经营、艺术授权和文化产业管理中的产业链经营等等。某些观念表面上看是抽象的，实际上却是个实用的观念。例如，通过对产品的文化内涵升级和审美设计来提高附加价值,看似抽象,实则实用。一些寓意深刻的观念,看起来与管理无关,实际上却具有重要的启发作用。例如,孟子讲"授人以鱼,不如授人以渔",其中的"渔"是指渔猎的方法,这是说,给人鱼是一次性的,而教人渔猎的方法,却可以受用无穷。又如,孟子批评有些人"缘木求鱼",就是手段与目标脱节,这是对管理有启迪意义的重要观念。因此,就管理的观念而言,企业需注重实用的观念,但不能停留在实用的观念上。企业管理者应具有深入洞察各种观念的意愿和学习意识,否则就会缺乏反思能力以及对企业管理进行观念上的引导的能力。

有些观念在某些思想体系中占有核心地位,它们具有深远的影响力。例如,改革开放初期"实践是检验真理的唯一标准"和"发展市场经济"的观念,近几年来"保护私有财产"的观念,都是显著的例子。在企业管理中,成本控制和顾客导向也是影响深远的观念。在日本,"质量立国"的观念则深深地烙在日本制造业企业的文化之中,影响至深至远。

当然,也不能过分夸大观念的力量。因为观念常是孤立的,必须上升到思想的高度。只有形成系统的思想,才能达到有说服力和影响力的深度。例如,某些企业过于迷信广告的力量,而忽视了产品和服务的品质,结果就出现了像秦池那样的困境。此外,有些观念间是存在着矛盾或者冲突的,需要借助于"新中道"的方法来反向地平衡。例如,有时"规模效益"的观念是正确的,但它却有可能与"规模风险"相伴随,这就需要把握二者在不同竞争环境中的表现或特点,努力避免因追求规模效益而陷于规模风险。

二、本质还原与本地化

本质还原的方法是确立好的观念的基础。对于一些观念,我们需要用本质还原的方法进行重新考察。特别是一些道听途说的观念,往往是导致错误行为的根源。例如，对于一些跨国公司开拓国际市场的观念，中国不少的企业都存有误解，以为企业要做大一定要不顾一切地国际化。实际上，国际化是与行业特点有密切关联的，是需要相应的条件的。如果不具备相应的条件，无论如何也不应随意迈出这一步。因此，对于流行的管理观念，必须用本质还原的方法予以澄清，然后再根据自己企业的实际情况来选择、吸收或者运用。

从本质还原方法及结构化方法的角度，可将观念分为一般观念和具体（或个别）观念两个类别。具体观念有两种，一种是对本质的反思，它试图通过反思来矫正某些具体观念中的缺失，这是一种在把握事物本质的基础上的寻求创新的方法。另外一种是与具体管理领域相对应的方法，如笔者所提出的"倒决策"的方法就是一个具体领域里的方法，它是一种在权威的管理风格的情况下培养员工自主决策能力的方法。好的观念都应经得起推敲和论证，特别是要经得起在实践中的检验。

"一般观念"中比较常见的问题主要是不清晰，有时甚至是似是而非。特别是在惯性思维中，人们常会以自己的眼光来衡量对方的偏好，这难免会出现较大的偏差。例如，艺术家创作某部"艺术电影"时，自以为人们会受到震撼或感动；但实际上，普通人容易受感动的东西往往是一些平常的东西，而不是艺术家的那些新奇的、个性化的东西。又如，有些企业过去曾经在官商结合的问题上得到过好处，就以为一直可以搞官商结合；实际上，随着市场化的深入及其规范化程度的不断提高，企业须更多面对的是直接的市场竞争而不是公关。因此，与时俱进是解决一般观念模糊问题的有效途径。从本质还原的角度来说，企业家应有自主的思想和观念，并能够用不同的（并且清晰的）思维方法来分析和解决不同的问题。

当前，人们对于"蓝海"的兴趣、对于所谓"一流的企业卖标准"的说法的热衷，都存在一般观念比较模糊的问题。实际上，就经营管理而言，"蓝海"确实是一种市场拓展和创新的观念，但这种观念与我国企业管理的现状并不相适应。对我国的一些总体上管理水平还不高的企业家们来说，最关键的并不是寻找新的领域，而是要把自己目前的业务做精做好，这样，就已经可以增加可观的效益了。因此可以说，对我国的情况来说,"蓝海"是一种战略选择的补充,而不是我国目前主要的创新领域之所在。至于现在流行所谓"一流的企业卖标准"的说法,受到误导的一些企业就把引领标准作为发展的目标,片面地以为搞一些评比就是卖了标准。实际上,标准是以实力说话的。企业如果没有达到一定的实力,不仅没有机会去参与标准的制定,连达到标准的机会都没有。且不说我国目前还缺乏一流的企业,就算已经有了一流的企业,它也不是卖标准的,而是卖创意、卖技术或管理能力。由此看到,目前的管理理论和管理观念中流行着一些"假象",我们应加以反思、辨别。

在"具体观念"领域,往往存在着对事物的本质理解不到位的问题。以微笑服务为例,某些企业生搬硬套"微笑"的做法,要求员工要一直"微笑"着工作;个别企业甚至对员工微笑时牙齿露出的程度是否足够做出要求,并用尺子来衡量员工的微笑是否合格。实际上,"微笑服务"的本意是让顾客满意,而不是员工自己傻笑。态度温和,尽力想顾客所想,让顾客方便舒适,才是微笑服务的本意。因此,微笑不是由形式而是要由顾客的满意程度来衡量的。又如,有些企业的绩效考核要求员工绝对满足考核目标。实际上,目标的要求与经营环境的变化应当是相互关联的;如果整个行业的经营环境都很差,那么企业就应调低考核目标,而不是一味地以原有的目标来要求员工。这种不顾实际情况一味强求原有目标的做法是不可取的;在极端的情况下,它甚至会导致人才的流失。在这个问题上,秦末陈胜吴广起义的例子可以给管理者一些启发。由于秦朝的法律很严苛,没有按时到达目的地就要处以极刑,这实际上就使得这些人没有了任何生存的希望,这是导致起义的直接原因。同理,企业如果不考虑具体情况的变化,就会委屈好人,最后难免会导致人才的流失。再如,有的企业搞年薪制,但并没有理解年薪制是需要与工资水平、绩效考核等有关的。一般来说,对工资收入低的员工是不适合实行年薪制的。如果要实行年薪制,这些员工的工资必须提高才行,然后,再将薪酬与业绩考核挂钩。企业须改变缺乏考核和激励的情况,否则,如果只有严格的要求而缺少激励,员工就很容易流失。

当从好的观念中获得启示时,我们需要进一步理解它的本质要素。以与人力资源有关的招聘的考核和面试为例,在美国,一般在考核上要对拟招聘员工做尽职调查和背景调查,严格考核其职业道德和诚信程度。面试的目的主要不是考核技术上的能力,技术可在实践中得到提升,而道德却不是能够靠企业制度或教育来人为改变的,因此,被招聘员工需要有包括正直、诚信在内的品德基础。又如,重视企业文化是一个好观念,企业文化的建设是一种积极有效的经营管理举措。遗憾的是,有些企业却只是在走形式,只是注重员工服装或企业 LOGO 等外在的要素,而没有解决核心价值及其制度化的问题。这样,企业文化建设也就流于表面化了。

在引进国外的理论或学说时,应有一个本地化或本土化的过程,以更好地达到借鉴或消化吸收的目的。在这个本地化或本土化的过程中,需要考虑到所应用的具体环境的不同,同时需要有应用方法上的灵活性。具体说来,一方面,外来观念需要进行本地化或本土化。道理其实很简单,因为国情和文化环境等都不一样,企业在吸收、消化这些观念时,需要因地制宜。以规范化管理的观念为例,对于市场经济尚不够发达的中国而言,所谓规范化管理,只能是一个循序渐进的过程,而不能照搬发达国家的管理模式(当然,从长远来看,规范化是一个必然的要求)。另一方面,企业在国际化的过程中,由于文化差异,本地化或本土化的重要性更加突出,对文化差异的了解显得更加重要。假如中国的企业到经济发达国家开展经营活动,就需要严格按照当地的规范化的标准来执行。例如,在美国的企业的人力资源工作首先要考虑当地的法律和政策,要考虑避免法律纠纷,包括以后解雇员工时可能发生的各种问题。同样,如果要到欧洲开展经营活动,就要知道在欧洲的福利社会的生活环境中所造就的员工对待生活或工作的价值观的特点:他们通常不会为了工作而牺牲生活享受。因此,观念的本地化或本土化,或对当地观念细致考察和研究,是企业走向国际化的必要环节。

三、对具体管理观念的反思

自改革开放及实施市场经济制度以来，在企业经营管理上出现了许多观念。其中，有一些是可以直接借鉴的，有些则是不合时宜的。通过对既往的管理观念进行反思，可澄清一些观念的本质，打破一些混乱的观念制约。这里以下述十个比较典型的观念为例，进行一些必要的反思和省察。这些观念是：细节决定成败；追求规模效益；原始积累；门槛问题；专业化与多元化；知识经济；营销能力；企业文化与企业 CIS；大企业的国际化；自我实现等。

（1）"细节决定成败"。这基本上是不懂管理的人所提出的"忽悠人"的说法。我们知道，做事的顺序是"做正确的事情"优先于"正确地做事情"；走对了路，选对了方向，制定了正确的战略才是最为根本的，否则就会越是努力越是错误、越是南辕北辙。"正确地做事情"强调的是执行力和细致地做事，但关键的问题却在于"该做什么？"如果方向不正确，走入了死胡同，那么无论如何卖力，最终都是没有出路的。所以，与"细节决定成败"的观念相反，应该是"战略决定成败"。例如，中国古代的张良、刘伯温对战略的谋划及其获胜，可以说他们取得的胜利就是战略的胜利。所谓的"战略决策"就是实现战略目标的方法和策略。战略决策的目标有了，路径清晰了，下一步才是执行力或注重细节的问题。

（2）"追求规模效益"。实际上，追求规模效益只是企业经营其中的一个选项，它并不是决定因素。只有在需要"规模"的时候，才有规模效益的问题。但在很多情况下，有规模并不一定比没有规模的效益更高。例如，谷歌的营业规模比许多 IT 企业要小得多，但它的效益却更好，市值却更大。类似地，国外诸如牛津、剑桥等许多知名高校，其规模大都远远小于我们国内的多数高校，但其信誉和整体实力却让国内盲目追求规模扩张的高校赧然。此外，还要看所谓的"规模"是专业化的还是多元化的。专业化的规模价值更高，而多元化的规模虽然"大"，却不一定"强"。

企业规模最大的问题就在于成长问题，而成长问题其实主要是管理态度的问题。企业如果要成功地成长，先决条件是管理层必须能够大幅改变基本观念和态度。因此在经营实践中，企业规模扩张有几个方面需要充分认识：第一，规模是有限度的，超出了某个临界点，规模效益必然会被日益沉重的组织成本所吞噬。第二，规模效益有时是与规模风险结合在一起的，特别是在竞争性很强的行业，如果有部分产品卖不出去，就会导致巨额亏损。第三，专业化是竞争力的主要体现。无论是多元的业务还是一元的业务，都需要专业化。并且，越是多元化就越需要专业化，否则就没有竞争力。第四，真正能够表明企业规模的，是企业的管理结构和管理水平，而不是企业的某一个方面如雇佣人数、销售额、产品种类的复杂性和多样性、介入市场的数量等。

（3）"原始积累"。原始积累固然很重要，但并不是所有企业的发展过程都需要靠原始积累的。首先，不少企业在创业时就有很好的战略和发展前景，因而能得到风险投资以及其他投资者的青睐。其次，在一些重大项目的投资上，靠原始积累在有限的时间内是难以实现的，比如说，有的项目单是生产线就需要巨额资金的投入。再次，在一些情况下可以通过创意以及知识产权为纽带引入投资，或以项目及智力入股的形式开始创业经营。最为重要的是，在人力资本作为生产要素日益发挥重要作用的今天，不仅要考虑货币资本方面的积累，更要考虑如何开发和积累人力资本。如果说过去货币资本意义上的原始积累是重要的，那么，在今天，人力资本的积累就占有更重要的地位了。

（4）"门槛"问题。门槛问题是把双刃剑：一方面，门槛低则容易创业，另一方面这些新创业的公司也容易分裂，不容易形成自己的竞争优势。不过，"门槛"的定义应重新思考。在我们看来，这个门槛不应是资金的门槛，而应是经营能力的门槛。从经营能力的要求上来说，原来的那种"门槛问题"是没有意义的；只要有能力，做得好，就能越过"门槛"。以搜索引擎为例，大家都知道谷歌和百度很赚钱，然而，对于众多的公司来说，虽然基本上没有资金上的门槛问题，却很少有公司能与谷歌、百度竞争，并跨越由它所设立、界定的"门槛"。总之，很多企业在选择行业和调整产业链结构时，由于过于受制于过去的那种资金上的"门槛"观念，白白丢掉了一些发展机会。

（5）"专业化"与"多元化"。不少人把专业化与多元化的区别说成是企业究竟应当做一个业务还是做多个业务。特别是一些较大的企业，更是把美国通用公司的多元化作为榜样。上述对专业化与多元化的区别的理解是有很大偏颇的。实际上，所谓的专业化就是在某个业务领域里达到专家的水平，而多元化就是在多个业务领域里达到专家的水平。因此，多元化与专业化的区别，不在于要不要多元化，或者说要不要多个专业化，而在于有没有能力做到多元化，并在多个领域里达到专家水平。

（6）"知识经济"的本质要求。学习或知识的概念使人们容易把知识或能力的问题等同于把事情做好的问题。能力是一方面，把事情做好是另一方面。从知识和能力的角度来说，知识经济要求的是能力，而这种能力需要高水平的专业化和综合性的知识作为基础；从把事情做好的角度来说，职业道德是十分重要的（此外，理性思维这种特性也很重要）。在能力与职业道德或职业化之间，职业道德或职业化也更为重要，这一点尤其表现在知识工作者发挥自己能力的主动性的问题上。因此，企业在聘用人员的时候，需要仔细考察候选人员的职业道德及其理性特质，而不能仅仅关注其学历和经验等因素。

（7）营销和"营销能力"的问题。尽管营销是一种能力，但是人们经常夸大了这种能力。人们认为这种营销能力的大小在于能否把东西卖出去，这实际上把"营销"与"促销"混为一谈。其实，促销和市场营销的意义是互相对立的，市场营销的目标正是要使促销变得不再必要[①]。从本质上讲，营销概念的核心是开发市场和定义产品或服务，创造出准备购买的顾客。换言之，如果适应了市场需求，有了好的产品或服务，就可以有

---

① 〔美〕德鲁克：《管理：使命、责任、实务（使命篇）》，王永贵译，机械工业出版社2009年版，第66页。

好的营销。营销要求从顾客导向的观念出发,来反向思考产品应具有的特点和市场定位。因此,营销首先取决于对于市场需求的调查和理解。营销不是卖东西,而是要去理解消费者特点及其需求,把握好市场的脉搏。其次,营销取决于良好的策划和组织,即通过有效的设计组织人力物力去满足顾客的需求。可以说,这里起作用的更多的是思考问题的方法,而不是什么"公关能力"和"推销能力"。进而言之,营销是一种能力,这种能力不是推销能力,而是一种分析和综合的能力,一种沟通和交流的能力,是人人都可以学习和领会的。所以,企业与其到处去争夺高明的营销人员,还不如转变观念,自己去培养营销人才。

(8)企业文化和企业CIS的问题。在企业经营中,不少企业把CIS设计(甚至是LOGO设计)视为企业文化建设的主要方面,这是相当表面的。实际上,CIS设计仅仅是企业文化的一个外在的方面。企业确实需要变革企业文化,但是变革企业文化是以核心价值和职业化的企业文化为主体的,而不是以视觉设计为主体的。即使是一些企业文化建设上的较基本的措施,例如员工手册或工作手册等等,也要比CIS系统更加实用、实在。总之,企业文化的核心不是企业美学的问题,而是企业管理哲学特别是包括核心价值的制度化在内的企业制度(或法治)的问题。

(9)"大企业的国际化"。所谓的"国际化",常常被视为一种带有褒奖性或者荣誉性的概念。但实际上,它只是一个市场扩展的概念。即使企业办到了国外去,如果不能盈利或不具有竞争力,那也是违背市场规律、劳而无功的事情。国内有一些企业曾试图国际化,但遭遇了挫折,这是很正常的事情;因为要走向国际,须具备一定的条件,包括核心技术、人才、资金实力、规模以及管理水平等方面。如果要并购其他企业,就更需要有强势的文化。再说,国际上的大企业也并不一定都是国际化的,即使是国际化,也是在达到了一定条件后才开始的。有些人可能会说,一些已经走上了国际化道路的大企业,它们的实力还不如现在的企业。这其实是一种误解。因为那时企业竞争的情况与今天不一样。而且,那时大多数国际化的企业都拥有自己的核心技术或人才。国际化实际上是企业发展战略的一种选择,这种选择中充满了不确定性和风险。因为人们对国外的市场和文化总是不如对国内了解得透彻；除非企业的竞争力非常强，否则风险是很大的。一些企业家不是出于企业发展战略的迫切需要，而是出于满足虚荣心或对国际化的本质的误解，可能会让企业付出惨重的代价。

（10）"自我实现"。自我实现与工作的关系是一个模糊的观念。假如把工作与人生价值的自我实现联系起来，这种联系是有限的，因为工作只是人生的一部分而已。假如自我实现指的是才能的充分发挥，那么就需要努力，能不能达到自我实现，在很大程度上要靠自己；假如自我实现是指的工作成就感，那就取决于个人对自己贡献的理解或自我评价；假如自我实现是要在工作中获得某种乐趣，那就要看对工作的态度；假如自我实现是指的符合自己的意愿和兴趣，那么，这是可遇而不可求的。总之，无论是从哪个角度来说，工作上的结果与自己的自我实现都是两码事。在一定的条件下，工作虽有可能是自我实现的途径；但是，除非在工作上对自己有很高的要求，对自己的所得很满足，对自己的评价比较理性，对工作环境也基本满意，否则就难以达到工作中的自我实现。至于强调工作上的自主或自由，可以断言，在企业里主要应是以遵守纪律或接受安排为主，真正需要自主或创新的地方，也都是需要有约束的。

从上述分析中我们发现，流行的观念不一定是合理的观念。如孔子所说："学而不思则罔"，没有经过思索和甄别的观念，是不能轻易接受的。就此而言，企业的经营管理者不能对流行观念（特别是一些所谓的"明星"的理论）采取盲从的态度，而是要回归到自己对问题本质的认识上来。

四、观念创新

管理中的观念创新是企业经营管理的一个重要组成部分。首先，在企业管理的不同阶段有不同的任务，需要有针对性地解决管理方法问题，这就需要新观念的引导，包括对全体员工的观念进行引导或更新。其次，在经营管理的一些具体领域，会不断地产生新思想、新观念，经营管理者需要有所借鉴、吸收。为此，需要打破成见，并建立新的认知体系。例如，过去许多企业拘泥于"人无我有"的观念，而现在的管理观念更注重商业模式的改进。也就是说，在同样的业务领域也可以大有作为，而不是去开辟新的领域。以广告公司的经营为例，广告经营由代理转为活动创意和设计，通过活动创意和设计再吸引企业赞助。就业务的性质而言，这还是广告经营，但是，它的商业模式是创新的，因而就有了比较优势。再次，企业经营管理者可以就自己的经验、对他人经验的借鉴以及理论学习和自身的反思，融会贯通理论和实践、国内和国外的一些好的做法，再提出自己的创新理论和创新观念。例如，某商业地产公司根据当地的具体条件和"企业集聚"的新观念，提出并策划、建立了总部基地，产生了很好的效果。

经营管理的观念创新可以分为一般的观念创新和解决实践问题所要求的观念创新。前者包括两个类别。一是新的认知。如"知识经济"概念的提出，以及德鲁克据此提出的"知识工作者"概念和"人力资源是资源而不是成本"的观念，就是这类观念创新的例子。二是温故知新。一些观念产生时的条件与现在不同，或是在它产生时缺少必要的反思，因此，这些观念不能适应变化了的现实或今后的趋势，因此有必要根据情况的变化，进行必要的省察、分析、甄别和改进。例如，注重"规模效益"是许多企业持有的观念，但是，在依靠降价竞争的产业环境中，已经出现了规模风险高于规模效益的现象。企业不应盲目追求规模，而应追求销售与资金回收的同步化。解决实践问题的观念创新也包括两个方面：一是观念创新可以有针对性地解决实践中出现的新问题，提高对具体问题的本质的把握能力。二是对于一些新的工具的出现，应把它们及时吸收到新的观念中来。例如，"战略平衡记分卡"就是战略评估的新的工具，应成为企业管理中所选择的方法之一。

解决观念的保守性问题是观念创新的重要内容。文化是一把双刃剑，它有好的一面，也有不好的一面，特别是随着文化的积淀会形成观念的惰性和保守性。因此，企业文化随着时间的推移也需要进行变革。所谓的

"二次创业"等，其中很重要的任务就是要变革企业文化；而变革企业文化的重要任务之一，就是要改变企业元老们的观念（而这些元老往往都是创业者，并且位高权重）。除了元老们的观念之外，企业家们也很容易陷入经验主义的窠臼。企业家既要总结经验，也要善于打破陈旧的观念。否则，以旧观念来应对新格局，难免产生偏差。以人力资源为例，其中就有一些旧有的观念需要改变。首先，人力资源是一种资源而不只是成本，或者至少说它既是资源也是成本。就此而言，在工资的确定上，企业应根据员工所做出的贡献大小和企业的营业利润来确定工资水平，而不应事先仅根据"成本最小化"来规定员工的工资水平。其次，一些企业总是倾向于"外来的和尚会念经"，而往往忽视了自身的管理人才培养体制的建设。管理人才乃至人力资源应主要依靠内部培养，这是一个很重要的观念。再次，员工的退休和人员的流动往往会给企业造成损失，这就需要企业把防止员工变动所造成的损失作为人力资源工作的重要内容来对待。

有些创新已经包含在既往的实践中，只需要加以提升和总结即可。以营销为例。营销要求从顾客导向的观念出发，来反向思考产品应具有的特点，以帮助企业在研发、产品制造以及提供服务等环节上有准确的市场定位。可以说，营销人员应在产品研发、生产到销售的整个过程中发挥重要的作用。例如，企业的研发部门在设计产品时，应结合营销人员的意见加以评估，这样就可以提高研发的成功率；而在产品上市以后，就应当及时跟踪顾客对产品的意见反馈，了解顾客的满意度，以及时调整产品的生产制造，克服潜在的缺陷。作为反面的例子，索尼的电池危机事件，就反映了它违背顾客导向的原理。该事件的发生并不是因为索尼公司不了解顾客导向的原理，只是它没有把这一原理变成全员观念并反映到企业的文化价值上而已。

创新需要系统化，因此必须有解决观念创新的方法。在此，道家的反向思考、启迪式思维等的思考方法就可以作为观念创新的重要思想资源。以往企业在进行可行性决策时，往往事先就持有对项目可行性的主观意图，结果，对于"可行"的理由做了很多阐述，而对于反对的或不可行的理由则往往一笔带过。实际上，在可行性决策过程中，必须有完整的反向的思考和论证。就是说，当你论证一个正向的支持的理由时，也应列出可能的反对或怀疑的理由；或者说，对于一切正向的理由，都需要考虑可能的反向的理由。

观念的系统化创新还要求解决制度化的问题。可以说，任何观念的创新如果没有制度化的约束，就会成为"点子"式的经营，有时还会陷于某种偏执。虽然执著是必要的，但是，执著不能妨碍按照各种标准去行动。例如，当企业提出"追求卓越"的观念时，就需要重新确定产品质量标准、服务标准等一系列的标准，以使得"追求卓越"的观念成为行动的指南，而不只是流于口号。

观念的创新在具体的领域比较容易突破。以会展和主题公园的建设为例，应打破过去的那种偏重硬件建设的观念，确立起软件和创意的优先地位。在文化产业领域，正如我们所提出的"活动经济"这一创新的观念中所主张的，应着力做好大型活动、体验性活动的品牌，从而达到拉动规模经济的目标。"活动经济"的概念主要强调人为创意及各类交流、会展等活动所带来的规模消费。我们也提出手机产业的发展会导致新的生活方式的出现，实现超越时空的随时随地的娱乐形态，即"娱乐无边界"的形态。2007年春节联欢晚会上的手机广告相声，预示了广告的无所不在。今后，手机娱乐的生活方式将使得手机广告变得更加无处不在。

此外，其他很多学者也提出了不少新的管理的观念，值得学习和借鉴。例如，有的学者强调"缺陷管理"，这对于那些仅仅把目光盯住怎样赢利而忽视缺陷的企业来说，确实意味深长。实际上，防止缺陷也是改进企业管理、提高企业竞争力的重要途径。

第七章
商业中的逻辑

常识是化解企业经营风险的第一屏障。对商业活动进行逻辑分析可以帮助管理者把握企业可持续发展之道。

在企业的经营管理实践中，直觉和常识经常占据着重要的地位。许多经营管理者在日常工作中只是依靠经验和本能来进行经营管理，这种管理常常缺少必要的、更为有效的思想工具。而思维方法、分析方法作为基本的思想工具，使得"知识就是力量"的说法成为现实。或者说，应用逻辑分析的手段，可以增强管理的力度，并减少不必要的失误。

一、管理与逻辑

管理需要符合一般逻辑的要求。在经营管理中，凡是违背逻辑的做法通常更容易发生失误。对于思维的逻辑，古人已经做了许多总结。如韩非子讲的"矛盾"的故事，孟子的"缘木求鱼"对手段与目的相悖的揭示，以及庄子所谓的"井底之蛙"寓言等都是一些典型的例子。逻辑上要求我们经常思考我们的想法是否是清晰的、合理的。例如，什么是竞争力？如何增强企业的竞争力？人们通常认为核心竞争力是不可复制的竞争力。然而，除非我们知道什么是企业真正的竞争力之所在，否则，"核心竞争力"就无从谈起。在分析企业的竞争力时，我们发现"商业模式"是企业真正的竞争力之所在，而其他的一些因素则要通过商业模式才能反映出来。至于核心竞争力能不能被他人复制，它取决于企业是否具备了可持续的核心竞争力，以及这种核心竞争力是否得到不断深化或创新。如果企业的核心竞争力仅仅是一些表层的东西，当然也就容易被复制。然而，像戴尔、谷歌和微软等企业，由于它们的商业模式与企业文化、管理能力融为一体，这使得其他人在短期内无法复制。此外，商业经营中也需要直觉，有时直觉与逻辑分析是一体的，这些工具在不同的时间、层次上的作用是不同的。企业的战略决策须有前瞻性，这需要直觉，也需要有深入的逻辑分析。虽然战略眼光来自直觉，但它的严谨性需要结合逻辑或其他的专业分析工具来保证。

管理中需要分析许多问题,而逻辑分析是分析问题的一般工具。它要求思维严谨,注重内在的一致性,避免自相矛盾的做法,并善于澄清问题、辨明假象等等。虽然逻辑分析并不能解决所有的问题,但如果缺乏逻辑分析,就有可能抓不住问题的要害,并会出现所选择的手段与所追求的目的之间相互脱节的现象。

在研究中我们发现,企业经营管理者的思考与他们所付诸实践的做法之间常常不一致,甚至经常会出现自相矛盾的现象。举例来说,企业都知道人力资源的重要性,却很少有企业重视人力资源的开发,特别是一些企业的高层管理者很少花时间在培养人才上。很多企业在所谓的执行力问题上,经常怪罪员工们不努力,其实,在很多情况下是由企业缺乏很好的人力资源开发规划和实践,使得员工们的水平或技能得不到提高所致。当然,在战略目标由上往下的传递上若出现失误,也会导致执行的不力,或者会导致执行时的方向上的错误。

企业经营中涉及许多逻辑问题,这些问题比纯粹的逻辑分析要复杂得多。一些"纸上谈兵"的讨论可能会缺乏现实针对性,不过,掌握基本的逻辑分析方法对于企业决策乃至成功经营却是非常重要的。在企业经营所涉及的逻辑问题上,有以下几个要点。

首先,企业管理者应重视逻辑分析。例如,对性质与数量的区别与联系的问题应有正确的理解。总体说来,性质比数量更重要。再如,企业在用人的时候固然要关注员工的业绩,但更要了解该员工的作为是否符合企业的发展战略、核心价值和职业道德的要求,因为这些要求具有原则的意义。而原则是由性质决定的,不是由数量决定的。

其次,要掌握基本的逻辑推理方法。逻辑推理中最重要的一点就是依照逻辑联系来推理,此外,还包括要保持推理的内在一致性、不要自相矛盾,等等。首先是要依照逻辑联系来推理。例如,有一个有名的争论不休的问题:"先有鸡还是先有蛋?"从经验上确实是难以定论的。但从逻辑上我们可以说,是先有鸡,后有蛋。其逻辑推理的过程是这样的:当我们笼统地问"先有鸡还是先有蛋"的时候,这个问题是没有意义的。因为这里的"鸡"是具体之物,而"蛋"是抽象之物。显然,不能问"先有鸡还是先有恐龙蛋",因为它们之间没有逻辑联系,而没有逻辑联系的问题,是没有意义的。因此,我们只能问有逻辑联系的问题,也就是问"先有鸡还是先有鸡蛋",那么,这个问题在逻辑上的结论已经摆在面前:肯定是先有鸡然后才有鸡的蛋。

再次,除了逻辑联系之外,还需要考虑推理的内在一致性问题。我们前面提到的《孟子》一书中"顾左右而言他"的故事,就是一个具有"内在一致性"的逻辑推理,结论是,大王的"职业道德"要求他必须把国家治理好。孟子又讲了一个"缘木求鱼"的故事,说有个人要去捕鱼,却爬到了树上,这是个逻辑上自相矛盾的例子。做事不能自相矛盾;手段与目标不能正好相反。如果只有一种手段可以用来实现某个目标,那就必须采用这个手段。这就是逻辑上的要求。

另外,要对逻辑推理的某些适用条件进行必要的限定。例如,掌握核心技术是形成企业核心竞争力的必要条件,但并不是充分条件;并且,如果某种产业已趋淘汰(如胶卷的生产),那么,该项核心技术的掌握不仅没有价值,反而会成为企业应对产业环境变化的负担。

一些抽象的逻辑分析在经营管理中也具有重要价值。比如说,在逻辑上,"做正确的事情"优先于"正确地做事情"。除非决策正确,否则越是"正确"地做下去,就越是偏离正确的方向,在错误的道路上越走越远。因此,当我们询问管理者"正确的战略重要还是正确的执行重要"时,大多认为正确的战略更重要。既然如此,在制定战略时就应当十分慎重,要多花时间进行仔细研究。然而,在实践中,高层管理者往往很少愿意花时间、精力来思考和制定战略,却愿意花更多的时间、精力来考虑如何执行战略。虽然所花的时间不是衡量是否重视一个问题的唯一尺度,但是,如果没有花足够的时间、精力,也很难谈得上一个人对重要问题是重视的。当然,还有一些更复杂的情况。比如说,只有具备了"正确地做事情"的能力时,才能更好地"做正确的事情";或者说,有时"做正确的事情"是由能否"正确地做事情"决定的。例如,企业战略是属于这种"正确的事情",但是,除非能够制定如何正确地去执行战略目标的发展战略,并有相应的执行能力,否则,所制定的再好的战略都没有意义。又例如,企业是"做强"重要还是要"做大"重要?从逻辑上说,当然是"做强"更重要;一定是先"强"而后"大"。否则,仅是先"做大"了,那样的"虚胖"也很难说有什么作用。但是,这个问题也有更复杂的一面:现在世界上有不少的商业活动都是先要有"大"然后才能有"强"的;有些商业活动如果没有一定的"规模",就根本不可能"做强",因为它可能连生存下来的机会都没有。总之,分析清楚类似问题中的逻辑很重要。

对商业活动进行必要的逻辑分析能够帮助企业认识可持续发展之道。以一些企业所提出的"超常规发展"这个问题为例,超常规发展有好的一面,但是人们往往忽视了它的后遗症。就像金庸小说《鹿鼎记》里描写的两个人,他们吃了一种药,身体就变了,一个拉得很长,另一个变得很圆。企业的"超常规"发展就像一个人一下子把身体撑大了,但以后要瘦下去却很难,这就是"超常规"发展带来的不良后果。如果此后企业不能保持可持续的快速发展,就难免要裁员,而这难免会动摇员工对企业的信心。此外,企业不可能一直保持超常规的发展,否则就难免会"失控"。就像驾车一样,如果一直保持"超常规"的速度,时间、空间感觉发生变化,视野变得狭窄起来,危险系数随之增加。所以,只是在某个有限的时间段内出现超常规发展才是可行的,否则就难免会出现某种不良后果。企业发展速度若是超常规的快,一心只想着拼命多挣钱,就很少会考虑如何能稳定下来,制度和文化建设也都可能跟不上。所以,"超常规"是企业在"不正常"或者"非常"时期的一种表现。在发展的初期"超常规"有可能是必要的,但不能盲目地一直追求如此发展。世界上的一些最好的企业的发展轨迹多是比较稳定的,以直角坐标系来示意,它的轨迹是沿着一根向上的、角度适当的斜线发展的。这才是企业正常的发展轨迹,它不寻求某种更陡峭的路径。一个好的企业应该基本上保持比较稳定、比较快速的发展,而不应追求持续地"超常规"地发展。总之,企业的发展需要遵循一定的规律。

二、常识及其意义

　　常识是人们对各种经验的总结，它包括社会常识和专业常识两大类别。常识中既有一些惯性思维的因素，也包含着某些最基本的逻辑分析。一般说来，深刻的智慧大都是在常识的基础上获得的，或者说，都是对常识的总结和提升。因而从常识作为应对一般问题的方法来说，它是企业家化解企业经营风险的第一道屏障。一个企业经营者如果在没有找到适当的商业模式之前就去仓促地做事情，就是一种盲目或跟风的行为。这就违背了常识。因为常识告诉人们，除非有相当的把握，否则就不能仓促出手。虽然常识只是最简单的知识体系，但它常能帮助人们化解风险。所以企业家须是一个常识很丰富的人，无论是社会常识还是专业常识，都应很丰富。这里所说的"常识"，是一些最基本的内容。比如说，如何与人打交道，如何去讲话，如何激发他人的积极性等等，都是一些最基本的因而也是企业家所应该具备的能力。常识看起来不起眼，却是取胜的一个很重要、很关键的因素。例如，在中国，有一些企业家的学历或学位不见得有多高，却能做得比那些学历或学位高得多的人要好，就是因为他们有常识，且能够按照常识去行动。

　　重视商业模式，这是一个专业常识。人们知道，只要对现有商业模式进行改进，就能够形成好的商业模式。因此，商业模式未必要求去无中生有，应考虑在现有商业模式的基础上进行一些新的探索或改进。比如人们开书店，一般总是有赔有赚，但是，缺少专业常识的人开书店更有可能赔本。开书店是一种零售业，它有着最基本的商业模式，有着零售业的特点。零售业的"金玉良言"是：找好地方。零售业的店面选址高于一切，这是最基本的专业常识。一个人开书店、开超市，如果没有找对地点，即使再有能力或本事，最终也只能是赔本买卖。对于依赖店面经营的零售业而言，只有有了好的地点，才会有好的生意，这也是一个基本的逻辑。又比如，"环球嘉年华"的经营效果比一些游乐场或主题公园的效果要好，就是因为当前娱乐消费的趋势在于互动性、体验性。所以，如果要搞娱乐项目，就必须注重体验性，应在原有商业模式的基础上进行适当改进，增加一些互动性较强的娱乐项目。从总的说来，如果经营管理者能够根据具体情况在原有的商业模式上进行适当的改进，就有可能成为世界上最好的商业模式。例如，沃尔玛的商业模式并没有多少是新创的。如搜集信息，找好地方，规模化，上架，重视对效益的管理，等等，所有这些东西全都是人们已经实践过了的，它只是把这些东西组合起来，使原有的商业模式体现得更好而已。所以，一个企业只要在原有的商业模式上加以改进，再加上有限的创新就能获得成功。

专业常识常体现在行业领先的优秀企业里，在经营管理中应多加研究。有的人信奉"不熟悉的业务不做"的原则，这是对的。不过，对于企业家而言，没有什么东西是总也不熟悉的；只要花上几个月的时间，总是能掌握一项新业务的专业常识的。只要对新业务多作研究，避免盲目跟风，就能通过自己的研究进入新的业务领域，并且最终成为专家。

三、正反向的思考

重视商业中的逻辑要求我们掌握思考问题的方法，特别是要求考虑从系统的、正反两面的角度思考问题，同时要求突出重点，并掌握比较、分析的方法。例如，经营管理中要求我们通过分析认识到，仅仅把产品卖出去是不够的，还要能够把资金收回来。如果企业回款出现了问题，那要么是行业的经营不规范，要么是企业缺乏相关的经营能力。总之，只要回款出现问题，企业就应警惕和重新思考。又如，企业在管理中不仅要挣钱，还要堵漏洞，两方面的事情都要做，这叫做"盈利与缺陷管理并重"。如果只想到赚钱的方面，而看不到浪费或其他问题，就容易陷入困境。对于大企业而言，这一点更加重要，因为它的管理每上一个新台阶，从防止缺陷中所得到的利润就会很可观。

从决策的效率及其可靠性（或正确性）来考虑，越是重要的决策，越是需要深思熟虑，最好能有具有足够决策能力的人参与论证。此外，在决策上，要注重择优。就是说，在做任何的决策之前，都要至少有两个以上的方案可供选择。如果没有可资比较的方案，而仅有一个选择，那不叫选择，那是被决定了。另外，对决策要进行反向论证。无论是老总考虑问题，还是员工给老总提建议，都需要从怀疑和批评的角度来使得决策或建议经得起反向的推敲。在做一件事情前，既要列出做它的好处及其论据，也要有一个反向的论证，然后再比较所列出来的好处与坏处，这样考虑问题才会是全面、稳妥和可靠的。反向思维和反向论证是有传统文化资源的，它是中国道家哲学中最重要的智慧之一。此外，"辩证法"所提倡的看问题的角度之一就是反向看问题。通过反向批评来比较不同性质的理由或依据，就会知道一项决策或一件事情的合理性，这是一种重要的思考问题的方法或分析问题的逻辑。

从正反向结合的角度来看问题，就会发现，越是特长突出的企业，就越需要注重纠偏。"酒香不怕巷子深"的说法看似美谈，实际上却包含着对营销的忽视。好酒也不应放在深巷之中。其他的例子还有很多，如前面谈到的企业"超常规"发展的问题，实际上，越是"超常规"发展的企业，问题就越多。同样，越是技术长处多的企业，就越有可能忽视品牌等无形资产、忽视市场营销，等等。再比如有一些搞资本运作的企业，往往最后就不干实业了；实际上，企业价值最大化中很重要的一点就在于，如果既有资本运作能力，又能把实业搞好，这样企业的综合价值（或整体价值）才能是最大的。总之，对企业进行某些纠偏的工作很重要。企业如果某些长处特别突出，往往就会存在着相应的弱点，而对这个弱点一定要认真对待，防止它变成阻碍企业发展的因素。

另外，在企业往前走时，往往会遭遇各种陷阱。遇到"骗子"只是其中的一种陷阱，而"好意"也可能是一种陷阱。而陷入陷阱主要来自诱惑。对企业而言，诱惑主要表现为三类：第一类是规模的诱惑，包括追求市场老大的地位和被当地官员鼓励后的受宠心态而导致"虚胖"或"贪吃肥胖症"；第二类是暴利的诱惑，包括进入自己不熟悉的行业和自己主动创新但知己不知彼；第三类是甜头项目的诱惑，包括政府支持的项目和别人推销的项目而导致负债或破产。比如说，某市市长对某企业家说："你到我这儿来创业吧，我给你土地，比别人的便宜，每亩便宜十万元，给你一百亩；但是，有一个前提条件，必须把厂房搬过来。"表面上看，如果搬到那里去，土地一项就节省了一千万元，但要投入两千万元重新建厂房，这样一来现金流一下子就枯竭了。等银行来催账时，即便把企业抵押出去，还抵押不到原来十分之一的价值，因为土地不能自由转让。所以，这看起来是一个"大饼"，最后却是一个"陷阱"。通常，一桩好的生意，一定是自己策划或规划的。如果他人无端地要把好生意给你的时候，一定要慎重，至少要做些调查。此外，与非常精明的人做生意一定要小心，因为常识告诉人们，一般的人可能都做不过他。因此，物物而不物于物，不被埋藏的各种陷阱所役使，是企业家及企业成熟的标志。

　　这些正反结合的逻辑上的考虑，也同样可以运用到用人方面。例如，人们都知道，任何人都有长处和短处，用人就是要用人之所长。但是，有时一个人的长处与短处却是密不可分的。那么，这时就要考虑所允许的底线是什么，是否能允许或承受一个人偶尔所犯的错误给用人一方所带来的风险。再如企业授权的问题，一定要了解授权对象的特点。像三国时的马谡的特点就是死搬硬套"置之死地而后生"的策略，而没有看到人们在危机中会发生慌乱，会变得束手无策。此外，对于那些权力欲很强的人，对其授权就是需要特别审慎的事情。因为如果他听不进别人的意见，那么授权的风险就会很大，有可能造成难以收拾的后果。

四、破除假象与甄别假问题

从逻辑分析的角度来看,有些看似正确的说法其实是一种假象。举例来说,有一种说法叫"金钱如粪土,朋友值千金",看起来这是非常重视朋友的价值,然而,细究起来却是另一种结论:这种价值竟然也是通过"金钱"("千金")来衡量的,这样朋友是"千金",那么自然也是"粪土"。可以说,任何以金钱来衡量朋友价值的,其对朋友的重视都是假象,本质上都是不重视朋友。在企业的经营管理中,有许多类似的假象需要破除。此外,人们所争论的某些问题,有时并不是本质性的争论,而是在围绕着某些假问题所造成的误解进行争论。

一些假象问题是有缺乏对本质的理解造成的。长期以来,许多管理学者和企业家都热衷于谈论专业化和多元化问题。人们所争论的是,究竟是经营一项业务还是经营多项业务。但是,这个争论是表面化的。因为所谓的专业化,是指在某个领域内所从事的业务或经营的能力达到了行业领先的专家级水平,而多元化就是要在多个领域内达到行业领先的专家级水平。因此,真正的问题不在于一个企业做多少种业务才合理,而是企业到底有多大的能力,能在一个业务领域里达到专家水平还是能在多个业务领域里达到专家水平。因此,多元化与专业化的争论,并不是选择的问题,而是能力的问题。再有,国内有一些大企业总想学习美国通用电气公司的做法。表面上看,通用电气公司是个多元化的企业(多元化也能做得很好),但是,国内的企业却并没有去深入分析它的特点。通用电气有两个显著的特点:第一,该公司在它发展的每个阶段都在进行产业的选择、更新,淘汰附加价值低的产业,在"不断地买进与卖出"业务或项目,因此,它现在已经不是原来意义上的"电气"公司,而是一个多元化的、在它所从事的各产业领域都具有举足轻重地位的高技术企业集团。第二,通用电气已经是一个技术密集、人才密集和资本密集型的企业。它每进入一个新的产业领域时，就开展并购、派驻新的管理人才，进行资源的整合，最终实现产业结构的多元化。相比之下，国内的一些"多元化"的企业，大多缺乏经营多个业务领域的能力，而且一些企业所进入的行业多是价格竞争激烈的行业，这样的多元化经营很容易成为企业的沉重负担。可以说，多元化是一门学问，需要深入的研究才能抓住本质。

企业的人力资源管理中也存在着假象。人力资源开发是企业管理的重点之一，但是，不少企业却把主要精力放在人事工作上，只重视招聘或所谓的"职业生涯规划"之类的事。实际上，培养和培训才是人力资源开发的核心手段。可以说，只要企业不重视实实在在的培养和培训工作，就谈不上重视"人力资源开发"。因此，一些企业虽然也大谈"人力资源开发"，但实际上并没有做什么开发工作。一些企业也大谈"知识经济"和"人力资本"，实际上却并没有重视这种"资本"的增值问题。还有一些企业大谈"以人为本"，但实际上并没有重视这种可再生资源的培训、提高，而是用完了员工既有的东西就予以解雇，实行的是"杀鸡取卵"、"竭泽而渔"式的用人政策。此外，执行力问题也是高层管理者最重视的问题之一。在实践中，造成执行不力的原因很多。人们常常把它简单归因于部下办事不力或者执行能力弱。但实际上，有时并不是因为执行力本身的问题，而是因为没有抓住问题的本质或要害。

"假问题"也是假象分析的对象。例如，当人们谈论或抨击"教育产业化"问题时，往往是抓住"影子"一通猛打。实际上，教育是一个复合的概念。其中既包含基础教育，也包含继续教育。基础教育必须由国家财政投资，且不能以盈利为目的，但是，继续教育则应盈利并市场化，且是一个很大的产业。因此，笼统地说教育要不要或能不能产业化是没有意义的，是个假问题。又比如，有的经营管理者常感慨员工缺乏团队合作意识，然而，如果一个企业不善于搞好分工，老是让一些努力的员工无偿帮助别人，不能公平对待付出较多的员工，那么，就会产生负激励。实际上，"能者多劳"的古训应和"能者多得"的激励措施相结合，否则只会助长不正之风。所以，在许多情况下，员工之"缺乏合作精神"是假象，而真正的问题是企业是否能公正地对待员工。

五、管理中的悖论问题

在企业管理中，总是存在着一些悖论和两难问题。所谓悖论（Paradox），是指目标与手段发生冲突的情况，或者表现为既重视又忽视的矛盾态度。而所谓两难（Dilemmas），则是指对解决同一问题的两种选项，无论选择哪一种，都是合理的，同时也都是有缺陷的。我们先来讨论管理中的悖论问题。

企业经营的关键是使企业保持可持续发展，但是，人们往往只重视眼下问题的解决，这是一个悖论。由于企业的绩效考核只是考核当下的实际工作结果，因此，对未来发展往往就会缺乏足够的关注和重视。这个悖论的结果是企业往往会急功近利，不去为未来做必要的准备，特别是对承担未来的风险及提高应变能力无所准备。例如，某胶片生产企业一直急于得到国外公司的胶片生产核心技术，却忽视了数码技术的发展。等它获得胶片的核心技术时，企业已失去了竞争力，几乎已被市场淘汰了。由此应当注意到，企业不能无视可持续发展的要求，仅仅顾及到眼下的工作，还应从战略上落实企业可持续发展所需要做的各种工作。解决这个悖论，需要具有前瞻性和对战略性任务的明了。就此而言，企业的绩效考核需要解决企业文化的核心问题之一就是：如何让企业既注重当前的任务又重视为未来做准备。

"素质差的员工代表企业形象"（或"一线员工代表企业形象"）也是一个悖论。一线的工作往往与企业的形象最直接相关，本应安排素质最好的员工去担任。但在实践中这是难以做到的，因为一个企业中优秀的员工只占少数，除非企业所有的员工素质都很高。因此，解决这个悖论的办法，就是通过有计划的培训普遍地提高所有员工的素质，特别是那些素质较差的员工的素质。迪斯尼乐园等优秀公司对这个问题的解决做出了很好的回答。它下力气培训员工，使员工在履行岗位职责时达到企业形象的要求。事实上，它的员工在工作中的表现吸引了很多的回头客。他们不仅体现了企业形象的要求，而且也实现了很好的经济回报。

另外一个悖论是关于企业家职责的悖论。从职责或分工的角度来说，企业家应当更多地关注战略性的问题，包括重要的人事决策和企业未来发展的方向问题等等。但实际上，企业家在企业中的角色往往是最高权威或集权者，大小事情都要由他来拍板，有时还要处理一些烂摊子或其他善后的工作。因此，由于职责定位和领导风格的问题，他们往往事必躬亲，只关注一些具体而迫切的问题。解决这个问题需要完善企业治理结构，加强组织化、结构化的建设，有合理的分工和授权，特别是要强调企业家应承担起更大的"领导"责任。

关于依靠经验的悖论，是一个常见然而常被忽视的问题。企业往往依靠经验解决一些日常事务，企业在积累经验的同时也变得成熟，并不断使企业得到发展。但是，企业的内部结构和外部环境都在不断发生变化，而这种变化并不都是通过原来的经验所能解决的。此时，依靠经验来解决问题的方式就会变得充满风险，但企业管理者往往难以拒绝这种依靠经验的做法。对此，企业的董事会应当形成一种机制，即经常评估过去的经验，并重点解决有关新问题的策略问题；如果过去的一些策略是来自某些经验的，就应重新评估这些策略是否能够否适应新形势的需要。

既重视又忽视无形资产是又一个悖论。在知识经济时代，无形资产的重要性日益受到企业重视。但是，在实践中，由于无形资产有时不能发挥立竿见影的效果，不少企业很少花时间、精力去研究如何创造和维护无形资产，更不愿意把一些资金投到聚集无形资产的工作上。例如，很多企业认为花费巨资在项目策划或咨询上还不如直接投资在硬件上。实际上，国外的一些知名企业常要花很多钱在策划、咨询、创意或可行性论证上。有时候，这种花费可以达到项目总投资的百分之几到十几之多。

创业者变革企业（或"二次创业"）也是一个悖论。企业的"二次创业"问题是一个容易被误解的问题。一般而言，所谓的二次创业，并不是像一次创业那样解决创业热情或企业发展速度等问题，而是要解决战略定位的调整、利益的再分配、企业文化及元老问题等，其中最为重要的是观念和文化的变革问题。如我们在前面讨论企业文化时所做的分析,企业的惰性会随着企业的发展而累积、增长。其实,企业发展到了某个新的阶段,企业就会出现企业文化问题。该问题的解决需要包括企业家在内的企业元老们从自身下手来变革,类似自己给自己动手术。但是,高层管理者通常难以看到自己的缺点,当然也不愿意通过变革打破既得利益格局。这样,就出现了"创业者变革"的悖论。这个悖论必须靠创业者自身的努力来解决:应通过对企业未来所承担的责任和发展的愿望的审视,来弄清自己的任务,特别是需要有勇气通过制度上的变革来解决元老们之间以及元老与企业其他员工的关系问题。毫无疑问,这个通过自身变革来完善企业文化的过程是一个痛苦的过程。

"团队悖论"是很典型的一种悖论。它主要表现为两个方面。第一个方面是,团队越强就越是会造成部门主义。一般来说,一个部门就是一个团队,而团队的向心力会因为团队要完成的任务而得到加强,并与其他团队的要求产生冲突。团队的一个最大问题(同时也是它的一个悖论)是:越是重视团队建设(或者说团队建设得越是有向心力),就越是容易产生小团体主义,越是有可能使得其所在的大的团队产生分裂。团队悖论的第二个方面的表现是,一个小的团队向心力越强就越可能与企业的整体利益发生冲突。为了解决上述团队悖论问题,第一,应在团队之间建立起团队协作的责任关系;第二,团队成员在被提拔前应尽可能在同级间轮岗,而不要直线提升;第三,企业应把战略目标分解到各个部门,而部门所分解到的目标的完成一定要依靠跨部门的配合。举例来说,财务部门工作的完成,需要得到其他部门配合;同样,人力资源部门工作的开展,也要得到其他部门的配合。所有这些措施都将有助于打破团队间的障碍,在一定程度上克服由于过于狭隘的团队意识所造成的困难,以解决团队悖论问题。

其实,团队中还存在着另一种悖论,只是不像上述悖论那样突出:有时,团队会扼杀个人的创造性。组建团队本是为了更好地创新,但是由于团队中经常需要彼此协商,需要强调纪律,所以有时会在某种程度上扼杀个人的创造性或个性。如果团队建设出了更大的偏差,大家甚至会不愿意去积极维持一个团队的存在,也不愿意创新。因为团队成员要满足不同人的要求，妥协太多。所以，团队建设实际上是一种技术，也是一种文化。要建设好团队，需要解决好技术和文化两个方面的问题。

六、管理中的两难问题

企业管理中属于两难选择的事情也是很多的。两难的问题在某种意义上是某种"循环状态"的问题，其特点是：同时存在两种正确的并相互对立的方法；任何一种方法都会造成对立方面的不良后果。因此，会使决策者在处理问题时处于困惑彷徨和犹豫不决的境地。从总体上说，两难问题不是靠单一的管理方法就可以解决的，它需要在分析或洞察了问题的本质之后，利用企业战略和企业文化的力量来加以调节或处理。

以用人中的诚信问题为例。假如一个社会缺乏诚信，那么，企业在用人时就难以做到"用人不疑"（或放心"授权"）。因为缺乏诚信的基础，很难做到"不疑"；至于授权，就更难了。此外，在企业间的竞争中，公平竞争是诚信的表现。但如果其他的一些企业都在做公关，采取一些拉拢或排挤等手段，那么，这个企业也只好这样做。否则，就更难以在竞争中获胜。当然，这样做的结果是有违公平竞争的，但目前还没有办法解决。对于诚信的问题，必须结合制度上的约束来加以解决，关键在于形成良性循环。例如，在授权时应对员工有较深入的了解，对于比较诚信的员工，就可做比较大的授权；此外，要重视通过制度上的改进来引导员工重视诚信。同时，这些做法也有助于形成好的企业文化。

再以职业经理人的职业化特点在工作中所遭遇到的问题为例。职业化的经理人一般比较重视原则，而灵活性往往有些不够。但中国的社会环境往往要求企业的管理者手腕要更为灵活一些，有时甚至要求降低一点职业道德的标准，允许有更多的变通余地。但是，过多地强调灵活性或降低职业道德标准却是与职业经理人的职业化或职业道德的要求相冲突的。因此,对于这两种冲突的要求,职业经理人常感到无所适从。从整体上来说,中国需要大批有很强规则意识的职业经理人。但是,国内的这种注重灵活性的文化,对于职业经理人培养却是很不利的。

"差异化"与"平等对待"都是公平对待的表现。企业在薪酬设计上应当允许报酬的差异化才会有相应的激励效果。但是,这种差异化会使得一些员工感觉不公平。总体而言,报酬必须始终在两项因素之间取得平衡:一是对个人价值的认可,二是群体的稳定和维持[①]。比较好的报酬方案,对于个人和群体两者来说,也不可避免地是报酬的各种不同职能和意义的中和。而最具破坏性的错误指导,可能是面向分权部门或企业首脑们的报酬制度造成的。如果过于强调投资报酬率或当前利润,就会对分权企业的管理人员产生误导,使其忽视未来。人们会认为,既然你工资比我高那么多,那么你就应多干我就少干,甚至有消极怠工的情绪。企业在引进职业经理人或者专业技术人才时,一般需要付出比原有标准高得多的工资。它所引起的连锁反应可能会给企业带来很大的影响。所以,这种不做任何制度或文化上的准备就直接引进职业经理人或者专业技术人才的做法,不一定会产生好的结果。因此,企业在引进这种特殊人才时,应当事先做好必要的制度上和文化上的准备。就是说,在引进职业经理人或者专业技术人才之前,应在制度上进行必要的变革,在舆论上做一些引导,使差异化工资或待遇的制度能够自然而然地为绝大多数员工所接受。

在一些情况下,对人员的差别对待是一种合理的做法。例如,企业管理者也常会表扬或批评一些人。但是,由于企业中的工作多是团队性质的,对个人的表扬有时难免会引起其他人的嫉妒,造成部分人员的心理不平衡,从而影响到团队或企业的整体工作。当然,并不是说就不要表扬积极的人士了,而是要考虑到,对那些没有受到表扬的人可能产生的影响。所以,表扬要考虑到事情的性质和相应的场合(批评更是如此)。例如,对于团队性质很强的工作,最好不要在团队的公开场合表扬其中的积极人

---

① 〔美〕德鲁克:《管理:使命、责任、实务(实务篇)》,王永贵译,机械工业出版社2007年版,第65页。

员。总之，应根据具体情况合理地把握表扬的时间、场合以及方式。

此外，我们还经常能看到一些管理者在人才培养上所面临的两难的烦恼。其中的一个问题是：要不要送员工去培训？一般而言，人才培训是人力资源开发的基础工作，选送员工到高校或其他专门机构参加培训是一种积极、有效的做法。不送员工去培训，员工的素质和能力就不能适应企业持续发展的要求，是企业缺乏提升和前进的源泉。不过，送员工去培训也存在着人才流失的风险：那些经过培训的员工往往素质更高，他们有更多的机会跳槽，或者成为"猎头公司"之类的组织所关注的对象。这就是两难。对此，我们可以这样认识企业人才流失的问题：素质高的人固然更有跳槽的可能（或条件），但即使不送员工去参加培训，只要员工素质足够高，仍需要有一个足够好的企业制度来保障他们愿意留下来继续为企业工作。否则，他同样有离去的可能。因此，解决这个问题的办法是：其一，企业要坚定不移地致力于提高员工的素质；其二，在给员工规定更高的职责要求的同时，应相应提高薪酬或福利待遇，达到高标准、高绩效、高工资的"三高"；其三，在通过制度和机制建设使企业成为优秀人才成长的平台的情况下，少数优秀人才的跳槽可以对本企业的形象形成一种有效的正面宣传，正像通用电气成为世界 CEO 的摇篮一样。

七、管理中的辩证法

企业管理者大多认为很多因素都是变化的，包括环境、商机和用人等等。由此，他们相信，管理中没有什么固定的规律或法则。特别是那些擅长直觉、具有应变能力的管理者，更不相信有什么普适的方法。实际上，可以把这些看法与辩证法联系起来。

管理的辩证法也可以说是一种管理的艺术。但是，这种辩证法也是有局限性的。特别是在应用到企业的核心价值、政策、规章制度（包括用人的标准等）等方面时，如果它不能上升到"道"和"理"的层面，缺少相对稳定的标准或原则，就无法实现知识或经验的积累，也不能使员工对未来有合理的期待，从而为自己和企业的发展做有计划的准备。以战略为例，如果不能洞察变幻莫测的市场及产业的趋势，找到相对稳定的因素，就不能合理地规划、储备资源，也无法体现战略规划的价值。所以，用逻辑或其他的专业分析手段来分析问题，是解决问题的前提和基础。利用各种有效的分析手段，可以达到对问题更为深刻的洞察和把握，并在执行上达到事半功倍的效果。

企业家与职业经理人相比，前者更突出管理艺术或管理辩证法的特点，后者则更突出管理科学或管理逻辑的方法的应用。就创新而言，应注重管理的辩证法；就可持续发展而言，它需要逻辑分析和科学的方法论。因此，对于企业管理中的某些智慧因素的发挥，以及不同特性的人员的组合，需要按照中道的理念来找到一个合理的度，对这个度的把握具有辩证的特点。同时，除了对一般原理的把握，还需要应用基本的逻辑。例如，当企业引进职业经理人时，一般说来他对企业是陌生的、不适应的，而且企业中也会有不少人由于利益的关系或企业文化的差异而反对甚至阻挠他的工作。可以说，他是在缺乏支持的情况下开展工作的。这样，短期内企业的业绩难免会下降。对于这一可能的情况，企业在引进职业经理人时应有充分的心理准备，应至少能允许企业在未来半年到一年时间内的业绩下滑。而如果接受不了这一点，那就不能引进职业经理人，否则难免会两败俱伤。

注重经验的人会更注重变化，并努力适应市场环境的变化。不过，中国的市场变化也有规律，需要企业积累经验，不能一味的"见风使舵"。总的说来，中国的企业管理者并不缺乏对市场环境的应变能力，缺的只是有一定高度的前瞻性和战略掌控能力。而要真正达到一定高度的前瞻性和战略掌控能力，就需要把握逻辑分析的方法，以进行必要的趋势分析。规范化企业的管理需要规范化的手段；就此而言，管理中的逻辑的地位已经越来越占据支配地位。一般说来，缺什么就补什么。直觉强的人常缺乏逻辑分析能力和规划能力，需要补充逻辑方法；注重程序和规则的人则需要弥补直觉和想象力方面的不足。

第八章
职业化及其管理

员工自我的职业化、企业的职业化管理和职业化的企业文化是三位一体的。

职业化是对任何职业的从业人员在现代职场的基本素质要求。这既是对从业人员自身的要求，也是职责委托机构（如企业）的要求。委托机构等可以通过职业化管理来进一步促进全员的职业化。可以说，通过帮助从业人员不断达到职业化的要求，企业也将因此而建立起良好的企业文化（包括实现职业化的制度建设），进而提高企业经营管理水平。此外，现代从业人员在履行工作职责时，不仅需要具备良好的职业道德，也需要具有胜任自己所承担的职责的技能。在企业管理中，无论是职业道德的要求还是不断提高职业技能的要求，它们既是从业人员自身的自主追求，也是企业管理的核心内容。

一、职业化与法治化

对于制度化建设来说，职业化是一种重要的软力量。可以说，制度化是法治化的要求，而职业化则是职业道德或职业文化的要求。职业化既涉及职业道德的约束作用，还需要有相应的职业文化体系的支持，包括务实的态度、职业荣誉感、减少主观性，以及不断提高自身履行职业职责的技能，等等。由于单凭职业道德自身并不能完全解决约束问题，因此还需要法治化的支持。

职业化中的职业道德需要法律的配合。一些职业道德的原则同时也是法律所约束的。职业道德的实现，需要有市场中的法治化秩序的支持。这种法治化的秩序是很重要的。例如，就民营企业来说，由于某些政府或司法机构在主持正义上的不力，采取了非正式的或是违法的方式来处理问题，结果使一些民营企业里诸如危害消费者人身安全和身心健康的不法行为没有得到惩罚，这不仅违背了促进职业化的要求，而且助长了解决问题上的不规范的风气。

由于对职责的严格要求，可能对当事人产生一种消极的影响，导致某种"负激励"的结果。因此，需要立法对各种违反职业道德或逃避责任的行为进行法律上的约束。当然，在具体的立法上，应考虑到当事人所承担的职责范围、性质，及其具体承受能力。确定责任人的职责范围（包括岗位责任的认定）是很重要的。在一些情况下，对责任人及其职责的认定应考虑到是否会带来消极的后果。例如，某政府部门审批了某个项目，那么如果该具体项目的成败都要由该部门负连带的责任，这就可能会损害其审批项目的积极性，影响他们的决策态度，甚至促使他们的"行政不作为"。从另一方面来说，如何减少政府或管理部门的行为所引起的道德风险也是一个重要的挑战。政府官员、司法人员的行为等代表政府的形象和公信力，如果政府官员、司法人员随意违背规则，更容易导致人们对规则丧失信心，这是一种严重的道德风险。

我们国家正在推进法治化建设，而在企业中实行职业化的管理是其中重要的组成部分。西方人比较重视规则，法制比较健全，所以职业化的文化氛围比较浓厚；但中国人的人治色彩比较浓重，规则、法制的意识比较薄弱，职业化的文化或氛围也比较弱。在这种情况下，实施职业化管理对于中国的企业乃至社会都具有特殊意义。总之，职业化的提倡对社会各方面的人力资源伦理都有积极的完善作用。

职业化是人力资源伦理的核心。职业化对于从业人员的规范化管理，无论是职业道德、纪律还是其他的一些做事方法、态度的要求，都具有重要的制度化的价值。从更广泛的意义上来说，职业化对人力资源伦理的发展具有重要的促进作用。曾经有国外大企业在中国的公司的员工对企业提出了批评，认为其制度过于严格，它的纪律扼杀了创新。但实际上，几乎所有成功的企业都是按照纪律和制度来行动的。因为职业化要求中的行为标准是各种好的行为要求的总和，是将优秀员工及业界的成功做法与经验经过概括、归纳后编制出来的。就是说，推动职业化、制定有关标准的过程，一方面包含着对公司业务经验、教训的总结提炼过程，包含着把员工个人的成功经验变为公司的财富、把员工个人的成败教训变为公司的经验教训的过程，另一方面也包含着对行业优秀做法的了解、吸收的过程，通过这个过程，使其他个人、企业甚至行业的好的做法成为自己公司的工作标准（或模板），实现对经验的系统积累与继承，并加速对优秀企业成功经验的克隆，以推动企业水平的提升。

职业化还促进了标准化的培训体系的建设，使培训工作更有针对性。特别是根据企业规范的系统内容进行培训，能促进从业人员之间的沟通、提高员工的素质，以满足企业文化对人力资源的要求。职业化目标和相应的管理方式的实现，能够营造公平竞争的分为，从而使从业人员把精力放在工作绩效而不是人际关系上，并使素质好的从业人员在这种标准化的管理机制中脱颖而出。例如，有些企业只凭老板的感觉来评价管理者，觉得这人印象好、工作表现不错，就重用，而对于职业道德却没有很好的考核、了解。这些企业对人的理解不够深入，往往以偏概全，甚至鼓励从业人员巴结各级领导。相反，职业化的评价注重工作实绩，它以实际行为表现为评价依据，有一套规范化的评价程式，能够保证评价的公开、公平和公正，有利于在企业中真正实现的公平竞争，培养员工正直的品性。

二、职业化的内容

在现代社会中，无论是政府部门、企事业单位还是其他的一些非营利组织，要执行自己的任务、履行自己的职责、实现自己的目标，都离不开职业化管理。职业化首先是从业人员对自身的要求，这是一种积极的职业精神；其次，职业化也是一种管理上的成果。或者说，职业化管理的文化是现代组织管理中的核心文化。可以说，培养职业化的管理者和员工、推行职业化管理是摆在当前各类社会组织面前的重要课题。

首先需要了解职业化的涵义。职业化也称为"专业化"，它是一种自律的、符合职业道德要求的工作态度；它应符合标准化、规范化、制度化的职业道德标准；它要求在合适的时间、合适的地点，用合适的方式，说合适的话、做合适的事，以圆满完成自己所承担的工作职责；它要求从业人员在道德、态度、知识、技能、观念、思维、心理、行为等方面都符合职业规范和标准。

职业化包含着三个层次的内容，即职业化素养、职业化技能以及职业化行为规范。其核心层次是职业化素养，包括职业道德、职业精神、职业责任意识等等。所谓职业道德，也可以视为"从事该职业的基本道德资格"，就是要按照职业道德标准行为，这是一种最重要的职业素养。职业荣誉感、积极进取等职业精神、高标准严要求等职业责任意识也是职业化素养的重要内容。总之，职业道德、职业荣誉感和职业责任感等是职业化素养中最根本的内容。

职业素养的培养是对从业人员的基本要求。从业人员应自主地培养职业道德，养成职业责任感。由于企业无法对员工的职业素养进行强制性的约束，因此更多地要靠员工的自律。特别是"知识工作者"，他们的工作开展主要依靠职业化的素养[①]。当然，企业也应当对员工进行培养和引导，以帮助员工在良好的文化氛围下逐渐形成良好的职业素养。

具备良好的职业素养是取得职业成就乃至得到社会认可的基本途径。举例来说，我国的一些足球联赛越办越差，特别是球员的态度不认真，有些甚至参与赌球，假球黑哨泛滥，缺乏基本的职业荣誉感，他们的职业化素养也经常为球迷所批评、所痛心疾首。相反，欧洲许多足球俱乐部球员的职业化素养则历来为人所称道。他们在比赛中的一丝不苟的态度、良好的团队合作精神、良好的体育风范，以及精湛的技术都给人们留下了深刻的印象。

职业化素养还要求在工作（包括决策）中尽量克服主观性，去除个人的私心杂念。从业人员应该严格按照职责的要求来设计自己的工作内容，以实现工作的最优效果为目标，体现出一种"大公无私"的职业化素养。在任何具体的工作情境中，从业人员应按照一定的标准去行动，而不是依

---

① 〔美〕彼得·德鲁克：《21世纪的管理挑战》，朱雁斌译，机械工业出版社2009年版，第127页。

个人兴趣自行其是；任何个人的理念或爱好都不应影响正确履行职责。

职业化的中间层是"职业化技能"。掌握熟悉的职业技能是职业化的基本要求。从业人员不仅应该掌握相当程度的专业技能，拥有融专业知识和能力为一体的一技之长，而且还需要学习型的态度和方法，能够不断地提高自己的技能，随时应对技术、知识更新等的变化及挑战。

从业者应有能力担当相应的工作任务，而职业技能即是从业人员担当工作的能力。职业技能的认证或认可大致包括三个方面的内容。一是职业资质认证。学历认证是最基础的职业资质。它经常是进入某个行业的"通行证"。二是资格认证，它是对某种专业能力的认证。比如会计师，就必须拥有会计证才能上岗。三是社会认证，它通常也就是从业者在社会中的地位。比如说，某人是某个领域的著名专家、学者（比如民国时期的陈寅恪、梁漱溟等），即便他没有某种证书作为认证，但是他为社会所承认，这就意味着他在这个行业或领域拥有某种资质。

职业化在具体的行为标准上的要求称为"职业化行为规范"，它是职业化的最外层。按照既定的行为规范开展工作是职业化的具体体现。每个行业都有本行业特定的行为规范或标准，从业人员应遵守这些规范或标准。一个好的从业人员应能体现该领域的从业人员所应具有的最优秀的品德，即"行业美德"。

职业化行为规范要求从业人员遵守行业或组织的行为规范，它包含有职业思想、职业语言、职业动作三个方面的内容。每个行业或组织都有其行为规范。一个职业化程度高的员工，会主动地去了解该行业以及自己的职责所在领域里的行为规范，并能在进入某个领域的较短时间内，做到严格按照该行为规范来要求自己，使自己的思想、语言、动作都能符合自己的职责或身份。行为的规范化（即符合职业标准的要求）也是职业化的重要特征。行为的规范化即行为的标准化；就是说，不仅要看从业人员实际上做了什么，更要看他是如何做的。例如，某培训班的班主任每次上课前就把上课的时间、地点及时告诉学生，把教学大纲发给学员，并提示他们需要阅读哪些课外读物、需要思考哪些问题等等，这些都是比较规范的做法。

三、职业化与职业精神

讨论职业化,需要了解职业化与新型劳动观之间的关系。职业化是人力资源开发的基本途径,也是我国今后企业竞争的重点。随着企业规模的不断扩大,企业需要大批职业经理人或其他职业化人才。职业化是提升企业人才素质的核心,也是提高个人或组织之竞争力的必由之路。具有竞争力的企业需要大量的职业化人才,而高素质的职业经理人和职业化的员工,更是企业核心竞争力的关键要素。不仅仅是企业的经理人、员工或技术人员需要职业化,所有的从业人员都要走向职业化。

职业化也是新型劳动观的核心内容。劳动既是一种谋生手段,也是一种成就自己和实现人生价值的基本途径。无论是前者还是后者,都需要严格要求自己,配得上职业人的称号。职业化不仅是市场对人才的要求,而且还蕴含着一种精神的力量,它体现了对事业的尊重与热爱。员工在追求或实践职业化的过程中,得到的是人生价值的升华。正如哲学家罗素所说:"选择职业是人生大事,因为职业决定了一个人的未来,选择职业就是选择将来的自己。"[1]

从社会分工的角度来说,每个职业都需要标准化和专业化。既要达到标准化的要求,又要成为某领域里的"专家",从而成为不可替代的人。可以说,在竞争激烈的社会里,只有职业化的人才能得到认可,才有机会发挥自己的潜能。面临激烈的就业竞争的员工,不仅要重新树立劳动观,而且要从职业化的角度来设计自己的未来之路。

就劳动观来说,职业化提出了标准或要求更高的新型劳动观。从业人

---

[1] 参见〔美〕黛安娜·萨克尼克等:《职业的选择》,周文霞译,机械工业出版社2011年版,第2页。

员不仅需要理解职业对个人生活的价值，还要了解职业竞争的重点所在，以及职业和劳动态度对于实现人生价值的意义。我们应回归到中国古代匠人（如干将莫邪）的职业精神和敬业态度，我们也应追求"庖丁解牛"的"牛技"。应由职业化的标准或技能要求入手，热爱自己的工作，从中获得乐趣并实现自我价值，最终在职业境界上达到"道"的要求。

同时，职业化是国际化职场中的通用语言，它是一种职场文化。随着全球经济一体化进程的加速，只有具备职业化的精神，懂得职业化的规则，才能在参与国际化的竞争中获得较好的发展机会。例如，在中国，许多从境外到中国工作的职业经理人的工资往往比我国的职业经理人高得多，这是一个很重要的警讯，——它意味着我国的经理人还不够职业化。更进一步，还可以推论，如果缺少某种程度的职业化的文化，缺少对职业化人才的培养，那么中国企业要走向国际化就很难取得成功。

因此，应重新审视现代职业观与职业精神。在现代社会，人们多是通过职业目标的实现来为社会做出贡献的。能力有大小，职业无贵贱；贡献有差别，态度需认真。尽管有职业类别上是否符合个人意愿的差别，但没有贵贱等级之分。只有根据能力大小来选择职业，才能找到展现自信的职业，做出自己独到的贡献。人的贡献总有大小之分，但并不影响职业的价值；相反，在工作中的态度却决定了人们对该从业人员的评价。总之，尊重自己所从事的职业并愿意付出相应的劳动，是现代职业观念的基本价值尺度。

正确的职业观念要求从业人员应以高度的责任感和精湛的技艺来完成自己所承担的职责。为了更好地承担这些职责，从业人员应首先做到职业化，即把职责的要求体现为个人履行职责的自律精神，或者说，体现为一种内化了的职业化要求。职业化的精神要求，即使该职业本身（或报酬）并不让人满意，也要严格按照职业化的要求去开展工作。这是因为，既然已经签订了劳动合同或订立了其他的工作契约，那么无论报酬如何，从业人员都应严格按照标准开展工作，否则就是对契约的违背，也不符合对职业忠诚的要求。如果从业人员不愿意严格遵守协议或契约，就应先解除合同或契约。从业人员应追求职业化，坚持"在其位则谋其政"的原则、把职责范围内的工作负责到底，是职业精神的要求。

职业精神一方面是指职业道德、职业态度，如敬业、责任、团队、创新和学习等等；另一方面则是指对自己的严格要求，类似体现为中国传统修身要义中的"慎独"，即在任何时间、任何地点都要达到高标准的职责要求，并具有职业荣誉感或成就感。在知识经济的时代，从业人员对职业目标的自主追求以及对自己的严格要求，也是职业精神的核心内容之一。所谓"自主的追求"包括理解职责所包含的各种要求，也包括在本领域内力求做到专家水平。所谓的"行行出状元"，就是说每个行业都有自己的专家级的职业化人才，他们能够体现该行业的美德并具有一流的工作技能。因此，除了职业态度之外，职业化的从业人员还需要成为能够持续地胜任工作的人。社会环境在变化，技术也在发展，相应地对从业人员工作技能的要求也在不断提高。一个自觉要求自己的从业人员，应成为一个学习型的人，努力成为能够始终胜任工作要求的人才。

总之，以职业化的职业精神来从事自己的职业并持续追求工作的最优效果，是现代职业人的职业观，也是一种理想的生活境界。

四、职业化与职业道德

职业化中包含着德才兼备的内涵。对于所有从业人员来说，职业道德是从事任何职业的道德素质或道德资格；而职业技能则是履行职责的必要条件，从业人员应具备一定程度的专业化，努力达到该领域的专家的水平。常言所说的"术业有专攻"包含着职业技能方面的要求，它意味着基于社会分工不同的人力资源配置的专业化的要求。尽管在实践中人们会忽视对职业道德的考核，但实际上职业道德是履行职业责任的必要条件，并在"德""才"二者兼备中具有优先地位。对职业道德和职业才能的重视，是职业化的核心。这是一种新的意义上的"德才兼备"。传统意义上的德才兼备侧重于比较理想化的目标,希望人们各方面的品德都能达到很高的标准。而这里所讨论的"德"和"才"则是专门针对职业化的要求的,这里的"德"主要是指的职业道德的要求。

按照职业道德的准则行动,这是德才兼备的一个基本的要求。从职业化的角度来理解,德才兼备的人应当对职业有热情,服从各种规章制度、职业规范或规则的要求,并能将规则内化为个人的习惯。无论是道德准则还是职业规则,都应得到重视并遵守。单从"德"的方面来说,它包含着尊重法治化管理、遵守企业规章制度和一般职业规则(即职业行为规范、标准)的要求。这种"德"是一种自律要求,它意味着从业人员具有自主贡献的精神以及对于工作的高度重视和热忱,意味着他能够为改善工作效率和增进工作效果而进行不懈的努力。这种工作态度也展现了勤勉的品质。

人力资源是一种具有创造潜质的可再生资源,关键在于人力资源的开发。人力资源开发既涉及人的职业道德也涉及人的潜在才能。在德才二者中,"德"具有优先地位;而在职业道德水平相近的情况下,才能则具有决定性的作用。才能包括"专业"和"素质"两个主要方面。专业主要是指的技术,而素质则包括常识、人文素养、交往沟通能力以及情商等方面。当我们说"知识就是力量"时,其中的所谓"知识"并不是死记硬背的书本知识,而是经过理解、吸收并已转化为分析问题、解决问题的能力的知识。人的才能不是一成不变的,才能需要培养,潜力需要挖掘。可以说,职业活动既是一个人工作上的起点,也是对他学习上的挑战的开始。因此,作为学生固然应该为今后的就业做好准备,而处于职场中的人也应是学习型的。挖掘潜力、扩展视野、训练思维方法、培训技能等培养人才的做法是人力资源开发者的责任,也是实现从业人员的职业化、提高他们履行职责水平的基本途径。

在对于职业道德准则的认识上,尽管各国文化有差异,对职业道德的具体规则的理解略有区别,对一些道德准则的内涵的理解有所不同,但是对职业道德的基本要求却比较一致,在一些基本要求上存在着深刻的共识。可以说,职业道德具有普世性。美国著名的《哈佛商业评论》评出了

9条从业人员（特别是职业经理人）应该遵循的职业道德准则，即诚实、正直、守信、忠诚、公平、关心他人、尊重他人、追求卓越、承担责任，等等。除此之外，勤勉和纪律也很重要。这些可以作为我们对职业道德的一般规范的理解的重要基础。

忠诚是职业道德的基本的准则。它是一种履行职责的高度责任感，实际上也是一种对工作委托机构如企业的高度忠诚。在履行职业责任时，应按照企业规章制度和企业核心价值观来行动，这样，员工通过忠诚于职责而忠诚于最高责任人，并通过忠诚最高责任人而忠诚于企业。诚信是中国古代基本的职业道德。由诚而信，诚是真诚，信是信用、可靠。诚信意味着对客户的真诚、信用与责任，意味着对保障客户利益的承诺。同时，它要求在交易或贸易的过程中信守承诺、值得信赖，不欺诈，并保障长期的信用。敬业要求职业化的员工具有良好的职业精神，具体表现为勤勉和承担责任。勤勉要求用心、用力做好自己的事情，在工作时间内专注于履行职责。承担责任则要求既要懂得规避各种不必要的风险，也要勇于承担风险。同时，也不能因自己不愿意承担责任而向他人或机构转嫁风险。2003年"非典"期间北京、香港等地的一些医务人员坚守岗位，是承担职业责任的最好例子。追求卓越是一种优秀的职场文化。一方面，"不想当将军的士兵不是好士兵"，应倡导员工积极进取、追求更高的个人职业境界和职业成就；另一方面，做事情要追求尽善尽美，努力改进工作，以达到超乎预期的好效果。正直表现为坦诚、坦率和勇于表达自己不同的观点，即使与上司发生冲突或者利益受损也不轻易折衷和妥协；正直要求有揭露弊端的勇气，并正视问题或困难的态度；正直还要求人们当面澄清问题，不在背后说坏话，更不应在背后耍阴谋诡计。纪律在职场文化中称为"一切行动听指挥"，在需要听指挥的领域应坚持按照纪律行动；它是取得好的工作效果的坚实保障。

职业道德要求人们的自主与协作。每个从业人员都承担着一定范围的职责，都需要自主地承担自己的工作责任。同时，在大多数情况下从业人员都不是孤立的，他们需要在工作上相互配合或协调。自主与协作如何统一，这是任何从业人员都需要考虑的问题。从某种意义上说，协作或配合存在着与自主发生冲突的可能；而职业化要求协作和团队精神，并要求很好地解决可能发生的冲突。团队精神一方面要求完成自己的职责，避免成为"木桶理论"上所说的那块"短板"，另一方面需要相互配合、支持以完成团队目标。体育比赛中所提出的要求揭示了如何处理好二者关系以达至和谐的问题。以篮球比赛为例，某个球员的投篮次数、得分的多少对个人而言很重要，得分高通常身价也会高。但是，个人的行动并不意味着得分就能高，个人得分高也并不意味着该队就有获胜的把握。而球员之间的配合、"助攻"等等的相互协作会更容易为球员捕捉得分的机会，更容易获致全队的成功。总之，自主与协作（包括服从团队目标、体现团队协作精神等）都是职业道德的基本要求。从整体上来说，组织或机构的整体目标有时会与团队目标发生冲突，这时应将组织或机构的整体目标作为核心。因此，需要克服团队中的小团体主义。小团体主义是团队中的一种极端形态，是为了小团队及其内部成员的利益牺牲组织或机构的整体利益的做法。

在中国的经济快速发展和国际化的潮流风起云涌的形势下，职业经理人的作用越来越大。不少企业正处在扩张阶段，需要大批的、有着可靠的职业道德的职业化的人才。特别是家族企业在发展中常遭遇到某种人力资源的瓶颈，需要进行规范化改造并引进一些职业经理人。对于一些国际化的企业来说，更需要储备并依靠职业经理人。当然，职业经理人具体作用的发挥与环境有关，在规范化的环境中，职业经理人的作用会更大。由此而言，职场中的从业人员也应使自己的职业生涯规划向职业经理人的方向迈进。企业的从业人员应重视自身的职业生涯规划，而职业化是生涯规划的重要目标之一。因为只有职业化的从业人员才能承担更重要的职责。正因为如此，西方发达国家的企业对于从外面引进的人才需要进行严格的面试，而且层级越高，面试的次数就越多。有例子表明，一些外来的首席执行官需要被面试三十次以上。并且，不同层级的人面试的内容虽有差异，但都要涉及教育背景、技术专长、性格与合作能力、道德意识、思维方法、既往的表现等方面。

职业道德是从业人员从事一项职业的最为基本的道德资格，因此，在衡量职业经理人的几个最基本的标准中,职业道德是最重要的。这就对工作在中国的职业经理人提出了一个很大的挑战:究竟职业经理人怎样在不规范的环境中仍能保持自己较高的道德水准?并且,由于缺乏法治化的文化基础,我们的市场环境也缺乏职业经理人成长的一些基本条件,这对那些努力成为职业经理人的从业人员无疑是一个考验。

对于企业家来说,并非所有的企业家都是可以和职业经理人之间建立起信任关系并能很好配合的。因为职业经理人重视经营的制度化环境,对职业化的要求比较高,这不一定符合一些企业家习惯于依靠直觉或注重各种社会关系的文化或风格。因此,企业家应慎重考虑如何达到引进职业经理人来参与管理、提高经营效率的目标。如果没有充分的准备就盲目地引进职业经理人,不仅不能帮助企业解决实际问题,甚至会动摇人们对职业经理人的信心。

五、职业道德的原则

任何组织(如企业)的从业人员,在从事一项职业并承担具体的岗位责任后,就对该组织有了一种契约化的承诺,有了一种相互依存的关系。在这种关系中,从业人员应忠诚于自己的职责和组织的目标,并审慎地寻找实现目标的手段以追求履行职责的最优效果,同时应全力以赴地履行职责。总之,忠诚、审慎、勤勉和公正是职业道德的四个具有原则意义的准则。当然,这四个准则包含的范围需要具体界定,特别是实践中在面临一些具体环境时如何在不同的要求之间做出选择,还需要做更深入的讨论分析。此外,实践者所必需的素养如克服主观性、重视科学决策等要素也需要进一步探讨。

忠诚是指从业人员对自己的职责认真负责、努力寻求实现职责的最优效果并由此而忠实于所服务的组织或机构并最终忠诚于自己的委托人的强烈态度和意向。所处的行业不同或具体工作不同，职责不同，忠诚的具体内容也不同。一个忠诚于他的职责的人，一定要了解自己的职责范围及所承担的责任，努力完成自己的工作。如果他是服务于顾客的，那么他就要让顾客满意，对顾客的信息要保密，等等。如果他所承担的职责存在着某种职业上无法避免的危险，他应能面对这种危险。例如，当"非典"来临时，医生、护士都不应逃跑，无论有什么理由都不应离开工作岗位。因为医生、护士如果逃离了工作岗位，那么他们所本应承担的风险就都转嫁给了患者和公众，这样，也就不能称其为"忠诚"了。同样的道理，军人也不可临阵脱逃，船长也不能处危擅自弃船逃生，老板也不能在资不抵债时跑路。所以，忠诚包括了承担职业风险，不能向任何他人或组织转嫁这种风险。同时，忠诚要求在履行职责的时做到一切为了完成任务，不能带有私心或"以权谋私"。中国古代所讲的"大公无私"就是说的职业道德，其中的"公"是职责，"私"是私心或私利。它强调不能利用职权谋取私利（例如在用人的时候要任人唯贤）。如果职责与自己的利益发生冲突，必须以职责为优先考虑。因此，忠诚的人在道德上是可以信赖的人，是自律的或具有"慎独"精神的人，也是有着强烈的职业荣誉感的人。因而，忠诚的人也是可以被放心授权的人。

审慎的原则要求从业人员努力选择最佳手段以实现履行职责的最优结果并努力规避风险。审慎要求重视过程和结果，仔细思考手段的利弊得失，尽可能地选择好的手段。它要求当事人应理性、客观，十分严谨地去权衡如何做效果才最好，以尽可能地减少工作所带来的可能的危险和损失。审慎要求做事要有计划、有根据，不能有投机或侥幸的心理。审慎在决策上尤其重要，特别是在企业的战略决策上，审慎的原则要求决策要有充分的研究，应准备好各种可能的替代方案，以供择优选择；否则，如果没有必要的比较或研究，难免会造成不良后果。决策者如果不审慎，应承担其在道德上和法律上的相应责任。

勤勉的原则要求从业人员在履行职责期间全力投入工作，集中精力做好事情，不能偷懒、分心或三心二意。古人所讲的"鞠躬尽瘁，死而后已"也是对勤勉的描述。"细节决定成败"的说法也是指的在战略目标明确之后,如何通过勤勉的工作以达至完满的结果。实际上,人们工作中的不少失误都是由于不够专注、不够细心而造成的。勤勉也要求采取积极主动的方式开展工作,即无论是否有人在监督或考核,都应有主动和积极的工作态度。此外,勤勉要求在工作上善始善终,不能虎头蛇尾,因此,需要有计划地开展工作,防止拖延问题或困难,妨碍问题的解决。

公正要求职业化的人员如职业经理人具有良好的个人公平的美德,并且在处理问题、评价人员、设计规章制度、进行分配的时候,自己消除个人爱好和偏私,达到程序公正的要求。对于受到不公平对待的员工,要及时矫正错误,或者给予必要的补偿。对于普通员工来说,公正要求他们设身处地站在别人的立场上来看待竞争与分配问题,努力做到公平待人,支持对不公正行为的惩罚。

对忠诚、审慎、勤勉和公正这几个准则的理解随着具体的应用环境的不同会产生一些复杂的情况。或者说,对不同情况下的具体的义务或责任的理解,可能会有一些复杂的方面。就"忠诚"来说,是忠诚于职责,还是忠诚于负责人(包括老板或总裁等)或者是忠诚于组织或机构(如企业)?再有,如何体现忠诚?是听话,还是把活干好?还是既听话又把活干好?特别是在听上级的话与坚持自己的对履行责任有好处的看法之间发生冲突时该如何选择?从职业道德的角度来说,一个人的忠诚就是忠诚于他的职责,他是通过圆满完成自己的职责来体现他对上级的忠诚的。从这一点来说,有时候忠诚可能就会意味着"不听话"。还有一个问题,如果从业人员发现其他员工有不良的道德行为(如偷窃或对领导撒谎),从忠诚于企业的角度,他是否应当举报呢?关于这个问题,存在着两难:一方面,从正直或忠诚的要求来说,应当及时报告;另一方面,打小报告常会破坏组织团结的文化,应当慎重。显然,在这种条件下,敦促当事人主动去找管理者说明情况可能会是一个较好的选择。

就"审慎"来说,有时过于审慎难免会走向保守或优柔寡断。因此,在涉及风险较大的决策时,不是说有风险的事情不做,而是说,风险越高,越需要了解清楚有关决策的背景信息,并做比较深入的可行性论证。从行为的文化特点来说,职业经理人是比较注重审慎的人。这与企业家偏好承担风险的特点有明显的不同。实际上，二者恰好具有互补性。然而，在实践中，由于看法的不同，二者会经常发生不一致的情况——企业家可能会怀疑职业经理人是否有魄力。但实际情况却不是魄力的问题，而是需要遵守审慎的准则。

就勤勉来说，人们经常会认为只有类似于加班或经常加班的情况才是勤勉的表现。其实这是一种误解。事实上，国内确有一些企业不能按照契约或法律的要求来经营（有关劳动的法律规定在加班时应该发给相应的补贴）。首先，加班应是自愿的，除非个别时候当事人一时没有把手头的工作做完或有某种急迫的工作需要加班。其次，即使要求加班，也应该发给员工加班补贴。当然，如果是因为从业人员办事拖拉、缺乏效率，那是另外一种情况，并且在这种情况下加班应当是一种义务。假如一个人又好又快地完成了自己的工作，而一旦完成，负责人又总是立即给分派新的工作，那该怎么办？作为一种额外的工作，在少数情况下，员工应当配合；如果经常发生这种情况，应合理地拒绝。除非在确定岗位责任时事先有所安排，否则就不应当利用一个员工的优点让他经常从事无偿的劳动。

就公正而言，由于人们对公正的坚持和"合情"经常发生冲突，这对于重视人情的中国文化来说，就要求建立法治的标准，同时克服人治的缺陷，但是，这也同时意味着，铁面无私的做法与社会文化之间存在不一致。显然，在企业中，对于公正的品德要求应当遵循中国古代的"榜样"，就是从最高管理者做起。

关于忠诚、审慎、勤勉和公正这几项原则，除了以上解释的几个角度的理解以外，还需要补充几个与它相关的必要的素质。为了达到或符合忠诚准则的要求，从业人员需要具有职业荣誉感。忠诚的人会更多地受到赏识，这样，对职业或职责的忠诚就会变成职业荣誉感或成就感，并会受到这种荣誉感或成就感的激励。换句话说，当他努力工作时，会认为本应如此；而当他不够努力甚至受到谴责时，他会感到羞耻。此外，忠诚的准则要求从业人员应具备契约精神。就是说，既然承诺了某项工作职责，除非是已经解除了劳动合同，否则即使有不顺心的地方，也不应偷工减料。契约精神要求从业人员在履约期间不应因各种条件的变化而影响其忠诚。而对于公正来说，让"能者多劳"不是公正的做法，只是打击员工积极性的做法。

就审慎的要求来说，克服主观性是重要的。中国的职业经理人在国际化市场上的身价比较低，主要原因并不是在于职业道德如何不好，而是普遍说来主观性都比较强。就是说，当他去做一件事时，常会考虑"这件事我喜欢不喜欢？"而在同样的情况下，海外的职业经理人却总是考虑"这件事是不是应该这么做？是不是达到目标最好的手段？"这是一种明显的差别。虽然最终的效果可能相差不多，但如果一个人主观性过强，就不利于吸收他人的长处，这就增加了做事的风险，而增加了风险既违背了审慎的原则，也违背了忠诚的原则。另外，审慎的原则要求管理者在决策时应体现出民主风格。通过民主起到群策群力的作用，是减少决策风险以及选择有效的做事方法的重要途径。

就勤勉来说，最需要克服的障碍是没有将责任内化，从而带有一种"替别人干活"、因而是"迫不得已"的心态。这样，工作中难免消极懈怠。从职业化的要求来说，应培养从业人员的主动性。当员工进入企业时，企业管理者应适时对其进行培训，使其具有承担责任的意识，并且在工作中凡事应积极主动。比如说，当他问上司"我今天干什么工作"，上司就应对他说："你去想一想，今天应该做些什么工作，然后再来汇报。"这就是促使他主动地安排自己的事情。这样，员工就会逐渐形成某种职业化所要求的主动性。并且，在工作的时间里，他也不应有"清闲"的时候，因为他们会主动地考虑工作任务。

从业人员都是"打工者"，劳资双方是一种自愿签订的契约关系，因此，没有人能够强迫他们去做到勤勉。勤勉是自主、自愿的选择，因此，它既是对准则的遵守，也是一种美德。

六、职业化管理

职业化管理和从业人员的职业化是实现职业化的两个方面。职业化管理的目标是，一方面使得从业人员在职业道德上符合要求，在文化上符合企业的规范；另一方面使工作流程和产品质量标准化、工作过程规范化、制度化。职业化管理要求从业人员的工作和行为能依照标准或规范进行。这些标准或规范包括职业道德、企业文化与规章制度、流程管理及质量管理以及技能、行为等方面。

职业化管理在文化上体现为重视标准化和规范化。首先，它注重以整体的标准而不是从业人员各自的聪明才智来建立人力资源的开发与管理体系。其目的在于有组织地挖掘人才的潜力，以建立一种规范化的行为管理机制。其次，职业化管理就是建立以规范化或法治化的管理机制为导向、以职业经理人的规范化、计划性风格为核心而不是以企业家的主观精神为主导的企业运营机制。再次，它将组织和引导管理者在标准化的平台上共同地有系统地组织产品的开发，有计划地实现经营绩效。还有，它将针对企业不同业务门类建立起相应的职业发展通道，使得各类业务人员看到自己的职业发展前景，努力以更高的职业化水平来体现自身的价值。同时，通过具体、有效的措施或标准，对员工的贡献或成长及时认可；每提升一个层次，就应及时进行评价、鉴定并给予相应的待遇，以明确他的努力方向；同时，也使得员工清楚自己在职业发展过程中需要不断提高和增强自己的职业化素质。

职业化管理还包含着方法上的标准化或规范化，具体内容是从业人员业务活动的标准化或规范化。职业化管理不仅要求了解员工做了什么，结果如何，而且要了解员工是如何做的①，尤其是其手段和方法的规范性。职业化管理更强调过程管理，即员工是如何实现目标的；而结果不再是评价员工能力的唯一衡量标准。通过规范从业人员的业务活动，使业务活动专业化，并力求达到专家水准，才能最终确保业绩的持续提高，从而有助于企业具有强大的竞争力。

职业化管理的意义主要在于它对员工的素质和企业的效益及竞争力都是一种提升。从业人员的职业化、职业化管理以及企业的职业化的文化是三位一体的关系。职业化的实现，不仅能提高员工自身的竞争力，也给企业（或组织）和社会带来良好的经济效益和社会效益。所谓的"经济效益"主要是"做强"，而所谓的"社会效益"主要体现为建设了某种负责任的企业文化。

职业化标准的建立是实施职业化管理的关键步骤。从全球范围来看，以职业化标准作为管理导向的改革已经成为职业化改革这一世界性潮流的共同目标，成为各组织机构不约而同的行动纲领。对我国来说，在一些领域开展了标准化管理之后，系统化的职业化标准的建立也已经提上了议事日程。建立一个统一的、符合组织发展目标的职业化标准体系，对于健全组织文化、促进职业技能开发具有决定性的意义。

企业员工的职业化管理就是按照系统化的标准和规范化的管理制度来实现的，它包括自我规范管理和企业的规范管理。职业化管理要求不能靠"直觉"或某种"灵活应变"，而是靠职业道德、制度和标准。可以说，职业化管理是一种建立在职业道德或职业精神基础上的法治化管理，这个法治化管理的制度包含着以下几方面的特点。

首先，职业文化是一个复合的系统。一方面，职业道德以及相关的素养是一个基础性的制度体系。职业化是工作过程的标准化、规范化、制度化，即以高度的职业道德标准，在合适的时间、合适的地点，以合适的方式，说合适的话，做合适的事，以实现预期的职责或目标。另一方面，在

---

① 参阅张建国、窦世宏、彭青峰：《职业化进程设计——人才成长的阶梯》，北京工业大学出版社2003年版，第17页。

企业核心价值指导下的规章制度是另一个法治化的标准体系。其次，战略管理和决策管理是一个宏观性的制度。它要求企业按照一定的程序制定战略规划并进行科学决策，这一点尤其关系到在公司（或董事会）的层面上所展开的战略规划以及所实施的决策标准化。再次，科学的产品开发及生产流程，以及质量管理体系是另一个决定企业经营是否规范的重要标准体系。发达国家的大企业大多能按照高标准的质量管理要求来改进产品的制造过程，并在从业人员的技能管理和行为管理等方面实施标准化。技能管理包含资格认定、业务流程与技能方面的具体管理标准；行为标准则要求工作状态实现标准化、规范化、制度化。技能管理的标准是紧密结合企业业务展开的，因此应随着业务的新情况、新要求相应调整标准的内容或要求以适应业务的需要。这些标准应落实到具体的岗位或责任人。企业从业人员的绩效考核应结合技能标准、行为标准的实施情况和具体的工作成绩来最后综合确定。最后，职业化的标准要求建立相应的评价体系和纠错系统，通过考核、审计来确定标准的执行情况并做出相应的调整，最终形成一个完整的模块化、标准化的系统。

在明确并建立职业化的标准体系之后，企业等组织机构需制定并建设体现职业化内涵的企业（或组织）文化；它包括采取通过规章制度来引导从业人员达到职业化的目标等措施。应当让所有从业人员都意识到，符合企业文化的要求，特别是符合企业的核心价值和行为规范的要求，是职业化管理的重要方面。

在人力资源管理中，职业道德及其他职业素养是它的基础，并且是得到上级认可、获得未来发展空间的重要条件。对于个人和企业来说，职业化是彼此信任、减少冲突的纽带。因此，从业人员重视职业化的自我管理，以及企业注重培养员工职业化的素养，是促进职业化的重要方面。

实施和促进职业化，离不开科学的标准的制定。标准的制定须从全局出发，但也需分类、分级，要能够涵盖从业人员的资格、技能、行为等各个方面。根据企业实际情况，在实践中，部分标准可能需要及时调整，而有些标准（如产品质量标准）则应当不断提高。

严格实施有关职业化要求的奖惩制度。企业文化应当重视职业化的引导和考核，并在人力资源政策（包括具体的报酬标准）的制定等方面建立起行之有效的考评机制。对于符合职业化要求的从业人员要及时予以表扬或奖励，反之则要予以批评或惩罚。特别是企业在选拔干部时，应当以职业化作为原则性的标准。总之，职业化管理应作为企业培养核心竞争力的重要方面来对待。

职业化的目标与追求卓越的价值观是一致的。因此，职业化管理不是为了搞形式，而是对行为或绩效提出更高的要求。因此，在推进职业化的过程中，应当以"提高"作为基本的目标，包括提高组织的协调能力、提高产品质量以及提高服务顾客的能力等等。结合对职业道德以及行为规范化的提倡、对企业文化及职业技能的培训等等做法，企业应不断提出更高的要求，并把这些要求和目标落实在具体的岗位责任上，以实现更为卓越的目标。总之，对职业道德的重视与科学管理的统一，是职业化的核心，也是促进企业从业人员提高职业化素质并落实在行动上的根本保障。

第九章
企业家

发挥企业家的核心作用,需要企业家对自身特点有清楚认知并进行合理的角色定位。

企业家是企业中最核心的资源。发挥企业家的核心作用，既需要企业家给自身进行合理的角色定位，发挥自身的优势，也需要得到高层管理团队的理解和帮助。可以说，如何发挥企业家的长处，是企业所有高层管理者的基本职责。当然，围绕企业家的成长，政府也需要发挥积极的引导作用。例如，应加大打击垄断经营的力度，实现民营企业真正的国民待遇，对企业家进行必要的高端培训等等，都是政府在企业家管理上的重要课题。

一、企业家的特点

什么是企业家的本质？经济学家熊彼特强调企业家与创新的关联性。实际上，除了创新之外，企业家身上具有许多区别于其他经营管理者的共同特点。根据一些相关的论述，结合我们的研究和思考，企业家群体的共同特点可以归纳为：创业并具有创新精神（或某种"创造性的破坏"精神）；以做企业为自己的终生事业；拥有担当风险的魄力；相信自己事业价值无限，不会轻易套现；总感到人和钱永远匮乏；有敏锐的商业直觉；有强烈的家长意识；有特殊的个人魅力等等。企业及社会为更好地发挥企业家的才能并对企业家进行有效的管理，不仅需要企业家认识自身的特点，其他企业管理者也要认识这些特点。

第一，企业家是创业者，在创业之后，作为管理团队的一员，他也常是主要的创新者（当然，那些把企业卖掉或为了投资回报而轻易退出管理的就不再是企业家了）。创业之后，企业家通常会一直保持较高的创业热情，包括节俭、勤勉、不断改进业务并继续拓展企业的发展空间。为了保持自己的创业的敏锐性，企业家一般都是好学深思之士。

企业家的创业与创新精神是一致的。无论是在创业阶段还是企业发展的过程中，企业家都在积极寻找机会和创新许多做法，或者将两者结合在一起。寻找机会不仅在他们作为创业者时去发现机遇（而不是纯粹为了赚更多的钱），也包括他们寻求各种合作、并购的机会等等。而他们具体的创新意识和创新做法，则是在参与企业经营的过程中坚持不断开发产品、改进业务、吸引人才等等。如在业务领域开发新产品、新技术、生产工艺、流程、分期付款的方式、连锁经营等。

就创新方法的特点来说，企业家比较注重我们所说的"立新破旧"。企业家的创新精神是要求不断更新业务和企业，也可以说是一种"创造性的破坏"，也就是以更新更好的做法来淘汰过去的做法。比如，从产品和服务的角度来说，就是根据环境和市场需求，精益求精，不断地以新的更好的产品和服务来淘汰自己既有的产品和服务。从商业模式的角度来说，其创新往往具有"创造性的破坏"的价值，就是以新的商业模式来淘汰过去成功的商业模式，而不是等着别人来淘汰自己。

第二，企业家以企业为家，把经营企业作为自己的终生事业，把企业作为实现自我的人生舞台。他们把企业视为自己的事业，对企业的经营管理满怀热情，把金钱视为事业的结果，而不是工作的目标。对于企业家来说，仅仅追求金钱是无法形成对自己的长期有效激励的。正因为如此，企业家离不开企业，甚至有时会把企业作为自己的子女来对待。一般来说，企业家往往都是精力充沛，工作特别勤奋刻苦。不过，有些企业家因此而事必躬亲，这并不是一种好的习惯。假如一定要事必躬亲，最好是事前的事必躬亲，而不要做事后的事必躬亲；因为后者会伤害助手或其他人员的积极性。如果一个企业家实在无法避免事必躬亲，那么他最好把解决问题的方案提前告诉手下，以避免让手下辛苦工作之后又被否定，没有成就感。当然，最好是再进一步——不要直接告诉下级该怎么做，让他先自己先拿主意，尽量让他自己思考，得出如何做的结论。这样，一段时间后，手下的人都会逐渐学会独立思考，这就在无形中培养出了他们独立决策的能力。

第三，企业家大都有点类似赌徒的性格，拥有风险担当的魄力，在困难的时候敢于决断或决策。他们似乎不担心一旦失败带来的后果，也较少做许多"留下退路"方面的准备。对于经营中存在的各种风险,他们不仅不畏惧,甚至具有"高风险高回报"的意识,愿意为决策承担风险。一般来说,凡是经济活动都是把目前的资源投入到未来,即投入到极不确定的期望之中。因此,"经济活动的本质就是承担风险。只有通过更大的不确定性,即通过更大的风险,现有的生产手段才能提供更高的经济绩效。"①企业家的性格特点与经济活动的本质具有天然的契合性,它对风险的看法与常人不一样,其心理素质通常都特别的坦然和泰然。当然,这个特点有时也会使得企业家过于轻率和随意,所以需要企业董事会和职业经理人来平衡他在决策上的风险。在一般情况下,只要这个企业家在,大家通常也并不担心企业遇到大风大浪。因而企业家的这个特点可能会掩盖企业所可能面临的日渐增长的危机。虽然企业家的魄力很重要,但仍应定期对企业进行经营风险评估,以避免企业的各种缺陷聚集在一起,从而导致某种不可挽回的损失。

第四,企业家相信自己事业价值无限,不会轻易套现。企业家与投资人或商人是不一样的。企业家不是急功近利之徒,他们大都"以财发身",专注于企业自身的发展,而不把赚钱作为主要目的。换句话说,他们重视企业价值的持续增长,而不是企业所做的具体项目的短期现金利润收益上。企业家的目的是做出有影响力的企业,并且把利润作为让企业持续增长的润滑剂。而投资人通常只把企业作为赚钱的手段,只要回报合理,他就会套现。而企业家既把企业作为手段,更把企业本身作为目的。企业家意识到,赚钱是事业发展和事业成功的自然结果,是自己的工作得到员工与顾客满意评价带来的绩效和成果,而不是人生的主要目标。他们一方面相信自己将来会赚很多钱,另一方面,他们的目标也不只是赚很多的钱,他们要花的钱并不会很多。所以,一般情况下,他们不会把赚钱的业务用来套现,他的企业也不会轻易被并购。

在企业家的眼中,企业是无价之宝。这与那些以赚钱为目标的商人很

---

① 〔美〕彼得·德鲁克:《管理:使命、责任、实务(使命篇)》,王永贵译,机械工业出版社 2009 年版,第 131 页。

不相同，企业家的钱是要用来支持他的事业的。凡是不把钱投放在企业自身的发展上而是套现出来做短期投资的（如炒房或炒股）都是商人、投资者的作为，而不是企业家的作为。

第五，企业家总感到人和钱永远匮乏。企业家热衷于将企业做大，并且将企业的地位和成就视为个人价值的实现。企业家为了做大事业，需要不断将资源投入到企业的发展中，总是觉得人才和资金不够用。他们不会把钱用于购买房子、股票等其他投资领域，而是将资金用以拓展已有的事业或者新的业务。对企业家来说，自己的事业一直在扩张，他们总是需要更多的人才和资金。除了爱才之外，企业家会把尽可能多的财富投入到企业的扩张之中。不仅如此，他们还有可能借钱来扩张企业。当然，他们并不是因为舍不得花自己的钱试图把风险转嫁给银行或其他资金提供者，而是因为企业家扩张企业的意识使他一直感觉到人才太少，资金也太少。

第六，企业家在思维方法上存在着直觉性的特点。企业家有敏锐的商业直觉，也比较信赖直觉判断，并且按照直觉迅速采取行动。他们一般不太重视事情的计划性，而是喜欢依靠直觉判断。无论是对于把握商机还是对于用人的判断，他们都比较突出直觉和感觉。直觉使他们善于捕捉商机，也使他们依靠直觉、善于变通而不是按照既定的计划行事。企业家的商业能力来自热情和直觉，即使企业家具有较强的理性思维和战略思维能力，在许多情况下他们仍会比较依赖直觉。当然，由于直觉的思维方式和企业家常有的赌徒性格常不利于做事的计划性，难免会出现"想当然"的随意性，因而他们所管理的企业的风险也会比较大。所以，企业家需要与职业经理人结合起来，彼此互补，这样一方面有利于克服企业家的上述不足，另一方面也有利于更好地捕捉商机，并有利于使企业的发展始终保持在企业战略的框架之中。

第七，企业家一般有强烈的家长意识。一般的企业家都把企业当作一个家庭或者家族来管理，他们具有家长或者族长的自我定位。他们关心员工，也需要员工保持对他们绝对的忠诚。与有过规范化企业经营经验的职业经理人打交道的时候，企业家一般难以避免这种家长式的文化。但是，企业家为了事业的成功，能够懂得依靠各类人才，也有用人上知人善任的雅量。

　　第八，企业家有一种特殊的个人魅力。这种魅力与孔子的弟子所赞颂孔子的"仰之弥高，钻之弥坚"的道德人格不同，而是表现为一种能担当事情、承担风险、有激励能力的个性特点。企业家对未来充满信心，相信未来自己会比过去更加辉煌。即使他们遭遇到挫折，也不灰心，认为那是一时的结果。因此，企业家一般都具有执著、不认输的特点，而执著也带给企业家成就事业的能力。企业家不仅对未来充满信心，在重大事情或风险面前值得信赖（他不会轻易转嫁风险），而且善于激励他人。企业家对于企业的前景充满信心，热情洋溢，有着充沛的精力，并且在展示自身的坚定信念和工作中能够不断地感染和激励员工。他们都具有一定的天生的个性上的霸气、内在的领导力和突出的领袖型气质。即使他们遭遇了不小的挫折，仍有许多追随者对他们有信心，并且主动继续追随他们。实际上，这种个人魅力还体现在具有煽动性的激情表现，以及具有鼓舞和激励员工的能力上。在某些时候，大师级的企业家甚至会得到公众信赖，此时，他的个人魅力会上升到一个新的高度，以至于具有某专业领域里的领袖的魅力。

　　以上这些反映了企业家的群体性特征。虽然他们多数并不具备以上所有的特征，但是也都具备了以上所揭示的特点中的大多数特征。这些特点（或要求）既然是大多数企业家所具有的，那么企业家自己应该根据其角色反思是否能够自觉意识到它们。当然，正如我们在以上分析到的，企业家的有些特点实际上是双刃剑，在某些情况下需要进行自我约束。认识到这些特点的两面性是重要的。一些企业家没有意识到自己这种角色的特点，因而没有通过扬善救失来很好地发挥作为一个企业家的潜能。

　　值得一提的是，对照以上的特征，我们可以发现，许多做企业的老板们并不是典型意义上的企业家。或者说，许多人拥有企业并且在经营着不同特点的企业，但是，他们并不具有企业家型的价值观和特性，多数仅仅是为了追逐短期利益，而且也缺乏必要的担当精神。这些人受自己的素质和眼光所局限，一般也难以达到企业家的成就。

二、企业家的自我管理

企业家是企业的核心资源，是企业需要重视和管理的对象。而对企业家进行管理的主要责任人是他的助手和高层管理团队。企业家管理的核心问题是企业家角色的转换。目前，对国内许多企业家来说，都面临着一个自我激励和共同管理的问题。

企业规模扩大、事务复杂之后，企业家往往会陷于日常事务，逐渐失去了思考时间，降低了对环境变化的敏锐性和判断力，这就会造成一些商机的错失，从而会延误一些关键的决策。因此，企业家需要花费更多的时间来分析企业、反思企业和研究企业战略问题，并重视培养管理者，努力为企业扩展生产经营的资源。企业家的角色转换或定位和对企业家的管理，需要企业高层团队做出必要的努力，包括他的主要的助手们应承担更多具体事务的责任，以解决企业家的后顾之忧。

企业家的自我激励和自我管理是很重要的。一些企业家在创业之初只是把经营企业当成一种职业，而缺乏对企业使命和事业目标的认识，这样，当他们把企业做大、积累了一定的财富之后，就会缺少进一步发展的激励。尤其是企业家在经营中都付出了超常的心血，因此在肉体和精神上都会感到极度疲乏，这个问题会格外突出。这也是现阶段中国企业家带有普遍性的现象。如何激励企业家把赚钱的目标转换为追求做大企业后的事业成就感，并具有企业的使命感，这是一个很迫切的任务。最好的办法并不是进行说服工作，而是应让企业家得到必要的休整和学习。企业家的助手们也要创造条件，帮助企业家改变管理风格，以证明企业家可以进行角色的转换。同时，企业家也要加强自我管理和自我提升，而不是总是被拖着走。特别是在企业规模扩大或事务复杂之后，企业家往往陷于日常事务，逐渐失去思考的时间和对于环境的判断力，造成关键决策失误和商机丧失。因此，企业家要不断调整自己的心态，保持一种"虚壹而静"的聪慧，以发挥自己作为企业领袖的作用。当然，企业家的社会地位应当得到相应的重视，特别是企业家的才能应当获得肯定。这就要求企业善于把企业的长处向社会作介绍；此外，还包括企业家出面讲授经营管理课程等贡献社会的做法。总之，社会对企业家的需要以及对其所赋予的荣誉都是对企业家的有效激励。

企业家在决策科学性方面应当加强，应把风险意识与决策的严谨性协调起来。因此，企业家之间应当加强管理、决策的交流。不仅是相互交流各自的方法，更主要的是要建立以企业家为主的企业董事会。企业家相互之间为对方的企业服务，不仅可以增强企业之间的交流，而且可以有效地发挥企业家在管理上的长处，充分利用这一重要资源。实际上，企业家作为独立董事远比学者更具合理性。当然，二者在人员的比例上应有适当考虑。

三、权威与民主管理风格及其缺陷平衡

在现实中，企业家的管理风格大多还是权威性的。权威的管理风格有两个优点：第一，它与传统文化结合得比较密切。中国过去的社会是一种权威性的社会，由于这种文化传统，企业里自上而下的秩序较容易建立。第二，企业领导人的战略可以通过这种很有效的权威的秩序，一环决定一环，从而以比较快速的方式得到落实或执行，并且执行起来会很统一，较少出现偏差（当然，所执行的战略应是正确的）。然而，权威的方式也有两个缺陷：第一，它没有发挥好人力资源的作用。这种权威的管理方式相当于一个人在用脑子、做决策；而其他人的任务主要是服从，他们的脑子大多在闲置中。久而久之，人力资源的开发力度就很有限。第二，在权威的管理方式下，如果领导人缺少洞察民情的意识，就很容易出现"灯下

黑",或者叫做"中间层一手遮天"的情况。由于中间层的人员一手遮天,使民众的意见、建议不能得到有效的上通下达。企业领导人与一线员工沟通的渠道被中间层的人员所遮断,从而不能了解下情,或者是理解上会出现诸多偏差。有时下面的问题已经很严重了,而最高层却还不知道。这是一个很大的问题,应得到重视和解决。

相比之下,民主的管理风格至少有两个好处。第一,从人力资源作用的发挥上来看,民主的管理风格,可以动员大家的力量,去实现共同的目标,因为大家都可以献言献策。第二,民主的管理是一个趋势。人们不应违背这个趋势,至少,在实行权威式管理的情况下,要多少扩大一点民主。包括人们现在所说的"扁平化"的管理、授权等等,实际上都是民主的一种方式。但是,民主也有两个缺点:第一,民主有时可能会缺乏效率,这是一个比较明显的问题。因为在实行民主的过程当中,有些人承担着更大责任,他更了解事情的原委,但当参与的人更多的时候,他们并不一定能具备有关事项的知识背景。再有,参与者的特性不同。有些人很固执,有些人则很理想化,这些情况可能降低沟通、协调的效率。第二,现阶段还很难真正实行民主管理。因为,在中国,最大的问题是一方面我们没有很好的民主传统,另一方面我们也缺乏法治的意识。由于缺少这种传统,人们根本不知道民主的本质以及程序的必要性。由于缺少法治的意识,大家就不会服从某种统一的标准,总是会想着"好的我就要",而"坏的给别人"。这样,在行使民主权利时,人们就不会尊重某种普遍的标准,不容易迅速地达成某种共识,以找到某种解决问题的方法。某些"假民主"就是人们在民主过程中过于去考虑少数人利益的做法。关键在于,民主就像法治一样,它需要程序正义。如果一个人缺少程序正义的意识,那么他在与他人沟通时,就会发生一些问题。比如说,他会扭曲民主的公开性和程序上的要求。就像不少东南亚、拉丁美洲等发展中国家的民主政治,其中不乏"黑金",存在着很多违背程序正义的做法。

因此,我们认为解决上述缺陷的方式,还是采用民主集中制的方式,不过,这是指的是一种叫做"倒决策"的民主集中制。所谓"倒决策",不是像过去那样,由上级发布权威性的命令,告诉手下该怎么做,然后一层层地执行下去；而是由最底层先拿方案，然后逐层归纳或总结后向上级提出建议，上级或权威只做决策或方案的归纳或总结而先不做决策或方案的下达，这样可以培养最底层人员的决策能力。比如说，组长要求小组成员做某件事时，只告诉他目标是什么，但并不告诉他如何去做，要由他自己来向组长汇报打算怎么做；组长可逐步引导他自己去思考，继续提出新的方案。这样，通过他自己的决策，通过组长的引导或启发最终拿出了成熟的方案。如果每次都这样做，他以后就会自主地去决策，并向组长汇报，组长最后来拍板。如此一层层地向上实行，最后就能够更充分地发挥人力资源的作用，把潜在的智慧调动起来。这种"倒决策"民主集中制并不是在经大家议论之后再按照领导或权威的意见来拍板，而是自下而上的一种归纳、总结式的提升的结果。所以，"倒决策"的民主集中制的特点之一是把民主的长处发挥在决策的过程当中，实际上它还是一种权威负责制，但是它的过程有了一定程度的民主（虽不是完全民主）。这样，它既可以解决员工决策能力的培养和在决策问题上全员智慧的调动、合成的问题，同时还能解决企业培养干部方面的一些问题。"倒决策"的民主集中制使得大家最终都变得善于、归纳和总结，善于做决策，这样，他们的决策能力得到了培养。同时，员工当中的后备干部队伍也会变得成熟起来。

一旦解决了管理方式上的某些缺陷，企业家就可以变得省心省力，从而可以专注于重大问题的分析和思考；同时，这也减少了企业的战略性风险。

四、企业家群体的成长

帮助企业家群体的成长，是各界应当重视的课题。无论是中央政府还是地方政府，除了关注企业经营业绩以及给企业家各种荣誉之外，最关键的还是帮助企业家的茁壮成长。为帮助企业家成长，应将对企业家的培训纳入国家人才工程。特别是在当今市场环境变幻莫测、全球化进程加快、经济发达国家不断提升环保标准的情况下，如何帮助企业家减少盲目生产，指导他们怎样实现跨国经营，需要在很高的层次上来把握、对待。虽然现在中央政府也经常派一些大企业的老总到国外考察或培训，但这是远远不够的；许多民营企业家也需要中央政府提供更多的专业培训。就地方政府来说，把企业家作为一个群体加以培训和管理，是今后行政工作服务社会、服务经济的一个重要的组成部分。

对民营企业家来说，非国民待遇是目前存在的最主要的问题。除了在税收、市场准入、安全保障、法律地位等方面存在着不平等对待以外，民营企业家还需要应对各种明目繁多的包括政府机构、准政府机构和行业协会在内的各种摊派。此外，在水电等各种费用上也不能享受到公平对待。再者，由于政府各职能部门在信息采集、共享上存在问题，不同的政府部门常会要求企业重复提供各种数据，增加不必要的劳动。总之，应该让民营企业家享受到与国有企业同等的待遇，同时，民营企业也应该更多地关注并承担起自身的社会责任，以实现和谐发展。

在帮助企业家的问题上，具体说来，应当减少企业家们的各种不必要的强制性的事务，包括各种会议、交流等等；而应当增加他们获得高端培训机会，以保障企业家有足够的时间得到学习和提高。

各级政府应当帮助企业家提高研发能力。应将各种技术研发资金用于直接与企业合作开发项目，而不要通过科研机构，防止他们先不顾市场做研发，然后再束之高阁。应提高中央和各级政府的相关扶持资金的使用效率，并提高企业家的研发决策的水平。

应鼓励优秀的企业家脱颖而出。政府不仅要提供各种竞争机会，利用公共支出引导企业家从事具有竞争力的产业，在扶持资金上也要奖励优秀，而不是只重视形式。政府应当建立起专门的信息网络，以打击各种非法经营和扰乱市场的行为。总之，应把赏罚结合起来，鼓励优秀，惩治不法，以促进竞争环境的完善，使得优秀企业和企业家脱颖而出。

在企业家的成长过程中，其在文化价值观上的自觉是一个具有举足轻重地位的课题。这种自觉体现在两个方面：一方面，企业家应以精英自觉，要把中国企业的地位提升（特别是在国际上的竞争力的培养）作为分内之事。要强调经营管理水平的提高，而不能仅仅停留在获利多少的层次上。因此，企业家应不断挖掘自己的潜能。另一方面，企业家不是投资者，衡量企业家的价值不是以盈利的多少而是以事业的成就和影响力为标准的。正如花旗银行前 CEO 桑迪·韦尔所说，"金钱应该是第二位的——对我而言，最重要的是建立一家伟大的公司，一家领导行业潮流、雇用大量员工、经久不衰且备受尊敬的公司。"① 企业家大都胸怀大志，或者说有些企业家天生就怀有大志。而只有认识企业家特点才能理解企业家的这种看似理想化的追求。因此，把企业做成可持续发展的企业应当成为企业家们经营企业的价值观。而要达到这个目标，企业家必须具有谦虚的心态及学习型的态度，并能够不断地超越自己。

---

① 〔美〕桑迪·韦尔：《桑迪·韦尔自传》，万丹译，中信出版社 2007 年版，第 3 页。

第十章
企业家与职业经理人

> 企业家与职业经理人之间既有互补性又有冲突。企业引进职业经理人关涉到一系列体制与文化变革,应审慎对待。

职业经理人是现代企业的中流砥柱。特别是在企业达到一定的规模后,更需要有大批职业经理人来参与管理,其至有些企业需要直接由职业经理人来全权负责日常的经营管理。因此,企业家和职业经理人之间就会形成一种合作伙伴关系。当然,有了职业经理人,企业家不能仅仅提供高报酬就万事大吉了。企业家一方面要尊重职业经理人,真正发挥他们的作用;另一方面对职业经理人也要进行积极的管理,以防止他们"功高盖主"或个人的欲望过度膨胀。历史上,在晋商中曾经出现过职业经理掌握企业资源、最终造成了内部人控制的情况。对此,企业家需要在用人上始终掌握主动权。

一、职业经理人的特点

企业发展到一定阶段后,无论是规模上的要求还是提高管理质量的要求,都需要有一批职业经理人。在现代企业管理中,职业经理人是一种中坚的力量。尤其是高级经理人,更是主宰了企业的实际管理工作。美国的职业经理人(尤其是首席执行官)平均工资快速上升的趋势,在某种程度上可以反映出高级职业经理人的市场地位。尽管许多人对于职业经理人过高的薪酬提出了批评,但是,在企业规模做大之后,只有具备管理能力的人才能有效管理好的企业。因此,除非改变职业经理人的培养方法,特别是完善教育与培训制度,否则,由于职业经理人的不可替代性的地位,供不应求的局面似乎是难免的。

何谓职业经理人?职业经理人是专业化或职业化的企业经营管理者。从理论上说,作为专业化或职业化的经营管理者,职业经理人具备高度的职业道德和专业化的管理技能;并且,职业经理人的素质要求往往也是企业培养员工的基本方向。

良好的职业道德是职业经理人的本质特征。对于在职场中（特别是在企业中）工作的人而言，职业化（特别是职业化中的职业道德和才能）的具体体现之一是成为职业化的管理者或职业经理人。这里需要特别强调的是，职业经理人概念中的"职业"是指职业化。因此，职业经理人是职业化的经理人，而不是以"经理"为职业的人。我们在职业化一章讲到的所谓德才兼备的人才，在企业中最典型的代表就是职业经理人。这种职业经理人的典型特点就是职业化（特别是职业道德上的忠诚、审慎、勤勉和公正）。企业可以派这样的职业经理人到外地自主经营而不必担心他的道德问题，不会承担很大的道德上的风险。此外，职业经理人是以理性见长的人，他能按照计划来行动，并尽量采取科学决策以尽量规避各种风险。

不过，由于中国的职业经理人市场并不发达，对职业经理人的评价机制尚不完备，所以出现了一些非职业经理人被误认为是职业经理人的例子。由此，我们可以以职业化表现作为衡量标准，把当前职业经理人这一群体划分为两个部分：一部分是随着市场的变化而成长的，他们具有丰富的实践经验和市场适应性，但对于规范管理的意识较弱，个人自我实现的目标与组织的目标二者交织在一起；另一部分则受过专业化管理的系统训练，有严格的职业道德素质，他们总是以组织目标为优先考虑，但相对缺乏处理复杂人际关系的能力，缺少对市场文化的适应性。可以说，在中国目前的经理人市场中，一般的经理人居多，而真正的职业经理人较少。从总的发展趋向来说，职业经理人的成长与中国市场企业规范化的进程是一致的。

二、既有互补又有冲突

企业家与职业经理人在思考问题的方式、决策的特点和管理模式及运用的管理工具等方面都有所不同。因此，他们之间存在着某种差异。一方面,他们之间具有互补性,特别是在进取与守成、稳定与发展、激情与理性等方面。另一方面,由于以上所说的差异,他们在管理风格和处理事情的方法上很不一致,有时还存在严重冲突。不过,这个问题不是单方面的问题,需要企业家与职业经理人来共同处理。在处理与企业家的关系上,职业经理人需要事先了解怎样与企业家打交道,而企业家也需要尊重职业经理人行使管理职责的权利。当然,从某种意义上来说,职业经理人也负有管理企业家的职责,即他应矫正企业家的一些主观的行为,同时也要为企业家处理一些重要问题创造条件。

企业家的长处是领导力突出。但是,他们并不能独立解决经营管理的主要事项以及确保企业持续的成长性。在企业规模较小的时候,他们可以依靠人格魅力、眼光、创新和凝聚力以及身先士卒,来带领团队取得很好的开局。但是,当他们的企业做到一定的程度或者发展速度太快的时候,他们的直觉思维加简单化管理就会捉襟见肘。因此,在上一章分析过企业家的各种素质特点之后,我们可以看出,从几个角度来说,企业家都需要(也愿意)接受和吸收职业经理人,善于借助专业管理者的帮助或者合作支持。第一,企业家是自然成长的,虽然"天生丽质",但是他们并没有驾驭大企业的经验和能力。因此,他们需要其他人才的帮助。假如可以的话,他们愿意引进专业能力强的职业经理人来帮助他们打理企业。第二,企业家做大企业的愿望十分强烈,而做大企业无疑需要网罗一大批人才,职业经理人就是这些人才中最重要的。因此,只要他们确信经理人可靠,可以托付重任,就可以吸引到企业来并承担重任。当然,从企业扩张的角度来说,需要一批职业道德好的经理人派驻到各地开疆辟土。第三,企业家的领袖气质也需要有各类人才为其所用,并且他们也能够信任手下的大将。他们有时求贤若渴,也不一定能够找到真正可靠或者有能力的人。但是,一旦他们发现某个人可靠并且有能力,就会待之以国士之礼,予以激励。第四,企业家的直觉性思维并不适合企业在做大过程中进行风险排除和风险控制,因为他们的直觉以及承担风险意识中所蕴含的冒险精神都包含着不确定性。因此,可以利用职业经理人的计划性和职业化的管理方法,为企业建立可持续发展的新架构。

有魄力的企业家意识到,职业经理人的支持和给力,是企业家自身冲破传统束缚、掌握现代经营技巧的重要途径。易言之,他们必须主动借助于职业经理人来纠错、防范风险和驾驭不断成长的企业,才能逐步实现企业家自身所期望的大成就。所以,正如美国钢铁大王卡内基所说的那样,他最引以为傲的事情,不是自己多么会做事,而是自己多么会发现和使用比自己强的人才,因为每员大将在某个方面可能都比卡内基本人优秀。

显然,一个很明智的企业家一定会自觉意识到自己的不足,会认真思考是否和如何借助于职业经理人的专业化管理。当然,企业家要与职业经理人合作,必须进行一定的授权,而授权并不是一件简单的事情。对于企业家而言,这里还有一个在引进人才之后、下一步需要面对的大问题,就是他们怎样才能和职业经理人之间形成默契与合作。对此我们随后将重点讨论分析。

既有互补性又有冲突,这是企业家与职业经理人之间关系的常态。或者说,既然二者之间存在着互补性,就说明双方之间存在冲突的因素。所谓的互补固然是好的,但是互补中的一方的优点一定是另外一方的不足,而这个特点足以让他们之间的摩擦和纠纷不断。不是冤家不聚头,企业家和职业经理人之间的关系,是一对典型的冤家。既然如此,冤家之间就应该意识到,这里不仅有好事,也会有麻烦事。他们之间如何进行合作,必须有一个具体的安排,必须满足某些要求和条件才行。

当然,企业家自身也可以是个十分优秀的职业经理人。索尼的盛田昭夫是老板型企业家和职业经理人的合体。日本著名企业家稻盛和夫也曾经创办两个世界500强企业,他是京瓷公司的创始人,从京瓷公司退休之后,为了拯救日航而出马当职业经理人,很快就将日航扭亏为盈。对企业家和职业经理人的合二为一的情况,是应另当别论的。

三、以契约为基础

职业经理人和企业家之间的关系，不是简单打工的关系，而是通过契约确定的合作伙伴关系。或者说，他们之间是建立在契约基础上的委托代理关系。契约合作的任何一方都应自觉地遵守契约规定和履行责任承诺，这是诚信和法治化的具体表现。

企业家与职业经理人之间的合作（特别是老板聘用经理人时），需要通过明晰的契约关系来体现。或者说，双方合理的关系就是由契约所约束的关系。对于老板们来说，他们难以接受契约到期合作关系结束的结果，因为他们常拥有儒家从一而终的意识；但是，职业经理人的契约地位恰好是不受从一而终的制约而得到保证的。

在确立契约关系时，企业家和职业经理人双方的立场不一样，他们常需要各自做出适当的妥协。对于职业经理人来说，他们要求获得更高的报酬并不完全是出于金钱的考虑，也是一种经理人市场上地位的象征以及老板对他们的重视程度的体现。对于职业经理人来说，雇主是委托方，他们是受托方，是以一种契约的方式形成的委托代理关系。这个关系使职业经理人和企业家（或者老板）之间形成一种合作关系或者合作伙伴关系。虽然是合作关系，但是主要的契约体现的是职业经理人的权利和义务。因此，在契约中，应当包含若干关于双方权力使用和交接等比较有助于职业经理人的工作符合权利和义务的要求。

现代的企业家和职业经理人的关系已经区别于传统化的老板和经理人的关系。在这里，契约所体现的是一种平等的合作伙伴关系，它要求企业家必须尊重职业经理人。虽然在工作上可以对职业经理人进行考核，但是他们不能要求职业经理人盲目服从。职业经理人必须具有一种代表人的身份和履行全部规定职责的意识，在规定的框架下，无论契约条款多么不利，职业经理人也不能违背自己的职业道德，比如不能迁怒于顾客而造成企业因流失顾客而带来各种损失。因此，契约是一个完整的契约，如果不履行完整的责任就违背了这个契约。

这种契约还意味着，职业经理人不能把自己视为一个"被剥削"的人。因为他们是出于自愿和自身利益的考虑才签订的契约，所以，即使他们在谈判（交易）中处于不利位置，也不可以随便选择拒绝的。假如认为自己是被剥削，就意味着自己是不情愿、不积极、不主动去从事所做的事情。职业经理人必须把自己当作老板利益的代表才会真正负责任，才不会迁怒于人。总之，一旦签订契约之后，就意味着跟别人订立了互利性的契约或者确立了为对方利益最大化考虑的责任，这时职业经理人是一个受托人或者代理人，而不再是个"打工者"而是个"合伙人"。换句话说，职业经理人要忘记自己是个打工者，他实际上是代替老板在行动，因为老板自己没办法分身，拿了钱委托职业经理人帮自己干活。在这个意义上，职业经理人也是利益获取意义上的老板。当然，也许在订立契约之后，职业经理人就受到了契约的束缚，有时觉得自己很亏，但是，无论从道德上的诚信还是自己理性选择的责任自负等角度来说，真正的职业经理人是不会反悔的。履行契约可能带来额外的负担，甚至冒着生命危险（比如消防员），但是这是契约不可或缺的一部分。企业家和职业经理人之间的关系，就是通过这种契约化来体现道德上的承诺。

对于真正的职业经理人来说，他也必须表现出与企业家一样的诚信和对对方利益的真正关切。一方面，当一个职业经理人在业绩上超过企业家的期待时，他也不会认为自己是做出了超出报酬的贡献，要求加薪什么的，除非到了另外一个合约阶段，可以提出来。倒过来说，他也不能因为签约之后因为后悔得到的利益太少而怠工。而在国外，很多高级职业经理人都由代理的经纪人负责与企业签约，如果企业违约会有较大的一笔赔偿，这样双方很容易友好分手。另一方面，我国一些企业或者企业家对于职业经理人往往缺乏利益平等的关切和对职业经理人的相应的补偿保障条款。换句话说，国内的契约规定有些不对等，企业家和企业在解雇或者予以损失补偿这个角度上明显处于强势的一方。这种契约关系应当予以改进。

　　从表面上看来，有时职业经理人需要迎合企业家，其实不然。否则哪有"三顾茅庐"的故事！因为越是具有能力的职业经理人，越是显示思想和管理意识的独立性。这种独立性并非是个性张扬的表现，而是自信和保障工作顺畅的考虑因素的结合。因此，企业家在与职业经理人打交道的时候，特别是与杰出的职业经理人打交道的时候，不能简单地用对待追随者的标准来衡量，而必须体现出自己开阔的胸襟和容人的雅量。可以说，有些随意破坏合作规则、动辄对职业经理人指手画脚的人，其实并不是真正的企业家，而是目光浅见的商人而已。因此，真正的企业家虽然心里也希望职业经理人听话，但是在实践中，他们更善于听从职业经理人的合理建议和理性分析。正如万科集团的CEO郁亮所说，万科企业文化的核心有两点：市场原则和人文精神。"只要符合万科的利益，你可以不听我和王石的话。"公平、民主、自由这些普世价值，已经成为万科集团的企业文化底色。刚加盟万科时间不长的万科北京总经理毛大庆，认为庞大万科活力的来源是其职业经理人制度。"体制决定一切。万科没有谁是绝对的老板，没有一言堂，没有一手遮天。这个是最基本的。"①

　　俗话说，没有规矩，不成方圆。企业家与职业经理人之间，应当遵循一定的规则或者规矩。不过，这里的规则和规矩有四种：一种是一般的标准，一种是按照企业家自己的特点而形成的习惯，一种是职业经理人自己的标准意识和程序正义，还有一种就是双方合作的标准。这四种标准之间存在不一致或者博弈关系。

　　企业家与职业经理人之间的合作，首先就需要建立一个关于工作标准和行为标准的共识。换句话说，如果没有一个基本的标准，怎么衡量和评价职业经理人的具体业绩和表现呢？例如，虽然从表面上看起来，"重业绩看结果"的标准是很清晰的，可是一旦遇到经济危机或者各种天灾人祸，怎么推算职业经理人的业绩？所以，业绩既要看规定的任务，也要横向比较增长率，更要看他为企业未来的发展奠定了什么基础或者破坏了什

---

　　① 转引自《中国企业家》2010年1月上半月刊，第60页。

么，以及董事会的评价等等。

实际上，企业家与职业经理人双方建立共识的标准是很重要的。除非有统一的标准，否则很容易造成分裂，包括其部下或者员工分裂为不同标准的各自拥护者。因此，这里的共识是一个普遍化的标准，谁都应当遵守和坚持。由于标准具有引导性，企业家引进职业经理人担任重要的管理职务时，就在某种意义上意味着后者所主张的标准应当被接受，比如说要引导员工通过遵守职业经理人所制定的标准来合理地做事情。假如企业家没有这个意识，那么就意味仅仅要求职业经理人做事或者负责某个具体的事务，而不是要他承担主要责任，因为承担责任必须建立支持履行责任的系列规则。

在确定企业家与职业经理人工作关系和权利关系时，还涉及究竟是企业家主导还是由职业经理人主导规则的问题。由于企业家和职业经理人的习惯或者观念可能包含着一致的标准和不一致的标准，因此需要审慎对待。一致的标准如投资回报率、工作态度和绩效考核等。不一致的标准包括工作方法、对用人的看法和评价等。在不一致的标准状态下，就存在不和谐或者显然的冲突。这就出现一个以哪一方的标准为主导的事情，可以分为两种情况，一种是企业家主导经营管理，一种是职业经理人主导经营管理，即成为CEO或者得到充分授权的总经理。即是说，前者是企业家的标准主导，后者是职业经理人的标准主导。不过，即使在职业经理人主导的环境下，也需要和企业家探讨改变原来由企业家主导的模式之必要性和方法。换句话说，需要双方商量确定一些原则和标准。

从总体上说，关于企业家和职业经理人谁来主导准则的关系问题，可以分为两种情况来处理：一种情况是职业经理人应该把握一个合理的度。一方面，职业经理人要意识到，当双方的标准发生不一致乃至冲突时，坚持自己的标准必须与自己的能力发挥相一致，否则就需要作出一定的妥协。另一方面，职业经理人的方法如何让企业家接受，必须有一个过程，这个过程包括让企业家和元老接受一定程度的高级课程培训或者研讨。就是说，仅仅依靠职业经理人而让企业家接受自己的核心标准，可能需要借助于某种外部的力量。另外一种情况是，如果企业家一味固执己见，那么职业经理人可以不必再坚持，因为企业家是最终的责任承担者。但是，双方的分歧必须通过董事会的决策记录下来，保障今后对后果的总结和对结果的评估能够确定明确的责任归属。

在某些时候，企业家和职业经理人双方还需要建立起双方共识的规矩和新的标准。问题在于，在双方尚未发生直接冲突的时候，双方标准的不一致及其后果并没有显示出来，或者没有受到双方足够的重视。例如，对于灵活性问题，只有等到问题呈现出来之后，双方的分歧才会真正显现。因此，建立共识这样的标准，就存在两个关键的因素：其一，双方对于各自的标准的优劣有客观的评估，并且努力去发现对方标准的长处。在许多时候，可能要征询第三方的意见。其二，企业家的强势地位需要得到一定程度的抑制。因为，如果继续将企业家的强势地位显示出来，就不可能客观公平地评价职业经理人带来的新标准的价值。

除了契约和规则之外，企业家和职业经理人必须相应地设计一套新的、合作的生活方式。例如，企业家特别是担任董事长的企业家，不能把时间全部都投入到工作上，而是要有足够的时间充电、提高、交流和思考企业发展的一些重大问题。又如，在一开始的时候企业家应当多关注怎样帮助职业经理人融入企业的问题，等等。总之，引进职业经理人的必要性和企业家自身生活方式的转变必须有机地结合在一起。

四、充分了解是无缝合作的前提

在合作开始之前，企业家和职业经理人双方都需要了解对方的特点，并且对自己有个清晰的定位，或者通过反思自己来确定自己应当扮演的角色。所谓反思自己，就是说，把自己当作对象（别人）来看，不仅自己的优点自己要把握得准，自己的弱点也要把握得准。一个人的优点当然不用说了，需要加强；但是，在一个人的优点突出的地方，一定就是他存在相应弱点的地方。比如说,假如某个人的直觉能力很强的话,说明他的理性分析能力是比较弱的,或者他可能是比较武断的。由此,我们就知道为什么企业家要跟职业经理人结合,因为企业家直觉很强,但是理性分析比较弱;而职业经理人正相反,他们理性能力很强,但是直觉性比较差,这两者正好具有互补性。换句话说,双方优点的旁边,恰恰一定是各自的弱点。此外,性格活跃的人比较缺乏耐心,聪明的人比较懒惰或者不够专注等,都是一样的道理。这就有点像一只手掌的两面,这面是正的,那面一定是背的。正的很好,背的一定很不好。所谓自我反思,不是说一个人一定要把自己的缺点克服掉或者性格改变过来,而是他一定要记住,在关键的时候不要让自己的缺点冒出来妨碍他将事情做好。比如某件事情很重要,他一定要在发挥自己的优点的同时,想相应的缺点怎么能通过其他方面加以弥补。

企业家必须有一定的自知之明和自持能力,即在弄清楚自身的特点、长处和短处的基础上,充分发挥自己的优点,尽可能克制自己的弱点,不至于因为弱点或者虚荣心而造成很大的损害。比如一个企业家不擅长跟别人做谈判,就不去做谈判的事情,不要在什么情况下都逞强去谈判,可以请一个人代表他去谈判,实在不行也可以付给代理谈判者一笔钱,这比他自己把谈判谈砸了不是更好?有一个类似常识性的共识是错误的,要纠正过来。比如,我们过去认为只有活跃的人才适合做营销,其实这是不对的,好像只有外向性格的人才适合做营销似的。我们通过研究发现,凡是善于用头脑思考怎么做营销的人都适合去做营销,他能够分析应该怎么做品牌传播、怎么定义产品、怎么建立分销渠道等等。总之,正确的道理是,只要有头脑的人都适合做营销,而不是最活跃、最外向的人才适合做营销。因为营销成功所需要的不是性格,而是方法。同样,企业家不需要向部下证明自己更擅长营销,不要以为只有用这种服人方式才会征服部下。相反,如果企业家找不到比自己更擅长做营销的人才,那才是真正的管理失败。

对于企业家来说,怎样充分发挥职业经理人的优点和长处,才是双方合作中最重要的事项。由此,企业家要养成一个好的用人习惯,就是要关注别人的优点，而不是老看别人的缺点。换句话说，用人就是要用其优点，只有具备了重要的优点，才可以发挥出大作用来。当然，要做到对他人的缺点视而不见，难度也挺大。但是，优秀的企业家善于发挥别人的优点，也就是能做到区别于一般的完美主义做法。有时候，我们普通的人似乎怎么也发现不了他人的优点，看起来他人好像就没有优点似的，实际上，这是因为我们自己不愿意去承认别人具有比我们更多的优点而已。不同的人都有各自的优点。当然，怎么发挥这些优点就是用人的艺术，这是一个企业家比职业经理人高明的地方；或者说，企业家比职业经理人具有更大的包容性。企业家和职业经理人都应该多想别人的优点，而且要去发挥他们的优点，同时防止别人的缺点成为对工作或者企业文化有害的东西。

企业家也需要了解职业经理人具体决策的可行性。有些职业经理人比较形式化，有些甚至有点教条，他们的决策不一定都符合实际。以马谡守街亭为例。马谡这个人可能思维很活跃，有战略眼光，但是不会根据实际的情况灵活应变。换句话说，他做一个军师可能还行，但是让他带兵，他决策时的缺点就暴露出来了。诸葛亮派马谡去守街亭，正好把他的缺点激发出来，也就是他不能应变的那一面正好充分地暴露出来。其实，他并不是只知道"居高临下"的道理，而是他不愿意变通，非得要居高临下，把"置之死地而后生"当作神功秘笈，结果导致了严重的失败。所以，对于职业经理人的主要决策思路和实现目标的方法、对策等问题，企业家还是要把关，要通过董事会来共同审核这样的决策是不是合理；或者让职业经理人把思路、方法和自己做一个深入的交流。

再者，企业家也不能拿对待普通经理人时要求他们灵活变通的标准，来要求职业经理人。企业家自己很灵活，也经常会要求职业经理人善于灵活应变。问题是，职业经理人的特点就是不善于灵活应变，或者不愿意灵活应变，因为他们认为制度建设比灵活更具有优先性和长效性。这就有如打仗一样，到底是坚持原则指导还是善于应变，企业家与职业经理人是有不同的见解的。所以，这里面就存在很多时候一方不能强迫另一方服从的问题。但是，如果企业家希望找一个灵活应变的人才，那么，引进真正的职业经理人是没意义的,因为他们不会为了迎合老板的趣味而投机取巧。

五、引进职业经理人的程序

在中国企业成长的过程中,不断产生着对职业经理人的市场需求。从既往的企业所有者、企业家与职业经理人的关系演进来看,磨合一直是这一关系的主要基调。当然,磨合过程也发生了一些合作失败的情况:新来的经理人因各种原因没有顺利完成预定的工作任务,甚至给企业造成了很大的损失。这引起了企业家对引进职业经理人的谨慎心理。实际上,在企业家与职业经理人之间的委托代理关系中,企业文化、治理结构以及引进职业经理人的程序,往往直接影响着合作的成败,而不单是由生产经营上的结果所决定的。当然,双方在责任和目标的界定上是否模糊或不切实际,也是合作失败的关键。此外,对职业经理人的作用在认识上的偏差,也会导致合作的破裂。例如,一些职业经理人不善于在人际关系复杂的环境下发挥作用,在这种情况下,试图由他们来改变企业不规范的现状往往会劳而无功。不少企业因为过于简单地对待该问题,结果给企业造成了很大的伤害和损失。

在企业引进职业经理人的程序问题上,应当审慎、严谨地对待。在引进职业经理人负责总经理一级管理工作的问题上,职业经理人要面对许多挑战:第一,企业家是否已下决心准备充分授权,不直接干预总经理行使权力。一些企业家在引进总经理以后,很容易与过去的工作方式发生冲突,造成失落感。实际上,除非企业家愿意调整自己的工作方式,否则,如果仍按原来的做法去干预管理事务,难免会引起冲突。第二,职业经理人要面对的是不规范管理的企业文化,人治的色彩浓厚。在这种情况下,能否有效发挥规范管理的作用,是一个值得慎重对待的问题。另外,即使发挥了规范管理的作用,企业仍面临着比财务或具体生产经营目标更为艰巨的文化上的变革，这难免会引起强烈的反对。第三，外来的总经理妨碍了企业高层其他管理者的发展机会，必然引起元老们的不满；在这种情况下，如果在管理中再要求改变元老们的原有做法，就难免会引起直接的冲突，所有这些都增加了工作协调的困难，使企业家面临着进退两难的局面。第四，由于是在变革中求发展，所受到的种种阻碍会使目标不能如期完成。实际上，引进总经理来进行变革，往往意味着企业在短期内可能出现业绩下滑的风险。第五，最主要的是，企业在引进总经理时，往往会制定超过原有能力的极高的目标，这样，新来的职业经理人就不得不采取短期行为，结果更容易激发矛盾。第六，新引进的总经理如果没有做总经理的经验，就很容易把目标瞄准业绩，而忽视综合的管理。第七，企业家与总经理双方往往缺乏在企业战略意图以及实现战略目标等方面的深入的沟通，这足以使大多数新来的总经理无所作为，甚至搞乱正常的生产经营秩序。

为避免盲目性，企业在引进职业经理人的程序上，一定要对各种潜在的风险进行评估，并采取循序渐进的策略。比如，可先安排他作为总经理助理（或人力资源主管副总经理）等的过渡性的职务，以评估他是否具有处理各种复杂事务和人际关系的能力。实际上，国内也很少有具有总经理经验的人选来作为职业经理人的候选人，大多数都是某业务领域里的专业经理；他们之所以来新公司应聘，诱惑力在于来当总经理。这也是可供选择的优秀总经理候选人较少的原因之一。

在中国，做好企业家与职业经理人双方合作前的心理准备是重要的。就所承担的职责和相应的报酬来说，职业经理人应事先讲明。中国人喜欢谈"感情"问题，导致在一些重要问题上很模糊，这对于职业经理人来说是不适当的。另外，要根据经理人的职业化程度做不同的授权和必要的监控。对于监控问题，要一开始就讲清楚，包括战略绩效考核、审计、用人审批和对员工满意度的调查等等。不能因为信任职业经理人而忽视了这些必要的程序。当然，这些做法必须透明而公开。可以正面建立企业家的信息渠道，但不能采取打小报告的方式来监控职业经理人；而是应形成制度化的监控。而职业经理人在一定程度上也需要进行对企业家的管理。企业家（包括部分作为最高管理者的职业经理人）是企业最重要的资源之一。这个资源应合理配置，以发挥他们的长处，并使他们能把时间、精力花在最重要的事情上。这不仅需要企业家自身的自律，也需要助手们的帮助。

当然，正式引进前的预演往往是不可缺少的。企业家引进职业经理人之前，应当进行必要的预演，就是企业家在引进职业经理人的时候，应当进行合理的测评，了解职业经理人应对新任务的潜在能力，以及应对元老们的能力。

当引入职业经理人时，企业家首先应让他深入地了解企业的具体目标、经营风格和制度结构，并且对企业存在的核心问题征求职业经理人的看法，以了解他的判断力。换句话说，就是一种沙盘推演式的交流。讨论的问题应当涉及对企业发展来说比较艰难的问题，包括这些问题可能造成的连锁反应等等。

预演的时候，可以要求职业经理人提问题。实际上，只有通过职业经理人的提问，才能知道他的关切点，也才能了解他的问题意识，并就此展开比较深入的讨论。一般来说，预演的内容应当包括两个方面，一方面是抽象的，一方面是具体的。假如应聘者拟进入企业，并且他是真正职业经理人的话，那么在抽象的层面上他会关注为什么需要一个或者几个职业经理人来打理，在具体的层面上他会询问具体目标、竞争对手的情况和企业家目前最不满意的事项等。

好的职业经理人不能仅仅考虑业绩，还要考虑企业文化；要能够培养接班人，培养优秀的人才作为梯队，这样即使在职业经理人离开之后，企业也具有持续性。因此，好的职业经理人具有自己一套分析问题和处理问题的方法，比如有的擅长制定战略，有的擅长成本控制，有的擅长扭亏等等。但是，假如是传统的企业引进职业经理人，还应当包括领导力的考核、怎样当教练和导师、怎样带团队等等。

企业家在主动挖人的时候往往容易急于求成而忽视预演的程序。俗话说，请神容易送神难，企业家对于这句话应该反复玩味，因为用人的失败往往是道听途说之后去挖人造成的。

企业家引进高级职业经理人进行改革，必须有一种不达目的不罢休的信念。因为职业经理人进入企业之后，特别是进入传统的企业之后，很快就会发现自己的处境很微妙。无论是职业经理人拿高工资还是所采取的新的管理模式，无论是搞改革还是获得老板的支持，诸如此类的事项，没有一项会得到员工们的喜爱和拥戴。可以说，职业经理人进入企业的任何一种做法，员工都可能看不惯。

习惯决定人们的行为。职业经理人进入企业之后遭遇的挑战直接来自不同的行为习惯，包括管理行为习惯。特别是随着职业经理人建立管理机制，意味着改革管理的风格；管理风格的改变，直接触动到每个员工的神经，因为员工不愿意改革已有的行为和做法。不仅如此，员工们还会做出抵制，或者阳奉阴违，或者我行我素，更甚者还会在元老的带动之下进行对抗或者刁难。这样就带来了两个大的挑战，一是职业经理人在企业里往往难以找到足够的支持力量，一个是因为改革而在短期内让业绩出现波动或者下滑。后者加大了员工对职业经理人的不信任感，反过来又限制了支持的力量和业绩的增长速度。

实际上，以上所说的两大挑战是相互纠结的。由于职业经理人在企业里遇到文化上的挑战和员工的敌视，就找不到足够的资源支撑业绩；而业绩的下滑更让员工看不起，进一步引发敌对情绪。所以，优秀的职业经理人必须对一般的企业文化、具体的企业文化生态以及如何调整企业文化有比较深入的研究，才会在适当的时机抓住机遇进行改革，而不是一开始就莽撞行事。

企业家和职业经理人实际上面对的是共同难题，或者说是一个难题的两个不同面相。可以说，企业家引进职业经理人之后，必然面临业务的短暂下滑。之后，还会导致一系列的烦恼，尤其是抱怨、分裂和激情消失的烦恼。因此，除非企业家下定决心，否则就不要轻易引进职业经理人。因为引进职业经理人之后，会带来很多冲突和暂时的混乱，会加剧企业家和元老们之间的冲突。

如果新进的职业经理人的业绩不振，企业家则会遭遇用人眼光不高明以及疏离战友等方面挑战或者压力。在挑战的构成中，既包括来自需要调解元老对职业经理人的反对和排斥，也包括因为业绩问题而感受到的压力。总之,挑战或者压力将来自方方面面。例如,其中一个看起来很不起眼的挑战或压力来自以元老为代表的员工反复的告状和抱怨,这样的结果在起初基本上没有太大的威胁,但是久了之后,就会让企业家厌烦,这种厌烦情绪不仅会持续给企业家带来压力,还会导致企业家怀疑自己决策的正确性。

多数企业所引进的高级职业经理人往往就在企业家生气的情绪化中黯然出局,而出局的结果损失最大的是企业家和企业。企业家伤害了元老和员工的感情,企业在改革中失败,不仅今后难以再次启动改革,而且已经造成混乱局面和业绩的下滑。

因此,要引进高级职业经理人,企业家自己就必须拥有一个坚定的、坚持到底的态度。既然引进职业经理人,假如问题或者冲突的责任不在于职业经理人而在于原来的员工,那么老板就必须支持这个职业经理人,否则,一开始就不应当引进职业经理人担任高管。

而一旦改革开始之后,企业家与职业经理人就站在了同一条船上,必须同舟共济。企业家应当宣示,只有改革才是企业发展、做强做大的出路。同时,企业家还应当说服一部分支持改革的员工支持这个职业经理人,因为优秀员工的支持是获得成功的关键。要做到这一点,必须是基于企业家对职业经理人的信心和信任上,是一种坚韧的抗击力的支撑。

企业家的威望是支持职业经理人顺利开展工作的一个关键要素。当然,如果他的支持仅仅停留在口头上,那是不够的,企业家还必须提出一些具体的办法来解决因为对抗而产生的业绩下滑:第一,企业家在引进职业经理人时,对于业绩下滑应有心理准备。第二,在短期内适当调低业绩增长目标,这个目标应当先由企业家继续负责一段时间。第三,企业家应当和职业经理人一起,与各个领域的业务骨干进行充分的沟通。第四,企业家要约束自己的副手,不能让自己的副手与反对的力量结合在一起。第五,发挥职业经理人的长处,在某个局部取得具体的突破。第六,一开始改革的力度不要太大,最好局限在部分领域。第七,做好应对业绩下滑的善后对策,包括保障员工报酬和福利的稳定性。特别是短期内不应当急于解雇员工,以免激化矛盾和损害士气。第八,一般来说,如果要引进担任

CEO 的职业经理人，最好同时再引进几个职业经理人，以避免 CEO 势孤力薄。

企业家必须改变自己的做事风格，才能与引进职业经理人的做法合拍。许多企业家事必躬亲，并且无形中认可下属直接对自己汇报，乃至将 CEO 看成是自己的下属而不是合作伙伴或者主要的经营责任人，这样就难以获得职业经理人的能力发挥和经营管理的完整性。或者说，传统的企业家的经营管理风格已经成为自己生活方式的一部分，他可能不愿意改变，而引进高级职业经理人，则意味着他必须改变。改变是一种痛苦，有时会妨碍采取行动。

引进职业经理人并且负责企业的主要经营工作，也许不是传统企业家所设想的双方合作的理想方式。我们可以合理地做一番预测。在一种情况下，假定职业经理人做得好，意味着企业家的部下必须仅限于向作为 CEO 的职业经理人汇报，自己的生活内容马上发生根本性的变化，甚至变得孤寂起来。这可能是企业家所不能容忍的。如此一来，假如企业家插手干预，变成双重标准，则是职业经理人难以容忍的，而且会导致经营的混乱。在另一种情况下，假定职业经理人做得不好，或者短期内做得不好，则企业家面临企业内部的巨大压力，也是难以继续合作的。此外，最关键的是，传统的企业家已经习惯于部下听话服从，对于不那么听话和服从的职业经理人，经常感受到行事方式的格式化，或者感受不到自己的权威性。引进职业经理人之后，就会发现和原来的管理风格、人际关系不再那么随意自然，也就失去快乐的感觉。

可以说，我们的多数传统企业家还没有做好充分的心理准备来改变自己，因而他们引进职业经理人的做法可能就是一时冲动，冲动之后就会后悔，甚至一味责怪职业经理人做得不好。在没有做好利弊得失分析的情况下引进职业经理人，通常的结果就是还没有调整好就分道扬镳了。因此，企业家改变自己是引进职业经理人并取得合作成功的关键一步。

此外，企业家需要与职业经理人之间建立一种权力分配的机制。职业经理人是一个职业道德方面值得信任的群体，这个群体的职业荣誉感很强，他们对权力的使用可能不一定符合效益化的要求，但是他们不会以权谋私。不过，当他们承担工作的责任时，就一定要获得相应的权力，因为权力与责任是对应的。而这种权力的获得和使用，必须建立在企业家和职业经理人双方乐于接受的范围内。所以，这里面关于权力界限的划定就有很多具体问题需要沟通。当然，这个事情最好在引进高级职业经理人时就能有个具体妥善的制度安排。反过来说，职业经理人进入企业，假定当上了CEO，也不要想当然，不要误以为自己就是经营的主要责任人。

不可否认，企业家如何在企业内部建立起良好的人才培养机制，是企业可持续发展的重要课题。由于目前市场中职业经理人的匮乏，也由于职业经理人进入新企业之后容易产生文化和管理方法上的冲突，作为一种比较稳妥可行的选择，职业经理人最好由企业自己来培养。一个真正的企业家的职责，是包括培养高级管理人才的。企业家需要以自己培养职业经理人作为一种重要选择。从历史上看，许多有为的政治家之所有没能完成自己的改革使命，在很大程度上正是因为在培养人才上出了问题。因此，企业家不能只是靠"拿来主义"，而是要主动培养、积累人才。至于培养人才的途径，可以从"赛马"与"相马"两种方法上得到启发。

六、家族企业与职业经理人

就目前国内引进职业经理人的情况来看，家族企业存在一些更具复杂性的问题。许多家族企业的老板面临着专业化管理的问题，他们也在有意识尝试提高管理水平。但目前对家族企业的一些研究，过于强调了比较理想化的建立现代企业制度的问题，而忽视了社会环境、文化环境等一些实际支持或影响企业变革的重要因素，以及规范化管理所需人才的市场状况。实际上，家族企业引进职业经理人，需要更审慎的评估和程序的合理化。家族企业在适当的时机应进行现代治理结构的改革。但是，寻找时机是一项重大的决策，需要审慎。也就是说，由于社会文化、法治化和职业经理人市场不发达等深层次因素的制约，家族企业的改制不能莽动和躁进。

家族企业作为一种管理机制有诸多长处。首先，家族企业成员之间存在着建立在血缘和亲缘基础上的较深的相互了解和信任，家族企业在创业时期具有较强的生存活力。其次，家族成员的管理，在治理结构上虽然所有权和经营权没有适度分离，但可以避免委托代理关系的高成本以及管理层内部控制等种种风险。再次，家族企业遵循传统式的管理，在管理上容易学习和在一定范围内容易把握。与其长处相对应，家族企业最大的短板是人力资源的瓶颈。家族企业大都倾向于将高层职位（及关键职位）留给家族成员。真正有才干、有企图心的员工，只因为不是老板的亲戚，在心理上就可能备受打击。他们要么辞职，另谋高就，要么就是开始消极怠工。

而家族企业引进高级职业经理人，确实是一个充满不确定性的事情。一方面，只要他们想做大企业，那么他们所需要的改革和人力资源开发都需要引进职业经理人；另一方面，一般的家族企业要做到规范化这一点，难度还是很大的。即便是一些国有企业包括很多国有上市公司也没有能完全实现这种规范化管理，在体制上依然采取权威化的能人管理模式。

家族企业的企业家要解决家长式的能人管理问题，就更需要改造企业文化。一方面要尊重标准，建立尊重标准而不是崇拜权威的文化。能人管理常常更具随意性，想法变来变去。这种管理方式会影响效率，还会影响人们的积极性，影响到员工对自己未来的预期。比如说，在企业对员工的激励方式或任务目标上，假如管理者过一阵子忽然改变了想法，把目标提高或降低了，或者承诺的激励因为业绩不够理想而不予兑现，这对员工与管理者之间信任关系的建立是很有害的。家族企业需要有一套基本的标准化的制度，并让员工及时明了、知晓这些制度；或者说，制度要有透明性，包括决策制度的透明度。这样，员工才能明白自己怎样做才能做得更好。尊重标准意味着老板愿意受到约束，特别是价值原则的约束。

因此，规范化管理的重点，一方面是老板或者大股东能够接受新的企业文化，另一方面则是促进团队决策。团队决策包含着民主化的要求，也是符合人力资源的本质。企业重大决策要通过董事会或者执行层，董事会和执行层都不应是某个能人的传声筒和喉舌。团队的决策要求决策者自主、独立、负责任，为了做好决策而全力以赴。这也是对一言堂或者类似一言堂的个人独断的控制和约束。总之，企业高层要整体上成为企业的领导核心，其中每个成员都是决策团队和执行团队的一分子，不是依靠一个能人，而是依靠一个优秀的教练组；不是崇拜一个明星，而是让群星闪烁。由此，企业家、老板和CEO等原来属于明星的领导者必须调整自己的定位和角色，他们是智慧的集大成者而不再是决策的个体户。

对家族企业而言，引入职业经理人本身是一场根本的文化变革运动。只有在家族企业已经建立了比较好的规范化企业文化以及企业家愿意做出适当的自我调整之后，才适合引进职业经理人，否则，被引进的职业经理人就难以发挥作用。当然，引入职业经理人意味着家族企业所有者希望提高规范化管理水平，而规范化管理可以通过建立内部培养职业经理人和从外部引进职业经理人结合的机制来实现。不过，由于目前市场中职业经理人比较匮乏，企业需要以自己培养职业经理人为主要选择。

家族企业需要经过变革、具备一定的条件之后，职业经理人才有在其中生存的土壤，才能发挥有效的作用。因此，现有的家族企业在引进职业经理人时，对于职业经理人究竟能发挥多大的作用，不能抱不切实际的幻想。同样，对于引进一些明星经理人也不能有幻想，更要深入了解他们究竟是不是真正的职业经理人。一些家族企业想一步登天，在缺乏各种条件的时候把改革企业的任务交给临时外聘的经理人，这是一种投机行为。例如，有的家族企业引进一个CEO来，折腾了一段时间，想把企业改变成规范化的企业，结果没有成功；在业绩上也因为其他员工的不配合而上不去。最后企业所有者把他赶走，但是企业的损失非常惨重，而且实际上所有的风险最终都是由企业承担的。不少企业都做过这种冒进的事情。这些企业老板当初的设想是，找个能干的人，把企业做得更规范一些，这样自己就可以更轻松一点，或者假如找来的人把业绩做上去之后给他更大的奖励也属于稳赚不赔，但是结果却大多不能如愿，甚至由此妨碍今后的改革，这就使企业所有者对职业经理人丧失了信心。

造成这种合作失败结果的原因很多，除了以上分析的企业老板自身因素之外，还突出表现在以下几个方面。首先，外面请进的所谓职业经理人并不一定是真正的职业经理人。企业所有者由此指责职业经理人"不职业"是没有道理的。其次，即使是真正的职业经理人，也不一定适合在他新进入的企业中发挥很好的作用。因为他可能不适合这个企业的企业文化，或者他没有和家族企业老板合作的经验。再次，之所以事情没有做好，可能是其他员工不配合，因为CEO抢走了他们升迁的职位，还要求他们做得更多。这样，他们不仅不予以支持配合，可能还经常捣蛋。老板也不一定有决心坚持到底。在一个缺乏合作资源的环境中，再能干的职业经理人也难以发挥作用。最后，企业的改革与发展需要很多优秀的人才，仅有一个职业化的管理者是不起作用的，依靠光杆司令来解决问题也是行不通的。实际上，仅仅试图通过请来一个CEO就改变整个企业制度和业绩的想法本身就是权威主义文化的遗留，是不规范的企业文化的折射。

因此，家族企业在引进职业经理人时，比较实际的做法是建立一个阶段性的目标，采取循序渐进的做法。首先，应当通过规范化、制度化的初步建设，使企业在现有的基础上变得更有纪律一点、更规范一点，再在这个基础上请进一个职业经理人来。或者家族企业自己培养出职业经理人。当然，假如是后者，不仅需要提高纪律水平，还需要建立人才培养体系，努力培养职业化的人才。同时，企业文化建设也需要跟上，使员工的管理行为更规范一些、更守纪律一些，人际间的斗争也更少一些。在解决问题时，大家都对事不对人，决策和奖励更加公开、透明。这些都是家族企业规范化改革中人力资源文化的一些重要因素。不规范的家族企业所有者不能指望职业经理人来帮助企业从很不规范的状态改变为比较规范，因为职业经理人本来就难以适应不规范的文化环境，也很容易遭受到排挤。其次，家族企业的所有者要能够辨别真假职业经理人。一些经理人对于雇主只是拼命地推销自己的业绩，炫耀自己的经历如何辉煌，而不是询问未来的责任和面临的挑战。这种经理人一般不是真正的职业经理人。除非企业所有者能够识别真假职业经理人，否则就没有意义。再次，并不是所有的职业经理人就一定符合企业的需求。一些企业要求经理人灵活应变，它与职业经理人坚持标准的做法之间存在严重的文化冲突。因此，假如家族企业仅仅需要一个灵活性强的高层管理者，就不需要引进职业经理人。再者，对于职业经理人进入企业之后产生的文化冲突应当有所准备，特别是不能忽视其他员工对于职业化管理的抗拒情绪和抵制态度。此外，外聘的职业经理人最好不要一步到位、直接就任 CEO。而是先从中层岗位引入。这样不仅可以让他们熟悉企业文化，而且可以避免直接引进之后其他高层管理者在薪酬上的连锁反应。假如某位新进的高层管理者的薪酬远高于老员工特别是元老中的高层管理者，就会导致这些级别相近的员工产生不满乃至不合作。最后，在引进高层职业经理人之前，应当先解决董事会治理结构改革和元老问题。除非这些基本问题都已经解决了，否则，引进职业经理人就会激发矛盾，造成分裂。

总之，家族企业引进职业经理人的问题是一系列的体制改革与文化变革问题。从趋势而言，家族企业需要建立内部培养职业经理人和从外部引进职业经理人结合的机制。引入职业经理人意味着家族企业所有者希望提高规范化管理水平，改变企业文化，因此，它要求企业所有者对于可能发生的文化冲突有应对方案，并且下定决心解决可能的各种冲突。除非家族企业已经做好了准备，企业家也做了相应的心理准备，否则就不能轻率地引进职业经理人①。假如引进职业经理人，就要进行其他同步的变革，否则，就会弊大于利。

---

① 家族企业可以采取相马和赛马相结合的内部培养方式来解决培养高级管理者的问题，这时就需要做出一条严格规定：任何家族成员都必须靠自己的能力争取高级职位。当家族成员和非家族成员同样都符合资格时，或许公司能优先录用家族成员，但是绝对不应该为了家族成员，而剥夺了更优秀的管理人才升迁的机会。

第十一章
领导者

领导者是具有战略眼光和整体思维的管理者。企业管理者成为领导者，需要培养领导素质和领导能力。

管理和领导是两个有层次差别的概念。从广义上讲，管理者包含着领导者，领导者是具有战略眼光和整体思维的管理者。但是，二者又有一些共通性。因此无论是企业家、CEO，还是其他管理者，都需要具备一些领导素质和能力。

一、领导素质和领导能力

管理者本身也需要成为一个领导者，因为他的领导能力是管理成功的关键。也就是说，管理看起来是一个非常技术性的东西，但管理得好坏却需要领导者具有某种素质或能力，包括懂得管理工具怎么用、如何才能做到管理得恰到好处等等，这些都需要具有领导素质和领导能力。

首先来看领导素质。在儒家文化中有一种提法，就是"培养君子"。而君子到了社会上是要做具体事情的，就是说，所培养的君子是要从事管理工作的。我们所理解的"君子"可能应是德才兼备的人，但儒家的君子概念与此有所区别：所谓的君子是一个自主地以高标准来要求自己的人。所以，这里的君子实际上更强调的是素质而不是能力，如果再加上对领导能力的要求就更完备了。这样，所谓的君子就是善于指明方向、引导人们共同取得成绩的人。也就是说，他首先是个君子；其次，他要能够指明方向、能够引导大家共同去取得好的成绩。这是我们传统式的儒家的管理者的概念。它强调了君子的一个很重要的特点：能够高标准地要求自己，不管是在道德还是才能上，包括其他的素质上。所以，如果一个人经常拿高标准来要求自己，那么，对这个人你就不用过多地操心去管他了，因为他本身就具有以身作则的力量。这是中国儒家传统的领导者素质的思想。

美国通用电气公司一个叫杰克·韦尔奇的，他所强调的领导者的素质对我们很有启发。他认为领导者需要具备三个基本素质、五个基本特征①。三个基本素质是：第一，诚实、诚信及正直；第二，要有才智、能够处理和解决问题；第三，心理要成熟，包括心理稳定、能承担风险、不会反复无常等等，这些心理素质都是很重要的。心理成熟，在某种意义上来说，就是理性化，这是心理成熟的一个很重要的方面。他所强调的五个特征是：第一，要有充沛的精力。领导者要取得成绩，就需要有充沛的精力。而要做到这一点，最好在性格上要比较乐观、进取。充沛的精力与一个人的乐观的态度、进取的精神是有关系的。首先要乐观，一个人如果总是想着不愉快的东西，就很难情绪饱满地投入工作；再就是要有进取精神，有进取心，才会有充沛的精力来干事情。第二，能够激励他人，因为领导者不是单干的。第三，要有敏锐、深刻的洞察力。洞察力十分重要。要透过现象看本质、要理解人，这些都是需要有洞察力的。第四，要有执行和干实事的能力。行动的目标是为了做好具体事情，所以强调要干实事。理论固然重要，但执行力也很重要。第五，要富于激情，并要执著、坚定。所谓的激情，既包括自己有激情，也包括能够激发别人的激情；并且要执著、坚定地去做，这是很重要的。

以领导者所需具备的诚信素质为例，它强调的是既讲诚实，又讲信任。杰克·韦尔奇和苏茜·韦尔奇在《赢的答案》一书中具体讨论了这个问题："诚信的逐渐破坏和消失通常有两种情况，第一，人们彼此之间不说真话。他们总是粉饰那些'坏'消息。他们想办法用各种难懂的术语故意淡化存在的问题，推托自己的责任。在组织里打造诚信的唯一办法是，公司的高层领导将诚信确定为该组织的最高价值标准，始终实践这一标准，并且对追随者进行奖励。扼杀信任的第二种情况是言行不一。同样，公司的高层领导是主要的责任者。他们要下属敢于冒险，但是在下属冒险失败之后却又暴跳如雷。他们同意减少营销开支，鼓励人们进行创新，可是年终销售额稍有下降，他们就对员工进行处罚，即使实际销售额相当不

---

① 〔美〕杰克·韦尔奇：《杰克·韦尔奇自传》，曹彦博等译，中信出版社 2001 年版，第 149 页。

错时也是如此。他们口头上大力提倡重视客户服务,但是为了完成月度销售指标,却将带有瑕疵的产品交给客户。最糟糕的是,他们一边信誓旦旦地强调着公司的价值观,一边又留着和奖励那些虽然完成公司任务却公然破坏这些价值观的员工。这些行为都告诉人们:我说的都不算数,换句话说——不要相信我。其实,打造诚信并不困难,你手中的工具就是语言和行动——还有二者的统一。"①

领导者除了杰克·韦尔奇所说的应具备上述素质外,还应具备前瞻性以及重视战略等特点。这些素质是必要的。因为作为领导者,应能看清自己在全局中的位置,然后才能谈得上去完成自己的任务。此外,在杰克·韦尔奇所强调的领导者所应具备的特征中,还包含着领导者以身作则的要求。下面来讨论一下领导者以身作则的问题。

二、以 身 作 则

我们知道,中国传统哲学对领导者的要求很讲究以身作则。尤其是在军队里,它既讲等级,又讲以身作则。所以,有些军队出身的人,他们在管理上的效果也不错。当然,中国传统中的"以身作则"比较强调道德榜样。儒家传统的说法是"君子之德风,小人之德草,草上之风必偃"。儒家的这种说法,其实也是在强调领导者要以身作则。

在我们传统的儒家和法家的文化中,有两种以身作则:一种是"人治"式的,以道德为主的以身作则;一种是强调维护制度的以身作则。领导者之所以要以身作则,是为了要维持制度的威信。因为有制度才能有效率;如果制度没有威信,就不会有效率了。此外,以身作则的内涵还有很

---

① 〔美〕杰克·韦尔奇、苏茜·韦尔奇:《赢的答案》,扈喜林译,中信出版社2007年版,第49页。

多方面，包括遵守规章制度、诚信以及对人的态度等等。所以，这里要区分两种意义上的以身作则。

第一种，是领导者的以身作则，这是固定不变的要求。我们过去有一种说法，叫做"上梁不正下梁歪"，其实也是对领导者以身作则的强调。比如说，当我们讲责任的时候，领导者应该首先反思自己：某件事情的失败究竟是自己决策错了、没有指导到位，还是员工执行错了；并要弄清是员工故意错了还是由于能力不及错了，或是有其他更复杂的原因。就是说，按照儒家的要求，领导者首先要反思自己。这种"反求诸己"的反思是很重要的。

一般来说，以身作则要求在做事时凡是该做的事情都要考虑在别人的前面。但是，这其中有一个例外，就是不要把这样的要求完全形式化。比如说，企业制定了八点或九点的上班制，而领导因为晚上经常要加班很晚，不可能早上也一样地按时上班，这样，员工就会觉得领导自己带头破坏规章制度。其实，领导应该把工作时间分为两种，比如一些人上午八点上班、下午五点下班，另一些人上午十点到晚上七点，由他们自己去选择。有了制度后，员工才知道，其实领导上班时间比我们长，他不会因为工作性质、任务的不一样，上班的时间就有所特殊。其实，强调上班的时间或纪律，主要是为了取得效果，所以并不是所有的人都要受同一种作息时间的限制。只要他在规定的上班时间里很有职业道德、有很好的表率作用，就达到了要求。就是说，作为领导者，并不是所有的事情都要做得与大家一样才叫以身作则；其中有些可以不一样，可以有例外的情况。但是，例外的情况，一定要用制度的方式规定清楚；要不然，人们都会认为是领导者破坏了准则。

第二种，是要发挥制度作为准则的作用。所谓的以身作则，"作则"实际上是需要建立一种标准的。这种标准，就要把以"身"作则与以"制度"作则二者吻合起来。也就是说，要言传身教。言传，谈的是制度；身教，就是一种行动。所以，以身作则还要求领导者对人们的行为具有引导性。领导者要想引导人们，有时候要通过语言去引导，但是，很多情况下是要通过他的行为来引导的。这种行为上的引导性很重要。领导者的行为必须有一贯的标准。如果没有一贯的标准，变来变去，那就是自相矛盾了。如果领导者反复无常，那么员工就会想，反正也看不出这个人做事有什么准则。所以，以身作则实际上是要求领导者的行为是服从一种准则。而这种准则必须统一，具有内在的统一性；这样才能具有引导性，能够引导员工去追求目标，按照领导者所引导的方向去努力。此外，在当今这样的一种学习型的环境当中，领导者的以身作则也不能停留在传统的道德的要求上，还要通过自己的努力学习、才智的提高，通过对职业道德的遵守来以身作则。这一点对大家的引导作用很重要。因为大家都有惰性，不愿意深入调查、学习或提高；而领导者，应该做得比别人更好、更深入，体现出自己在各方面的引导性。

所以，以身作则对领导者所要求的不是一个方面的问题。在以身作则问题上，领导者实际上是一个教练，是在做示范动作，同时也要在语言上给大家讲清楚，然后，作为领导者，其理论与实践又能够一致，通过这一切做法来起到榜样和表率的作用。当然，在这个过程中，领导者始终要用一种君子式的高标准来要求自己。否则，如果只是低标准的，也就起不到以身作则的作用了。

三、领导者常犯的错误

领导者也有一些常犯的错误，对这个问题应给予重视。领导者所犯的错误主要的有三类：

第一，领导常有与其权威所不相适应的行为，或者叫做滥用权威。唐代有一个叫做陆贽的人，他提出领导者有六个方面经常犯的错误：（1）错误就是总要胜过别人，好胜心很强，老是想凌驾于他人之上。（2）不愿意听到别人说自己的缺点，哪怕他人说的是对的。一听到他人说自己的缺点就不高兴，而没有想到别人帮助自己指出了缺点。（3）喜欢辩论。特别是喜欢与部下辩论。与部下辩论是一种很不好的情况。领导要是辩赢了，部下可能会不服；领导辩输了，领导自己难免会恼羞成怒。（4）总是觉得自己比别人聪明。这样，主观性就比较强，总是不信任别人，也不肯利用别人的聪明才智来为自己服务。（5）喜欢表现自己的威严。明明在许多情况下应该平等相待或去说服人，但领导者一旦自己理屈就抬出权威、呈威严，或声色俱厉，对部下不够平和。（6）拒绝建言、刚愎自用，比较武断，很难听取他人的意见。甚至别人对他的劝说、建议都听不进。如果领导者只会注重加强自己的权威，最后就会变成孤家寡人。老子说，善用人者为之下。为什么要处下？因为领导本来是处上的，你就压住人，什么东西都属于你，底下的人都不干事了，表面上怕你，其实骨子里没有激励，所以应该倒过来，叫做处下，好像自己离不开别人式的，以便得到支持。

第二，领导者常犯的毛病是不愿意受到必要的制约。企业第一要有制度；第二要有原则（比如用人的原则）。制度或原则肯定会约束到领导者，但是很多领导者并不愿意受到这种约束。而一旦领导者不愿意受到约束，那么下面的人自然也就不会受到约束。领导者不愿意受约束是我们中国的企业里最糟糕的一件事情。领导者之所以不愿意受到约束，是因为大多都存在着一种认知上的错误，即认为他所具有某种权力就意味着他应得的某种好处。实际上，领导者的权利（包括权力和利益）是要以责任为前提的，并且是与责任相匹配的。在社会上，我们看到，在行政提拔当中，好多人只看到了权利的好处，而没有看到所要承担的责任；而只有看到了所应承担的责任，才可能愿意受到约束。不能只想到权利，它总是与责任对应的。就中国历史来说，往往领导者的责任意识在逐渐地淡化，而权利意识却在逐渐地增强，这就造成了问题。

第三，领导者还有一个常犯的毛病就是喜欢听好话。一般说来，大多数领导者身边总是会跟着一些喜欢吹牛的人。这一点也是法家在历史上最为重视的一个问题，即领导者身边总是会有一些以阿谀奉承为务的小人。这些小人的目的并不是真的为领导好，他们是想利用自己的一些诡计，通过结党、通过对领导身边的一些人的威胁利诱，以及通过巴结领导（给领导小恩小惠、逢迎领导的缺点）等等，以形成一种势力。到了最后，就会形成"灯下黑",即领导看不到身边的人做坏事。这种"灯下黑"的情况会割断领导者与普通的员工之间的联系,甚至会导致小人一手遮天。在这一点上,领导者应该向唐太宗学习:唐太宗有时也想给他的皇亲国戚一些好处,但总是受到魏征的监督、劝阻。

因此,企业里应该多培养正直的人。领导者不能因为有人总是说好话,就对他特别好;如果有人不爱理你,你就对他有成见。如果领导者没有认识到正直的重要性,身边都是说好话的人,后果是会很严重的。发展下去,不干事的、或是坏你事的会越来越多。在领导有权威的时候还能压得住,但一旦领导者的权威削弱了,这些小人就会带来恶劣的后果。

四、怎样成为一个领导者

何谓领导者?很多人觉得,所谓的领导者指的都是那些高层的领导,其实不然。只要是达到了一定的素质,处于需要对别人有一定的指导性的地位的人,就是一个领导者。而最高的领导者,我们就把他叫做领袖,他是一个行业里的精英、顶级的领导者。管理者有很多,只不过有些人达到了领导者的素质,有些人没有达到这种素质而已。管理者,包括经理人、企业家,首先都要成为一个领导者。国内外很多大学专门设"某某管理学院",其实就是要培养领导或精英,或者说要培养领导者或领袖人物。这是它们的基本目标之一。

首先,要成为一个领导者,要经历两个比较大的转折。一个转折是从普通员工到领导者的转折,这是第一步。这个转折是非常非常重要的。其中包括在思维方法、做事方法上的一个根本性的转变。作为一个普通员工,只需考虑如何去履行个人职责就行了,这件事情相对简单,职责范围很清楚,基本上可以靠个人力量单打独斗地去实现,不会有太大问题。但是,一旦当了领导者,情况就不一样了。那些过去看起来很突出的一些个人做事的特点基本上都应该去掉。领导者应该考虑如何引导别人与他共同去做事，要避免人们各自为战，要把人们整合成一个整体。所以，领导者要思考的是如何协调、引导、发挥凝聚力的问题，他所要考虑的是一个由复数组成的群体（或者说团队）。领导者要知道团队的任务应如何分配、员工相互之间的关系如何来协调。过去当普通员工时，一个人可能会随意发表对他人的评论，但是一旦成为领导者后，就不能随意对下属发表评论了。否则，话语一旦传出去，你也就不像一个领导了。背后说员工的理长理短，这不是一个领导应当做的事情。

另一个转折是，领导者要学会用人。从这一点上说，不是所有的人都能当管理者或领导者的。比如说，一个人可能很善于搞营销，单打独斗他很在行，但如果让他来领导一个营销部门，他很有可能会搞得一塌糊涂，因为他什么事情都是自己动手。所以，作为一个领导者在用人上应该知"道"，必须识别和提拔那些有潜力的人。

其次，领导者要想成长，就必须要有一种整体观念。领导者应该在思维方法上获得提升，去塑造领导者所必备的素质。同时，从企业要实现的战略出发来考虑企业的整体利益，并提高自己的素质。也就是说，这时应从个人的业绩概念上升到把个人的业绩与企业的整体发展统一起来考虑的高度，要胸怀整个企业大局。这样，才能突破作为普通管理者在专业化的思维方法（包括价值观、眼光）及工作能力上的局限性。也就是说，即使只是一个部门经理，也要像企业家或总经理这样来思考全局，既要思考细节、思考部门所要承担的责任，也要放眼整体，这样才能称职，才会使自己的贡献真正地做到实处。一旦发现所做的事情与整体的利益发生了冲突，就应考虑调整自己的工作。这是十分重要的。

再次，领导者要懂得培养接班人。领导者有责任去挖掘人才、培养人才，要有能力和眼光去培养接班人。企业是靠人才梯队往上走的。没有人才，就什么也办不成了（关于人才培养，我们所提出的"倒决策"就是一种培养人才的方法，详见第八章第四节）。作为一个领导者，他的工作任务主要有两项：一是完成职责，二是培养人才。所以，培养人才应该占有领导者任务中非常大的比重。这并不是说的如何去简单地"提拔"人的问题，而是要去挖掘、发现人才，去帮助他们、培养他们，以真正达到发现或培养人才的目的。

就我国企业目前的情况来说，对人才的培养还是比较忽视的。对人才多是采取的"拿来主义"。从某种意义上来说，领导者是通过培养人才来成长的。不去培养人才就不会有接班人来接替他，而没有人接替他，下面的人也无法脱颖而出。一些领导者都不愿意花时间和精力去培养其他的下属或其他有潜力的领导者，其结果就是没有人能帮他、没有团队，最终变成了孤家寡人。此外，领导者不去做培养领导人的工作，自己的成长也会非常缓慢、甚至不成长。最终，就只能搞"武大郎开店"，而这是领导者在成长当中所忌讳的事情。在这一点上，应该向美国钢铁大王卡耐基学习：在每一个领域都应找到比自己聪明的人；找那些比自己聪明的人来一起干事情。如果老是担心别人超过自己，就无法工作了。所以，领导者培养领导者，就是要发挥他作为教练的才能、发挥以身作则的特点。

第十二章
人力资源管理哲学

人是企业最重要的资源,人力资源只有通过组织化过程才能发挥其积极性、主动性和创造力。

人是组织中最重要的资源，这是亘古不变的真理。古代贤哲所说的"无为而治"，其实主要是指的善于用人的管理境界。不过，无论是"姜太公钓鱼"、张良的故事还是三顾茅庐；无论是儒家教育理念、隋唐以后的科举制还是近代的教育改革，以往所关注的主要是人才以及人才的培养和选拔机制，而并没有把人力资源的系统开发放在足够重要的位置上。在知识经济时代，虽然"以人为本"已成为时髦的口号，但不少企业并没有深入领会"以人为本"的意蕴。而当企业经营管理者真正领悟出人的重要性时，企业人力资源开发以及市场对人才的竞争就会达到炽热的程度。

一、人力资源的新理念

人是企业最重要的资源，其前提是人能够发挥出创造性，并且是通过团队的方式来发挥其创造性的。其实，过去的"人多力量大"的观念误解了人作为一种资源如何发挥作用的机制，远不如"群策群力"的提法合理，因为后者显然更符合人力资源的本质。不过，群策群力也只是表述了人力资源的一个侧面。

如果从更为广阔的视野来理解人力资源就可以看到，人力资源作为生产要素与其他物质要素相比，具有显著的特殊性：其一，人力资源作为一种资源，它是天然归属于人自身的。因此，不应当被看成只是一种纯粹的被动资源，而是首先要作为人来看待。也就是说，必须尊重人，必须基于对人的基本人权意识以及人文关怀的态度，才可以更好地确立人力资源的地位。其二，人力虽然是一种生产要素，但对于组织而言，人力既是成本，也是资本，而且是不可替代的特殊资本（人力资本）。这种理念改变了只把劳动力作为成本的概念，而把劳动力视为最可珍贵的、不可替代的。其三，人力资源与其他物质资源不同，它是一种可再生资源。人作为可再生资源的概念，包括两个层次的意思：（1）它不是一次性使用的资源，可以通过学习培训、组织管理的方式，提高它作为资源的可利用率，从而远远超出第一次作为资源使用时的内涵。就是说，人力资源是可以内在地再生的资源。（2）它能够创造其他资源。它可以通过工具的发明，借助于外在的力量比如社会交往来弥补自身作为资源的局限性；或者说，它可以使自己力量得以延伸，从而成为一种创造其他资源的特殊资源。人力资源的开发，依赖于人的自主性和主动性。人力资源概念中的"人力"，更侧重于人的自我激励和组织激励，以发挥出创造性。只有充分依靠人自身的主动性、积极性和创造性，所谓"人力"才有可能有效调动起来。因此，人力资源概念中包含着"以人为本"的文化内涵。

在企业管理中，人力资源是个动态的概念，即劳动力之作为资源，是可以提高包括生产力在内的整体资源的使用效率的一种独特的资源。而作为提高各种资源使用效率的基础，人力资源的管理和开发具有基础性的地位。因此，人力资源的开发工作不只是一种静态的管理，而是一个全程提高、开发的过程。这种管理、提高和开发包含了一些跨学科的综合的知识、技能，尤其是包含了人文管理的知识、技能。总之，必须把人力资源工作从传统的人事管理提高到作为核心资源的开发与配置工作的地位；这对原有的人事管理部门提出了很高的（几乎是全新的）要求。

人力资源战略取决于企业的整体战略。但人力资源战略也有其自身的特点，一般而言，人力资源的战略是既要挖掘现有组织中的人力资源的潜力，同时又要保障人力的可持续的供给及其质量的提高。当然，认识人力资源的重要性是一回事，能否深刻理解人力资源的本质和把握开发人力资源的方法又是一回事。许多企业仍把人力资源部门的工作只当作档案管理或是救火队式的后勤事务，并不清楚应该如何组建团队，更没有实质性地经营人力资源。因此，对于缺乏足够准备的企业来说，人力资源开发已成为急迫的课题。

人力是通过组织化的过程来发挥作用的，因此，人力资源工作在本质上是一种组建团队的工作。只有发挥团队的协作、知识共享和智慧的集中碰撞作用，才能使得人力资源的整体性力量发挥出来。这也是将"小聪明"转化为"大智慧"的过程。对个体来说，能否使他的智力发挥出具有累积性的成效，并使他的智力成果与组织的力量协调起来、围绕核心目标发挥出具有内在一致性的作用，是职业化的核心。对人力资源来说，小聪明只有服务于集体智慧的成长并在团体中发挥优势互补作用，这才是大智慧的成长。

在企业管理中，对个体或团队智慧的资源整合工作是一种专门的工作。因此，有人把管理的工作视为有关人的工作，把管理的境界称为无为而治。无为而治并非真的无为，而是要因人任用，善于发挥人的积极性，避免事必躬亲，真正做到把人力资源的开发、管理作为主要工作，

二、职业化的人力资源文化

为了更好地把握人力资源的新理念，需要温故知新，并做一些追本溯源的工作。前面分析到，人力资源的管理和开发，从另一个侧面来看，也可以说是一种文化活动。因此，需要对于构成人力资源基础的文化特性予以充分的理解。实际上，这也是对管理的组织文化作为人力资源发挥作用的平台的认识。

我们的文化传统中有一些与现代人力资源相对应的思想和文化。从对人要求的基本方面来说，"德才兼备"是一个适合于现代用人要求的观念。这里的"德"是指履行职业职责的伦理资格，而"才"则是实施或完成职责所需的知识、技能。传统文化中对于用人的伦理要求的重视是一个影响深远的理念。不过，在传统精英文化的用人理念中，对于伦理上的要求制定了极高的标准，对于伦理与才能两方面，突出地偏向了伦理的价值。而对其他各种社会职业中的伦理、技能上的要求，对职业荣誉感和负责精神的强调，与现代职业化要求是十分吻合的。例如，传统的一些匠人、技工、艺术家等都在不同程度上体现出了职业化的要求，并创造了辉煌的

成就。

中国历史上的军事与政治上的用人智慧，对今天仍然具有重要的借鉴作用；对商业活动中的用人方法，也提供了重要的启发。此外，传统文化中对于决策的严谨性的重视和参谋参与决策的决策意识，也可提供重要的借鉴。

从整体的组织文化来说，过于注重个人成功的文化，会阻碍组织协调作用的发挥。但是，在以群体为本位的文化传统背景下，在所谓的"集体文化"或"合群"的观念中，并没有给予个人价值的实现以充分的空间。这种观念常强调在某种权威下所建立的秩序，而不是在自主、公平的竞争环境下的个人智慧、才能的充分发展和各成员彼此间的协调。

因此，今天的人力资源文化，在许多方面被赋予了新的内容。其一，对德才兼备的概念有了新的理解。不应抽象地认识和评价人的"德"与"才"，而应在组织行为等具体情境中来认识它们。例如，一个理想主义者的"德"或一个自尊心过强的人的"德"就不是组织所需要的德；而"满腹经纶"也不一定就是组织所需要的才。就此而言，组织对一个人的"德"、"才"的要求可谓具体而微妙。其二，个人和集体（组织）都受到了前所未有的重视，包括个人责任、自我实现、个人意志和集体力量等等，都不再是原来笼统的内容；集体力量并不是简单地意味着"人多力量大"，或者是简单地强调"个人利益服从集体利益"。其三，知识和能力、理论和实践等观念具有新的含义。一个职业者必须具有能力（或者将知识转化为能力），而能力的培养离不开实践。但这也并不意味着就要走向急功近利的唯职业能力主义。相反，在重视能力的观念上，与大多数人理解的不一样，应重视作为方法的知识以及对用于完善方法的理论与实践能力的提高。

人力资源管理的基本工作，除了人事服务之外，最主要的任务应是使企业所有人员达到职业化的要求。人力资源配置的关键不在于员工是否普遍具有高学历或丰富的经验（虽然这些也都很重要），而在于其职业化的程度；或者说，在于其对职业的忠诚度和进取心、相互之间的配合、完成工作的熟练技能以及是否具有职业荣誉感等方面。

职业化的伦理，其中的职业道德不仅要求具有尽责、忠诚、审慎、勤勉和公正等基本素质，而且要求对自己的职业技能的提高富有责任感。因此，职业化的员工在自己的技术技能领域永远是学习型的，他对自己的技术、技能的要求没有止境。职业化的力量来源于团队，它要求在团队中发挥个人的职业技能。因此，除了对知识和熟练技能的要求之外，还要求具有合作的意识与技巧。由于职业责任的实现是在团队中完成的，因此，必须使团队成员之间具有相互了解能力。对企业来说，其基础工作之一就是要对经营管理以及各部门的工作有基本的了解。

职业化的人员珍惜自己的道德、技能，更会自觉地围绕组织目标来开展工作；他不会为了实现自己的理念而把个人意图置于组织目标之上。尤其是在团队合作中，个人对团队的义务总是要优先于个人意志的实现。譬如说，职业经理人是企业所有者的代表，他不只是获得了行使某些权力的授权，更主要的是在工作目标上体现了委托人利益优先的伦理责任。当个人理念与组织目标发生冲突时，组织目标应具有无条件的优先地位。职业化要求在涉及重大事项的工作和决策中，保持审慎的态度，对机遇及其风险的评估具有合理性，剔除投机心理，避免不可预期的冒险。为此，对于决策的信息采集具有高度的要求。职业化要求在管理中标准清晰、行动和信息公开透明，以在做重大决定时保障有效、严谨的决策。此外，为了保障高品质的工作质量，还要善于从他人的成功与失败中获得借鉴，并善于从自己的工作中总结经验。

职业化的员工对工作有完满性的追求。在实现工作目标方面，他会努力达到最佳结果。因此，他会思考、选择和比较各种可能的方案，以选出最佳方案，以实现目标。在工作没有完成并交接之前，他会善始善终地负责到底。把事情做到位、做到底，是职业化工作态度的要求。

遵守组织纪律是职业化的一个重要方面。在组织中，职业化的人员在优先考虑了职责范围之后，才会慎重行使自由裁量权。组织纪律要求职业化的人员不要自由随意、擅自主张，而是根据组织规定的规则（包括权力行使的次序）来进行判断、决策，并最终完成任务。纪律是对各种"小聪明"及"离心"行为的抑制；它能使得组织资源向着可预期的目标展开。

由于在目前的高等和中等教育中普遍缺乏有关职业培训和职业化的教育，因此，企业在员工的培训方面需承担起一定的责任。在让员工争取效益的同时，企业应对员工进行职业化的培训，尤其是对新进来员工，更需要进行系统的职业化的培训。

三、团队及其悖论

"众人拾柴火焰高"、"众人摇桨撑大船"之说是团队精神的形象写照。今天，人们对企业中的"团队"、"团队精神"等概念都已耳熟能详了，团队对中国人而言似乎已不陌生。但是，由于缺乏对"团队"的具体内涵的把握，过于提倡某种精神或伦理意义上的"协作精神"或"集体意识"，往往曲解了"团队"的本质，这也使对"团队"问题的种种理解变得越来越玄虚、抽象甚至不着边际。

团队是由少数有互补技能、愿意为了共同的目标而相互承担责任的人们组成的组织。团队通过有效的内部协调而成为一个有效率的整体，并且发挥出比单个个人力量的简单相加更大的威力，或者说，它实现了 1 + 1 大于 2。但是，当人们强调 1 + 1 大于 2 时，却忽略了这个"1"究竟是大 1 还是小 1。假如是小 1，那么，1 + 1 大于 2 也只能是空想。因为作为团队成员的素质或履行职责的能力，是个非常重要的基础。团队成员只有在团队的结构中，才能经由该个人所能承担的责任及其履行职责的能力，看出他究竟是大 1 还是小 1。举例来说，一个高学历的人在体力劳动的团队中他可能就是个小 1。此外，一个现在是小 1 的人今后有没有潜力成为大 1，是需要某种条件的。总之，作为团队成员的个体素质是需要考虑的第一个要素；其次是团队需要把它的目标、任务分解或分派到具体的成员。

团队建设首先依赖于团队中的个体成员的素质（包括职业化程度等）以及团队中的每一个成员是否都能够胜任作为团队成员所应担负的具体而

明确的职责，而不是抽象的"团队精神"。或者说，团队精神的基础是个人以及个人的责任；而不是首先强调某种"协作精神"或"集体感"。团队是一种履行共同的组织目标的具体组织，这种组织能否履行责任，首先取决于团队中的成员是不是各就各位、恪尽职守，并胜任角色。管理学中的"木桶"理论是对这一问题的一个很好的说明：木桶的容量取决于最矮的那一块木板。因此，无论"团队精神"有多好，如果团队成员中有人因为能力差或责任意识薄弱等而成为"矮子"，那么，整个团队很可能就会成为一个无所作为的组织。因此，团队的首要事情是要寻找到适合团队中的不同角色的个人，并保障这个人能够职业化地履行他所承担的团队中的具体任务。这也就要求团队的管理者应当学会将责任落实到个人。当团队中的某个成员落伍时，首先不是让其他成员来支持他，而是让他自己利用工作之外的业务时间去做相应的自我提高，也就是说，他要付出比别人更大的努力；其次是调离工作岗位，换上合适的人。只有在该成员只是临时需要别人帮助，并且能够在短时间内就能够达到几乎不再需要别人提供帮助的程度时，才有必要鼓励（或要求）团队其他成员来支持该落后成员的工作。

当然，团队中的个体成员必须具有相互配合的意识，以保证自己和其他成员能够完成组织的具体任务或目标，这也是职业化的要求中所包含的伦理责任。企业聘用员工，并非让员工孤立地行动，而是要规定具体职责，其中就包含着相互配合的义务。因此，企业中的团队精神，是一种很具体的责任，而不只是一般地提倡协作和个人奉献。即使在团队中提倡相互帮助，也只是指每个人在完成可分解任务的同时，把共同完成团队内不可分解的工作看成是自己的当然职责，而不只是简单地提倡"无私"地帮助别人。尤其重要的是，管理者在组织团队时，应合理地使团队成员以履行自身责任为主要目标，同时使得每个成员的利益与相互之间配合的效率挂钩。团队中最忌讳的事情（也是企业领导最忌讳的事情），就是把心思放在提倡某种抽象的精神上，而忽视团队建设的技巧，尤其是不宜把模糊笼统的训条当成团队管理的核心事项。

确认团队是一种基本的组织，具有重要的意义。现代管理学与组织行为学中的团队管理,其基本技巧和管理形式都受到战争及体育赛事的组织行为的启迪。二战以后,不少退役军官参与了企业等组织的管理,对企业的团队建设做出了很大的贡献。现代的一些管理学家,结合体育运动中的团队(包括棒球、网球、足球、篮球等等),以及人文艺术中的团队的组织管理建设来研究企业团队的建设问题,促使人们更加深入地认识团队组织以及企业中的团队的特点,在如何体现团队的智慧方面提出了新的见解。

企业中的团队是围绕实现某种经营目标而组建的组织,因此,首先组织的目标需要明确。同时,团队内部要有具体的责任或任务划分,以便体现众所周知的"责任到位"的要求。团队成员的个人责任的具体化,以及使个人责任围绕组织的目标来展开是十分必要的。以军事为例,如果将士们没有真正全面贯彻组织的意图,没有把组织意图的实现作为自己的最大责任,那就难免会出现"兵败如山倒"的结果。目前国内的一些职业经理人之所以被认为还存在很大的不足之处,也是在于他们对组织的意图、目标的内化不够,过多地倾向于按个人兴趣、意图来安排、处理事情,从而偏离了组织一致性的原则。

团队成员工作任务的具体化以及协作流程的设计至关重要。个体成员所履行的职责并不只是所划分出来的单个孤立的任务,它包含着需独立完成的具体任务、需共同合作完成的配合性的任务以及需要跨团队配合的任务等诸多方面。其中的每一项任务都应是可考核的任务。为了完成独立职责之外的任务,需建立起团队内部的流程,流程的建构应按照效率原则和团队精神来进行。流程包括对内的和对外的两个方面。对内的流程需要很深的默契,特别是一些有着动态化流程的团队,需要很长时间的磨合才能使得相互协作逐步深化。与其他团队成员之间实现相互默契,也是每个团队成员的职责,是职业化的要求之一。

企业中的团队对外的默契需要首先解决团队间的责任归属以及团队合作的激励机制问题。现在有一些团队(如企业的部门)很容易流于部门主义,因此,企业内部的部门之间往往形成一个管理真空的"垃圾地带"。可以说,对需要团队间相互配合的任务落实、具体责任归属以及协作流程，是当今许多企业所面临的重大管理课题。一方面，需要让团队之间、部门之间相互了解各自的工作内容及特点；另一方面，要具体划分责任归属（不是笼统的归属，而是具体任务在不同情况下的具体责任归属），并保障与责任团队或个人所承担的其他任务不相冲突，同时须提出保障具体任务得以实施的约束、考核机制，以及其他具体的激励机制。

为了使团队在流程中的配合得以提高效率，团队需要建立一个信息共享的平台，包括共享基础知识及某些信息的平台。任何一个团队的建设，都需要有管理方面和专业方面的基础知识。管理方面的基础知识有助于保障团队之间的配合以及企业作为大团队的运作效率。没有知识平台的团队将是低效率的。企业作为团队，其中所有员工都应当具备一些重要的管理和沟通方面的知识、技能。在此基础上，不同层次的团队还应具备完成任务所需要的某些关键的知识或信息，以实现相互间的默契，保障组织目标的有效实现。与此相关联的是，员工职业化的问题再次呈现出重要性，对员工职业化的训练应成为团队建设中极为重要的基础性的工作。

团队成员之间需要相互信任，强调相互依存的关系。企业是个大团队，需要在所有者与员工之间、管理者与普通员工之间形成一种互相信任的关系。例如，日本企业文化中的终身雇佣制虽然在今天看来有一些弊端，但其发展了相互忠诚和强调承担相互责任的伦理观和企业文化，从团队建设和企业伦理的角度来说，仍然是非常值得借鉴的。相反，我们的一些表面上看来是提倡集体主义的企业，有时反而成为缺乏个人具体责任归属、并且缺少企业与员工间的相互忠诚或信任的组织。

企业是由不同团队组合而成的大团队。不同的团队有不同的特点或特性，需根据其特点或特性来采取有针对性的团队管理办法。如对专业知识人员的团队和营销人员的团队需要不同的管理方式。在知识经济（或者又可以称为活动经济）的时代，专业知识人员，包括高级技术人员、战略策划人员以及其他研发人员等等，在企业中所起的作用越来越重要。因此，如何发挥专业知识人员的作用，就成为管理学上的一个重点课题。许多对企业有用的专业知识都储存在专业知识人员的大脑中。专业知识人员的工作在某种意义上来讲是靠自觉性来完成的。因此，对专业知识人员的管理，以及由专业知识人员组成的团队的管理，是一个富于挑战性的任务。

从总体上说，专业知识人员具有一些与体力劳动者不同的特点，包括对专业的理想较高，如一些技术人员希望实现自己科学发明的抱负，一些艺术家渴求完美并希望突出自己的艺术理念；通常这些专业知识人员的市场意识相对较薄弱，主观性（或者说个人化）的特点比较突出，在相互配合方面更容易出现纠纷，沟通也比较不易。虽然其中的一些人的悟性较强，但也容易钻牛角尖，有时还存在文人相轻的现象等等。此外，专业知识人员对于本行的权威之外的管理者也常有不服。鉴于以上这些情况，需要有既懂专业又懂管理的人才才能够担负其具体的管理专业知识人员的任务。

针对这些特点，要求管理者在管理专业知识人员时，要注意这种特殊团队的管理方法。首先，专业知识人员需要接受管理常识的培训，以使他们真正融入企业这种对他们来说区别于科研机构的特殊团队。其次，要围绕具体目标进行管理，将考核内容具体化。由专业知识人员组成的团队中的责任容易模糊，因此，在团队中要明确权利与义务。要注重任务的具体化，并要有严格的赏罚标准。责任的考核要严格按照标准进行，并明确相互协调过程中的责任。再次，要以发挥个人长处的正面激励为主，并在激励方式上实现多样化。最后，专业知识人员作为高层的一员参与企业管理时，不宜作为最终的决策人，以免过于追求专业理念而忽视整体的战略目标的实现。

就文化艺术类的公司来说，其中的人力资源开发是一项复杂的工作。通常，在团队工作中，艺术家之间的合作、艺术家与企业家之间的合作总是有相当难度的。另外，在经纪业务中，也有艺术家是否配合经纪人的安排这样的难以管理的问题。

四、企业人力资源总监

　　人力资源管理是一项高度复杂的工作，因此，对管理者的素质和技能都提出了很高的要求。特别是负责人力资源的总经理或人力资源总监，要负责除直接选拔接班人以外的人力资源的主要管理、开发工作。为保障工作的开展，他应当得到足够的授权。

　　人力资源总监应当对企业的内外环境十分熟悉。不仅熟悉企业战略、企业文化、企业用人趋势，熟悉人才市场的行情，而且应当熟悉企业所在产业的发展趋势及核心技术等等，以便围绕目标管理的要求为企业建立人力资源战略。因此，人力资源总监应当相当于企业的一把手，是一个"虚拟总经理"，具有全局眼光和战略性思维，并在人力资源管理、开发方面具有前瞻性。

　　人力资源总监不仅应当得到授权管理的权力，对于自己制定的人力资源发展计划有主导权，而且应当通过自己的工作展现能力，在员工中树立起威信。人力资源总监在工作职责的范围内应有充分的权力，这种权力不能轻易被企业总经理们所替代或取消，以便保障赏罚机制的建立和实施。然而，人力资源总监的权威不是一种荣誉，而是一种责任。因此，他不会也不应当把权力作为树立个人威望的工具，而应是为了工作的方便、为他的工作服务的。因此，员工不必为了保障自己在企业中的利益而巴结人力资源总监。正如员工不必为财务支出或报账方便而巴结财务总监一样，员工在晋升和激励方面也不必巴结人力资源总监。因此，对人力资源总监在职业伦理上有很高的要求，包括行使权力时要做到公开、公平和公正。应建立起对事不对人的管理制度和监督机制，使得人力资源总监能自觉地在工作中根据标准和规章制度来实行考核和激励，而不是根据对员工的个人好恶。因此，人力资源总监应在完善的规章制度下工作，并且应参与制定有关规章制度。

　　人力资源总监还应是人际沟通的高手,应成为企业一把手与员工之间以及各部门之间人际关系沟通的桥梁。他应有比较娴熟的人际协调能力和处理技巧,有很强的说服力,如在处理对当事人利益不利的事情时,他的处理方式应容易为当事人所接受,避免造成伤害。

　　人力资源的管理要求有很灵活的手腕,但整体上不能偏离制度基础。必须在具有内在一致性的政策基础上来开展工作,并尽量减少由于职责不明所造成的漏洞。因此,从整体上来说,应当通过制度的完善来实施管理。这就需要人力资源总监与企业主要领导一起对人力资源制度不断加以完善。实际上,具有公平的竞争机会和分配机制是人力资源制度的核心要求。正因为人们容易因复杂的人际关系和个人好恶倾向而行事,所以,制度基础就显得很重要。

　　对人力资源的管理一方面要落实在制度上,另一方面则应通过建设企业文化来加强。因此,人力资源总监应该熟悉企业文化的特性,并善于利用企业文化来贯彻人力资源政策。人力资源总监通常拥有很好的管理企业文化的工具和手段,他应通过这些工具和手段来建设和完善企业文化。同时,人力资源部门应把企业文化落实为具体的政策和制度,并通过绩效加以检验。

　　以上对人力资源总监的素质和技能的要求表明,人力资源总监的作为很符合职业经理人的特征,同时又要求他比其他的职业经理人更具情商及沟通能力。

五、企业高层团队

　　德鲁克认为,企业最高管理层的职责包括三个方面:维持企业经济生存力的责任(即维持企业的盈利能力、占有市场和生产产品方面的责任);

组织和有效使用企业人力资源的责任；保障最高管理层自身充分、有序接班的责任①。可以说，所有这三方面的责任都涉及决策的问题，而不是执行决策的问题。

对于企业高层管理工作来说，团队是最好的组织设计原则。企业高层团队建设在团队建设中具有重要地位。根据对管理历史的考察，成功的企业总是具有一支在卓越企业家领导下的优秀团队。因此企业家的团队意识，是保持团队凝聚力的决定性因素。这不是一般意义上的分享权力，而是一种团队文化②。在一般意义上，企业高层团队所需要做的，大都是关于未来而不只是关于现在的资料、信息和刺激，而且是关于整个企业的而不是关于企业的某些部分的。因而企业高层团队的建设主要包括：发挥高层团队及团队成员的关键作用，制定适合企业的发展战略，确保决策正确并执行，培养接班人，总结并提升企业经营智慧（包括总结企业的商业模式），等等。现在，不少企业的高层管理者并没有真正发挥出作为高层在制定战略、重大项目公关、培养人才等方面的关键性作用。又如，在调查研究中我们发现，不少企业在培养接班人方面因不了解培养接班人的方法而陷入误区。许多企业在引进职业经理人时仓促行事，既没有做充分的论证，也没有在有关的职位和工作内容等问题上做过渡性安排，结果，在新任总经理上马"折腾"一番之后，难免会留下惨不忍睹的残局让老板去收拾。这不仅会给企业造成直接的经济损失，也会给企业今后聘用职业经理人带来很大的负面影响。由此而言，培养接班人是企业高层之管理职责的重要内容之一。例如，国际上的一些大型企业通过猎头公司或者以和猎头公司相近的方法聘用高层管理者的做法，就是因为培养接班人是高层团队的核心职责之一。

做好重要决策以及对决策过程进行有效管理也是企业高层团队的核心职责。德鲁克认为，"高层管理的基本规则：（1）如果某项工作能够由其他人去做，那就不应该属于高层管理工作。当然，只要分析一下具体作业

---

① 〔美〕德鲁克：《新社会》，上海人民出版社2002年版，第260页。
② 洛克菲勒与其助手的关系提供了紧密合作与默契的典范，参阅〔美〕荣-切尔诺：《洛克菲勒——一个关于财富的神话》，海南出版社2002年版，第224—226页。

工作是否属于关键活动,就可以把绝大多数具体的作业工作排除在高层管理的工作之外。这是因为:高层管理绝不应该从事关键活动以外的工作。(2)进入高层管理的人应该放弃他们以前从事的职能工作或作业工作,把这些工作移交给别人。否则,他们仍旧是职能人员或作业人员。"① 从企业的结构和组织上来看,基层管理者才是所有权责的中心,高层管理工作是基层管理工作衍生出来的,只有基层管理者无法亲自完成的工作才会向上交由高层管理者来完成。职能工作或事务性工作不应划入企业高层管理的范围,企业高层主要的职责是善于做出重要决策。因此企业高层的决策水平和对决策的执行能力决定了企业的经营素质。企业中的不同层次的人员担当着不同层面的决策。而企业高层则担负着做出战略决策的使命。"这些决策所涉及的要不是想弄明情况,就是想改变情况;要不是想查明有哪些资源,就是想了解应该有哪些资源。"② 假如没有很好的关于发展方向的决策以及决策管理的流程,企业很容易主观武断,因决策的随意性而导致企业陷入困境。由于不少企业的老总常常事必躬亲,结果不仅没有时间进行战略决策的思考,而且也损害了部下独立决策的积极性、自主性。其结果是,当这些下属某一天被提拔到企业高层管理岗位上时,就会因为决策能力上的欠缺,而不敢承担决策过程中的风险和责任。长此以往,企业就会逐渐丧失领导团队的综合能力。

　　高层团队的决策管理,决定着企业的命运。虽然决策总是由企业高层做出的,但在其管理上却常被忽视。例如,在董事会与经营班子两个层次上,究竟谁做主要决策,决策的流程如何,常常让企业界人士感到困惑。如果由董事会决策,则董事会往往不了解经营第一线的实际情况,也没有对市场的敏锐感觉;如果由经营层做出,则总裁们的权力可能会变得过大(既做决策又做执行)。因此,在美国等发达国家普遍采用了 CEO 制度;CEO 相当于半个董事长(决策方面),半个总裁(在执行方面),解决了两层皮的问题。根据我们的研究,就董事会的职责而言,它不适于做决

---

① 〔美〕德鲁克:《管理:使命、责任、实务(责任篇)》,王永贵译,机械工业出版社2006年版,第14页。

② 〔美〕德鲁克:《管理的实践》,齐若兰译,机械工业出版社2006年版,第404页。

策；它更适合于对CEO或总裁提交的战略计划、重大决策进行评估，并监督总裁对战略计划的实施情况。因此，董事会是监督高层管理、向其提供咨询、检查其决策并指定其成员的机构。董事会不能仅仅监督经营班子的行为，还要具有对决策进行评估的能力。好的董事会总要有一些具有企业管理经验的其他企业的董事长来担任独立董事，以便对总裁提出的重大决策进行评估。目前国内上市公司在独立董事制度上已取得了一些突破，但对董事会提高决策评估能力以及独立董事对企业重大决策提供参考方面却没有予以足够的重视。

高层团队建立决策的参谋机制是非常重要的，这样可以避免主观武断的拍脑袋式的决策。那些对产业和企业有研究的董事会中的企业家、学者，高层团队中的成员，以及外聘顾问，均可以构成决策科学化的力量。因此，高层团队在决策流程中首先应当建立参谋机制。这一点可以在传统军事理论和实践中得到充分的印证。当然，参谋人数不能过多，更不能形成官僚系统，或者形成参与弄权的班子；同时，参谋也不能做最终决策。在关于企业经营决策方面还应特别注意：专业知识人员不能拥有最终决策权，因为专业知识人员或多或少会把自己的专业理念包含在对事物价值的判断中，从而会影响经营决策的独立性。但是，参谋与专业知识人员不同，参谋对决策表达反对或其他批评意见时，应引起最终决策者足够的重视。

在讨论决策的过程中，高层团队切忌事先就让某一种论调支配决策过程，此外，要防止形成简单化或权威化的一边倒的倾向。应对正向决策进行反向论证，避免只看到好的一面，而忽视决策在未来的执行中潜在的不利因素（或风险）。决策班子对决策展开论证与批评可以为决策的完善提供更完整的智慧，这一点与企业家最后拿主意的权威可以并行不悖。

对每一次重要或重大决策进行总结，是提高决策水平的有效途径。每次决策都应做相应的记录。通过对决策过程（包括赞成与批评等）、对结果的预期与实际结果的比较，以及对决策的执行等情况进行总结，可以从中发现决策及其执行的经验。对每次决策及决策预期所进行的评估、检验，将使得决策过程成为一项智慧成长的活动。

六、企业员工的培训和培养

企业员工的培训,是企业人力资源开发工作的核心课题。培训是培养员工的职业化(包括相应的知识或技能素质的提高)的一个综合性工作。一方面,企业在新进员工和进行新技术开发等情况下需要对员工进行基础的培训。另一方面,员工在经过一段时间的工作以后都将面临知识更新的问题,需要调整知识结构。例如,当许多企业开始发展电子商务时,就需要拓展专业知识,而这些知识的拓展对软件工程师来说常常是重要的。从市场发展的角度来说,知识更新也需要企业员工跟上时代的步伐。因而培训的基本目标,一方面是对员工职业化素质的提高,另一方面是专业技能的提高,二者是员工成长的重要组成部分。

但是,当前大多数企业在培训上都局限于短期、技术性、局部性的培训,所以,在培训的内容设计和结果上也常乏善可陈。在内容上,首先,对所有的员工都应当进行培训经营管理最基本的常识和部门分工的培训,使得员工之间的工作性质互相明了,团队之间在工作上得以协调,以奠定沟通与协作的基础。企业内部的知识交流是培训的重要组成部分,其目的不仅在于促进相互了解、配合,而且为员工成长、岗位轮换等奠定基础。在培训时,应有内部人员参与主讲,主持部分培训内容。其次,员工应当对企业发展战略和企业竞争力有充分的认识,对于如何围绕战略开展工作有全局性的观念,对发挥企业长处有积极的态度。再次,应对团队的管理技术和团队之间的配合进行案例分析。团队的管理技术(包括有关的协调指导能力),是搞好团队建设的基本保障。最后,应该选择行业内优秀企业作为案例做深入的研讨和分析,尤其是就技术和管理层面的问题进行分析,同时也对一些失败的案例进行分析。

这些培训按门类在不同的时间段进行。与其缩短培训时间,毋宁减少培训次数；但一定要达到预期的目标，避免浅尝辄止。同时，每一次培训都应做到精细化，包括准备工作、事前调查，以及事后评估，以为下一次培训积累经验。在培训前，最好安排讲师与部分员工进行初步交流，以使讲师能够熟悉企业的状况（包括企业文化）。当然，企业也要对讲师提供尽可能详细的情况，以使讲师能够对企业的基本情况有一个初步的了解。

培训是员工成长的一个重要方面，也是企业发展的内在要求。在培养企业管理者方面，应形成不同层次的培养计划。初级或基层管理者应培养独立完成工作的能力、战略思维能力以及领导团队的能力。中级或中层管理者则要培养独立决策的能力，并通过轮岗实现管理技能的提高，使其具备团队之间的协调合作的能力。中级或中层管理者应在适当范围内得到充分的授权，并在企业高层的指导下稳步提高基本的决策能力，避免事事汇报，进而能有指导地完成决策过程。高层管理者则要培养全局眼光及战略分析能力，在专业化方面，应体现在对组织整体目标的贡献上。因此，对企业高层管理者应侧重于战略和目标的研讨、部门之间信息共享和相互协调的技术，以及企业文化的培训。对高层管理者而言，还需要进行有关产业发展、决策流程和竞争对手分析等方面的分析、研讨（包括请一些企业总经理参与主持研讨和培训交流）。

企业接班人的培养，是当前我国大多数企业面临的最严峻课题。不少企业家在经过了多年的拼搏以后，或者因企业规模扩大，或者因过于疲累，对日常管理工作有些力不从心，或者因管理角色的转变等等，都需要有具体执行的负责人。一般来说，中国的企业比较适合于从企业内部选拔接班人。但如果企业没有尽早建立起接班人培养计划，等到需要落实接班人时，就会发现企业中的其他助手几乎都是单一部门出身的干部，缺乏对全局的把握能力。他们会缺乏在助手中的威信；或者比起企业家来，威信还相差太远，不足以服人。因此，目前国内的企业应把培养接班人作为企业人力资源战略的重要组成部分，让助手们有个独立决策、全局管理的成长过程。在培养接班人方面应开展公平竞争，而不应把目标直接集中在某个人身上。由于培养接班人意味着在竞争中失败的一方可能会离开企业，因此，参与竞争者必须找到自己职位的接班人选才可以作为竞争候选人。

接班人的培养是一个高层梯队之间顺接的过程，实际上是对两个梯队人才的培养。

值得注意的是，家族企业要比其他企业更加重视建立人才培养体系。家族企业因为担心非家族成员员工某一天会跳槽，因而往往忽视了他们的培养。但是，这不仅经常违背伦理的要求，出现杀鸡取卵现象，而且也严重制约企业的发展。显然，家族企业虽然不一定非得选派员工出去培训，但是必须开展内部培训，并把培训作为一项基础性工作。任何企业的人力资源目标都必须达到"三高"即高标准、高绩效和高工资，家族企业也不例外。假如家族企业不能在更高的水平上培训和留住人才，那么，企业在越来越激烈的竞争中就难以实现竞争优势，也难以达到打造核心竞争力的目标。

七、激　　励

激励是企业人力资源管理的重要手段。激励是在保证基本的公平待遇的基础上，激发竞争、增进效率和产生效益的手段。激励是一种综合的文化行为和管理活动。企业首先要解决员工的基本待遇（如报酬等）问题。企业老板一定要牢记"财聚则人散，财散则人聚"的古训，对薪酬待遇应有优先考虑，激励机制不能代替基本待遇。然而，在报酬的设计上，企业的目的并不是因此而增加成本，而是要解决效益的持续增长的问题。企业的绩效与薪酬挂钩之后，员工待遇的提高是与为企业创造价值的过程联系在一起的。总之，如果企业滥用高薪待遇，或不适当地对员工待遇的提高予以限制，都会破坏按劳分配的基本激励制度。

激励是为了让平凡的人做不平凡的事。激励的目的，一方面是产生直接的效益，有助于鼓励竞争、提高业绩，另一方面则是实现企业的战略目标，使长期利益与短期利益合理协调起来。例如，企业的年薪制就是一种基本工资与效益工资结合的追求效益的机制，而期权则是一种中期的激励的制度安排。一般来说，"建立在股票基础上的工资待遇制度，构成了高级经理薪水中的最大的一块，将每年的现金工资待遇与公司的股票预期价值之间挂起钩来"[①]。这样，每一个高级经理都能够和公司股东站在相同的位置上来思考问题：股票上升的时候，我们高兴；股票下跌的时候，我们难过。不过，不管采取什么样的方式，让企业的目的和员工的目的趋于一致，同时建立起双方互惠的关系和对于充足利润的共同依赖，才是根本之道。

企业对员工的激励，在物质待遇上应采取风险与收益相挂钩的制度。例如销售人员的底薪通常应低些，部分优秀销售人员总收入可以高于其他部门的人员，但也应有部分人员的收入低于平均工资。通常，预期收入越高，潜在风险也越高。在物质待遇问题上，不应以企业家对企业的热情来要求企业中的其他员工，普通员工有很多只是把工作当作赚钱谋生的手段，有时他们很难在企业中实现除了满足基本需求以外的人生价值。所以，就企业家对下属的激励来说，薪酬有时是第一位的，最好多给点工资。当然，除了物质激励以外，企业家应发挥自身的长处，并针对员工的特点或需求，从文化方面进行激励，如培养人才、合理的信任或授权、办事注重公平合理，等等。

针对不同员工的不同需求，激励手段可以是多种多样的。马斯洛需要层次论中所讲的每一种需要都是适用的。当一种需要的满足接近于饱和时，它作为奖励和激励因素的能力就会迅速减弱，但它的阻碍能力、造成不满和作为反激励因素的能力却在迅速增长（如不公平感）。企业应根据员工的需求层次做出不同的激励安排。除了物质激励外，不能只靠提升行政职位，还应当包括技术职务的提升、给予荣誉和其他精神激励等等。此外，充分发挥员工的长处也是一种激励。因此，一方面，激励要求具有切实的物质利益鼓励，另一方面，激励也是一种文化。在物质激励差距较大

---

① 〔美〕郭士纳：《谁说大象不能跳舞》，张秀琴、音正权译，中信出版社2006年版，第74页。

的情况下，应以物质激励为主；而在物质激励相近时，文化方面的激励就具有重要性。例如，有的员工希望老板对他们的工作成果予以评价，有的员工希望老板过问他们的工作情况（有的员工甚至只是希望老板能够到他们工作的地方看一看）等等；如果能够满足这些要求，其实就是一种有效的激励。实际上，员工对企业不满的方面，通常也是他们的需求之所在，从而也是激励的重点所在。因此，人力资源部门应当对员工的个性特点及不同需求有深入、具体的了解，以便使得激励具有切实的针对性。

有一点常常被忽视：让员工从事具有挑战性的任务也是一种激励。具有挑战性的工作，一方面能够改变现状，提供一种个人发展和自我实现的机遇；另一方面，有挑战性的工作能让员工摆脱平庸或闲散，过一种更有意义的、更充实的生活。企业中往往只会把人员简单归类，而没有通过竞争（或挑战）挖掘出有特色的人才。实际上，在企业管理的实践中，一些行政管理人员或技术人员可能是营销方面的高手，而一位在营销方面很平庸的人也许是行政管理的天才。这些都需要通过对公平竞争或承担富有挑战性的工作来测试、检验。此外，具有综合素质的人才也是从这一过程中培养出来的；这与岗位轮换制的作用是相通的。

激励方式在策略上可以是多样化的，同时也是需要因人而异的。例如，参与是一种重要的激励，让员工发挥自己的长处也是一种重要的激励。而文化企业则应当考虑到艺术家对公平的理解常有特殊之处，因此在激励上常要注意到他们的情绪。这都是一些需要体现公平且影响激励效果的微妙问题，应认真对待。

第十三章
企业战略与商业模式

战略是一种结构,应进行模块化分解。企业发展战略需要有可行的、具有竞争力的商业模式来支撑。

确定战略是组织用以配置资源的最有效途径，也是企业把握经营管理重点（或抓大放小）的依据。战略的重要性不因企业的大小而变化。小的企业制定战略的方法与大企业是一样的，只是它简化了过程而已。而且战略对于小企业同样重要，如果没有战略，小企业的成长就会充满偶然性，就更难以与大企业竞争。当然，小企业的战略有其自身的特点，主要是在对战略目标的斟酌和对发展战略（包括商业模式的具体化）的规划上，它必须对自己的独特性和竞争力有更深入的分析。

在我们看来，战略是一种结构，这种结构需要综合性的把握。因此，一个善于做综合性战略决策的企业董事会的建设是一个基本的战略要求。同时，战略结构应当是可以模块化地分解的，以有利于任务的分配和具体目标的落实。在实现战略的过程中，需考虑任务完成的同步，以保证所确定的目标能在预定的时间里展开。为了保障对战略的执行力，战略制定之后还需要在干部队伍中进行沟通，以达到正确的理解。同时，为了保障执行的力度，需要就关键的执行步骤或重大战役展开充分的讨论，并做好路径设计。就企业而言，战略必须通过商业模式来体现。商业模式是战略的落脚点，商业模式的细化是战略执行的关键要素。

一、重视战略的原则

世界上研究战略的管理学家很多，其中美国的小钱德勒的战略理论是最基本的一种对战略的解读，即我们平常所说的"围绕目标的战略"。小钱德勒是美国的一个企业史家，他有两本书，一本是《无形的手》，一本是《战略与结构》。他对"战略"的定义是：组织一个长期的发展目标以及实现这个目标的行动方针和资源分配①。这与我们常识中的"战略"概念差不多，即有一个合理的目标，并围绕这个目标，按照某种途径或方式，调动相应的资源去实现它。这就是"目标型"的战略。

战略，作为原则，它是组织的核心问题；或者说，战略的重要性使它成为组织的原则。人们常说要"把握方向"，实际上，它还应包括直接的（或具体的）目标。作为原则，战略目标是组织要实现的具体目标。

正因为战略是原则，所以才有了《三国演义》中"三顾茅庐"的美谈。实际上，诸葛亮之所以要让刘备去了三次，可能主要不是"摆谱"，而是要让刘备表态：他确实会按照诸葛亮的战略计划去实践。因为战略是原则；假如刘备不想实现这个战略，那么诸葛亮就是有再大的能力也无济于事。战略分析最终让刘备三分天下而得其一。当然，刘备最后没能按照既定的战略计划去实践，这使得预定的战略大打了折扣。

不少企业制定了战略之后就束之高阁了，这实际上是没有把战略作为原则来重视。战略作为原则，是与企业规模大小没有直接关系的。大企业固然要有战略，小企业也应该有战略，否则就无法走向成熟从而具备成为大企业的条件。经营管理一家小企业的首要的，就是必须提出和回答这样一个问题："我们的业务是什么以及它应该是什么？"由此对其高层管理的任务进行有效组织，找到并确保关键业务或活动。因此，小企业在重视战略原则的问题上是应当与大企业一样的。

战略作为原则，需要某种基本的指导思想。中国古代的《孙子兵法》在战略思想上是深邃的。它强调，战争不应首先谋求武力征服，不应以是否战胜对手为标准，而应求自身的强大，减少直接的武力对抗的可能，以达到"不战而屈人之兵"的效果。因此，关键是注重己方实力的提升。在具体的战略或方法的选择上，其顺序应依次是：谋略、外交、威吓、直接的短兵相接。总之，一方面要慎用兵，领导或统帅不应在情绪化的情况下做决策；另一方面则要保存或提升实力，以人为本，以谋略取胜。

---

① 参阅〔英〕托尼·格伦迪：《大师论战略》，王磊等译，华夏出版社 2005 年版，第 24 页。

二、战略的策划与规划

企业的经营是面向未来的,因此,需要策划和规划。所谓策划,就是趋势的把握。因为当企业要面向未来时,未来到底是什么样的,人们并不知道,所以才要预测、判断,所以它多少有一种"无中生有"的意味。如果说,"从无到有"叫做策划,那么"从有到有"就叫做规划。就策划来说,不必具有现成的资源,就可以去策划一个目标,然后再组织资源去实现它。而规划则更多的是对企业现有的资源的配置(或支配),规划需要结合可行性分析特别是要考虑到战术或战略的选择。就是说,不是要笼统地规划资源的配置,而是要规划对哪些具体的资源做出配置,怎样配置,责任人是谁,如何承担责任,等等。将策划与规划结合起来,就可以把企业内部、外部的各种资源利用起来,去实现企业的目标。

企业面向未来,需要战略的指引,需要有战略目标和战略方法。战略目标是需要策划和规划的,是根据对于趋势的判断和自身的资源(或能力)构思出来的。制定一个合理的战略目标,其最艰难的部分或许就是务实的竞争能力分析。要清晰地理解能够使自己的基础业务得以成功的3—5个关键性因素,确保企业的资源得到良好的配置。战略目标的制定是一个持续过程,包括:系统地进行当前的企业家承担风险的决策,并尽可能了解这些决策的未来性;系统地组织实施这些决策所需要的努力;通过有组织、有系统的反馈,对照着期望来衡量这些决策的结果等。在构思战略目标时,需要明确战略实施的途径和方法。或者说,战略目标提出后,须通过策划和规划来找到实现目标的途径和策略。战略都是面向未来的。比如说,某个博物馆要实现作为大博物馆的功能,希望能为公共文化建设服务,并打算采取品牌化的发展战略,那么,就可以通过策划,搞一个世界博物馆论坛;这样,就可以做很好的有关博物馆议题的交流;还可以请媒体来报道以扩大影响。总之,可以通过策划,用一系列的做法来实现博物馆的某种战略目标(比如在国内成为最有知名度的、最有品牌的一个博物馆的目标)。从企业实现战略目标的具体方法或发展的战略角度来说,规划更为重要。规划主要是就企业内部的现有资源来具体落实长期的战略目标,包括在时空中的具体布局。例如,从时间上说,包括如何按照既定计划进行安排,各部门(模块)之间如何同步化,等等;从"空间"上说,包括如何把战略任务落实到具体的部门或个人。此外,规划还包括内外合作方面的问题,考虑是否要采取与他人联合的方式来实现企业的战略目标。

策划和规划的任务,还包括对战略目标进行结构化的分解。这种结构包括几个方面的模块:第一,战略目标。应通过前瞻性分析来把握战略目标。战略目标包括导向型目标和实质型目标两种。导向型目标属于远景或方向;实质型目标是一定要实现目标的目标。实质型目标可能在环境变化时需要做个别层面的调整。但总体上来说,实质型目标是否实现是企业绩效考核的最终依据。第二,对发展战略的策划和规划。发展战略所包括的方法或策略很多,包括专业化、创新、品牌化、多元化和国际化等等,要根据企业的实际情况来选择。第三,在具体竞争环境下竞争战略。竞争战略应当包括在细分市场中的定位、竞争策略和合作方法(比如与其他企业合作以追赶领先者的策略等)。第四,具体落实发展战略和竞争战略的商业模式。商业模式是可盈利的方法。有的企业规模小,无法体现成本领先的优势,但是,只要企业能够把所有产品都卖出去,就可以实现盈利;所以,与那些受规模风险局限的企业相比,规模小的企业甚至会更具竞争力。第五,把战略落实到各职能部门。部门(或它的职能),是模块化的战略的分解的结果。并且,所分解出的某种职能不一定只局限在某个职能部门内。以人力资源为例,人力资源工作不仅仅是人力资源部门的事,而应使企业所有的管理者都懂人力资源工作。只有由人力资源部门与其他部门共同制定人力资源规划及相关的实施计划,才能保障人力资源战略的有效性。第六,保障各部门在战略执行上的同步化进程。战略的实现必须作为部门的具体考核任务。第七,对战略任务在时间上做倒溯的分解或安排，列出计划。要严格执行计划，以保障战略的实现在时间上的进程。第八，对战略执行中的重点问题及可能的风险要有应对策略，并有对重点战役的说明；在策略上要注意抓大放小。第九，根据具体的行业环境和商业模式的要求，做到深入研究、有的放矢。不少企业一方面迷信所谓的"不熟悉则不做"的信条，另一方面却在对行业情况只有表面了解的情况下就贸然行事。实际上，只要企业家对某一个行业能做较深入研究，就没有所谓"不熟悉"的问题。但如果研究仅仅停留在表面，那的确是十分危险的。此外，由于行业环境在变化，需要及时做阶段性的评估，对商业模式也要做及时的调整。第十，要深入宣传，并做好"沙盘推演"。宣传要达到"深入人心"的程度，特别是对中层以上的管理者，要形成高度一致的战略共识。

目前，不少企业的战略规划都比较粗糙，没有认真对待。实际上，做战略规划要花费比较多的时间，需做较系统的论证（例如，应说明每一步战略的实现所用的策略是什么）。特别是由于一些企业过去缺乏经验，这就更需要用心来琢磨如何把战略规划搞好。对于产业形势经常变动的我国来说，需结合产业趋势来分析企业的未来选择。这样，战略规划就显得更重要了。实际上，企业在制定战略规划的过程中也是边规划、边学习、边交流的。最后再形成共识和相应的操作方案，使得所制定的战略规划成为可执行的规划。

三、战略目标与发展战略

企业的战略目标，必须结合发展战略来完善。结合中国人的战略观念和具体实践，战略在目标上可以分为两个层次：第一个层次是导向型的战略，它指出一个方向（或愿景）；它是与企业发展使命有关的长期目标。这种战略的目的在于让员工能够看到企业的未来，而不是一种具体执行的战略。第二个层次是实质型的战略,也就是具体的战略。它将指明具体的战略期限,该期限的长短依赖于对产业环境、产业发展趋势和企业发展路径的把握。或者说,具体的战略是在企业"可把握的未来"的范围内所制定的有具体期限的战略。假如企业是在一个竞争激烈的领域里制定战略的,那么,该期限应以短一些为好。至于一些企业家和经理人认为"战略不如变化快,因此战略可有可无",这主要还是因为该企业的战略缺少前瞻性,而不是不需要战略。战略是可以(而且是应当)调整的。但是,如果战略刚制定出来就遇到了问题,那么,该战略就是属于失败的战略。所以,问题不是在于战略环境变化的快慢,而在于一个战略本身是否存在严重的缺陷。

战略的本质要求之一是对战略实现的方法和途径选择的重视。在战略层面上,不同层面或领域里的很多要求都是一致的。譬如推动文化产业的发展,无论是国家层面还是区域、城市、企业,都需要重视产业链经营的方法,特别是要注重品牌、避免同质化的竞争、结合产业的特性做产业链的经营等等。如果国家或地方政府鼓励动画业的发展,那就需要开放媒体,企业也应开展产业链经营,并注重有效的授权和衍生产品的开发。文化产业的核心战略方法是产业链经营,其中的高端价值就是通过完整的产业链的价值开发来实现的。而在中国,各级政府和企业界,只要涉及构建产业链的地方几乎都还是空白的领域。例如,尽管一些企业通过拍电视赚了一些钱,但几乎都没有通过产业链经营赚到"大钱"。相比之下,华纳公司出品的电视连续剧《性与都市》就不一样了。该剧上演了6年,广告收入很高,其DVD的销量也很大,同时,在该电视中出现的所有主人公用过的产品几乎都是"名牌"产品;也就是说,它做到了对其产品经营的深度开发;这才是产业链式的经营。我国现在的电影、电视中也已经在进行这样的尝试,比如在某部电影中,镜头所对准了某人喝的"可口可乐"或是某人开的"宝马",这就是所谓的"内嵌式广告"。这样的做法多少延长了一些产业链。不过,从总体上来说,都还是比较随意而为之的,还没有上升到企业品牌的层面上。在同样的战略思路上,我们发现,国外在把后续产品的形象植入其内容当中时,考虑的是日后的批量生产,而我们在制作电影、电视时，所考虑的仅仅是这次可以赚到的钱，这就是缺少产业链经营意识的表现。

品牌化发展是任何企业都应重视的发展战略。特别是文化企业，它的价值常常是通过创意能力、品牌、知识产权等形式来体现的，而且在合作或并购、扩张的过程中，品牌价值可以使企业获得优势地位。品牌价值的体现是多方位的，其中的一个较直接的体现是，当一个品牌成熟后，它可以通过合作来获得品牌收益。例如，少林寺在成立传媒公司进行扩张时，它可以以品牌入股来获得合作投资项目的收益。此外，一些品牌在投资的过程中，区域政府也会给予某种优惠，这实际上也是品牌收益的体现。

企业究竟是采取专业化还是多元化发展战略，一直是企业发展的两难问题。企业采取专业化还是多元化经营，各有利弊。单一业务模式的企业容易形成专业化的优势，比较容易管理，但存在产业衰退和规模化冲击的风险。多元化的业务选择比较容易进入朝阳产业，也容易扩大整体规模，但也容易因管理能力不及和粗放经营而分散投资，造成扩张过快、丧失各个领域的核心竞争力。

在专业化与多元化的问题上，要理解，越是多元化管理难度也越大。因此，多元化常依赖于专业化的能力。过去一些管理学者和企业家常讲"多元化"，其实它是有不少限制的，因为"多元化"对"专业化"提出了很大的挑战：专业能力强，多元化对企业才有意义；否则，一件事情都不能做好，却急于做两三件事，结果可想而知。还是以文化产业的发展为例，由于文化产业需要重视产业链经营，因此，企业发展到一定阶段后，需要考虑多元化的发展。企业各种业务之间的关联可以体现在产品的相关性上，比如既生产家用电脑又生产软件；也可以体现在产业链的相关性上，比如既生产配件又提供服务，就像IBM的产业转型，从原来的制造业和软件开发转换成一个综合性的服务型企业。有些企业的多元化并没有业务间的直接关联性，那多是因为在产业选择上进入了新的朝阳产业的缘故。在这方面有一些教训应吸取，如国内有一些企业盲目学习美国通用电气公司，却没有抓住产业选择的重点。因此，我们认为，选择多元化应重视以下几个原则：其一，多元化所经营的各项业务必须有一个统一的核心，这个统一的中心或者是基于共同的市场或者是基于共同的技术；其二，多元化不是任意的多元化，而是关联业务的多元化，多元化中的每一个业务必须具有核心竞争力；其三，多元化是为了做强企业采取的战略，而不是纯粹为了扩大企业规模；其四，多元化一般采取集团化的经营模式，尽可能实现知识和资源共享。

许多企业是在并购成长中实现多元化发展的。通过兼并具有企业品牌或技术专长的企业来发展壮大，是产业集团发展的一般模式。关键在于，在并购成长的模式中，一定要并购具有市场前景的企业或业务，而不要并购衰落产业中的便宜、过时的业务或负担沉重的企业。总之，不能贪一时的便宜。例如，索尼对哥伦比亚电影公司的收购虽然付出了很高的成本，但经过努力还是取得了很大的成功；相反，国内的某些家电企业收购一些落伍的国外企业，却造成了长期的负担，而且至今还看不到未来的前景。这是很重要的教训。

至于国际化，虽然是发展战略的路径之一，但是至少到目前为止它并不是中国企业的一般发展模式，或者说，它不应是近期的主要选择。原因在于，一方面，中国的市场是很大的，企业可以通过创新来形成在国内市场里的竞争力，在具备较大的盈利能力后再考虑国际化。另一方面，企业的国际化，需要技术、管理、品牌、规模以及国际市场经验等方面的综合要素，从这些方面来看，目前国内的企业很少真正具有国际化的能力。

从总体来说，创新是发展战略的重要方法。以银行业的竞争及其业务创新为例，作为后起的银行，如果没有创新，就难以与老牌国有银行竞争。华夏银行就是通过在银行卡领域的不断创新来获得在该业务领域的领先地位的。再以广告公司为例，随着传统的广告代理制逐渐遭遇瓶颈，一些富于创新精神的企业就通过活动的策划来提供渗透性营销的服务，通过企业赞助活动来改善商业模式，获得了很大的成功。还有，前面所涉及的国际化、品牌化和多元化等战略，也都需要创新。举例说来，星巴克的国际化是通过营造文化氛围与老牌咖啡连锁店竞争，终于成为后起之秀。少林寺则是通过推广品牌，获得了品牌先行的效应，使它可以通过无形资产与各种文化公司合作，享受到非投资而分成的利益。苹果公司通过进入手机产业，看准了自己原有的多媒体系统的前途和手机代替数码相机的趋势，已经成为 IT 业的佼佼者。

四、竞 争 战 略

  组织或机构在考虑发展战略时，通常应当考虑竞争战略。一般而言，竞争战略主要是针对两个或多个组织间的竞争，既包括零和博弈式的生死竞争，也包括双赢的竞争。商业中的竞争与战争有所不同。战争中的竞争结果基本是零和价值或负价值，所以，战争比商业竞争更为残酷。也正因为如此，如果战争中的竞争战略是有效的，那么它对商业竞争和区域竞争、国家竞争等的战略也会有很大的启发。
  在企业和国家间的竞争领域，波特的战略理论近些年来影响比较大。波特写过《竞争战略》、《竞争优势》、《国家竞争》所谓"竞争三部曲"，他讲的战略就相当于波士顿咨询公司的战略，主要是竞争战略。对企业而言，它包括成本领先、市场细分、产品不可替代性三部分概念。这种战略就是如何确保企业在竞争中赢得优势。比如中国在世界上有竞争优势的大多数企业所采取的方式都是"低成本"。而"市场细分"强调的是企业有独特的定位和细分的顾客群。以办杂志为例，如果想要办一份男性休闲杂志，就必须首先明确，由于一般杂志的消费者 70% 是女性，这样，就只能去争取另外 30% 的男性消费者。此外，还必须调查清楚你的顾客群的共同爱好是什么，比如说，政经、财经、体育等是男性经常关注的问题，这就要把握好相应的题材。相反，如果去关注那些女性休闲杂志所感兴趣的话题，那就属于定位的严重失误了。所谓的"产品的不可替代性"最主要的就是指产品的差异化。同样是办杂志，现在中国杂志领域里竞争最烈的是商业杂志，其中有三份商业杂志办得特别好，它们分别是《商业周刊》、《中国企业家》、《财经》。这三本杂志采取的商业模式非常不同。《商业周刊》主要采用来自美国的信息内容资源，有它自己独特的内容设计和品牌优势。而《中国企业家》所采用的方式是联合一些大的企业，通过搞活动与这些大企业保持着良好的关系，使得大企业经常在该杂志上刊登广告。杂志的出版有两个收益来源，即印刷和广告；一般情况下，许多杂志经常会用广告收入来补贴印刷方面费用的不足。而《中国企业家》的一个特点就是它的定价很高，这样，它在印刷上同样是赚钱的。这样，《中国企业家》可通过三个方面来赚钱——印刷业、活动以及通过活动所获得的各种广告业务。这三部分的结合就构成了它的商业模式。《财经》杂志的独特性主要在于它的专业化（包括它的一些有深度背景调查的文章），它重视"独立、独到、独家"的定位，具有很好的品牌效应。这样，这三种杂志各自具有某种不可代替性，它们差异化的产品满足了受众的不同需求。

就传统的战略思想来说，孙子兵法一直占有重要的地位。孙武的战略理论使《孙子兵法》一书已成为商学院的必读书目。孙武被认为是战略的鼻祖，他最大的贡献就是《孙子兵法》。我们把《孙子兵法》的战略看成是指导"发展和竞争战略"的战略原则。这个原则可以归结为三个部分：第一，讲战争（或用兵）的特点和性质。首先，他说明要慎用兵，即兴兵打仗是迫不得已的，所以要十分审慎。其次，他说明"主不可怒而兴师，将不可愠而致战"。不能意气用事地打仗，要会忍耐，因为"怒可以复喜，愠可以复悦"，但"亡国不可以复存，死者不可以复生"。再次，战争要用统一的价值观来凝聚上下左右的力量。最后，如果仗一定要打，则一定要学会保全。孙子认为战争的最高境界不是"百战百胜"，而是"不战而屈人之兵"。"不战"而又能达到目的，才是最好的"战"。即使是"百战百胜"却有可能把一个国家拖垮。第二，讲战争的策略。战争的策略有两个指导原则，一个是"未战而庙算胜"，即先分析出有没有获胜的把握；另一个是"先为不可胜，以待敌之可胜"，强调以自我完善为基础来应对竞争。第三，讲具体战术上的竞争原则。这方面就更多了，比如"兵非多多益善"，"知己知彼"，"速战速决"，"以逸待劳"，"避实就虚"等等，都是具体的战术和策略。总之，《孙子兵法》中有很多与我们企业的发展和竞争战略相对应的原则。

在企业的竞争战略中，虽然有时规模具有优势，但是，并非在所有情况下规模都有优势。规模优势在良性的非价格竞争的市场中比较显著，而在价格竞争和产业衰落的市场，规模风险将随之增加。其奥妙就在于，随着规模成本（特别是组织成本）达到一定的程度后，规模带来的利润就会出现停滞。此时，一旦部分产品发生滞销，企业的损失就会十分严重。因此，企业需要合理平衡规模效益和规模风险，而不是一味地采取规模扩张的战略。以手机为例，目前除了技术和品牌领先的企业以外，多数企业的规模都不具备优势，甚至出现了较高的风险。相反，那些产销顺畅、库存很少且规模较小的企业反而会利润较高，从而风险较小。

因此，企业在考虑竞争战略时，更需要合理地评估产业环境和竞争对手的情况。特别是在有多个竞争对手时，企业更需要做到知己知彼，对自己的比较优势有深刻的认识。此外，除非迫不得已，否则不应当轻易采取降价竞争的策略，因为降价竞争通常是两败俱伤的行为；虽然采取先发制人的降价竞争有一时的领先优势，但并没有持续的优势，并且很容易造成对品牌的伤害以及其他的不良后果；当然，如果由于技术创新等因素而具备了降价的条件，就另当别论了。

五、战略的执行

一般说来，战略共识是战略执行的基础。一家企业有效的战略执行，是建立在透明的战略目标和业务流程的基础之上的。但是，企业在战略执行中却存在这样的现象：当企业做出一项决策，由具体执行人员进行操作时，往往会发现，最后的结果与当初的预期有着很大的差距。这时，主管经理普遍会反映说手下人执行不力。确实，应当承认，员工能力是有大有小的。但该主管经理也必须反省一下自身：事前是否与手下进行过深入的沟通，并就决策者和执行者之间对事情的看法或要求达成一致。例如，上级让下级去筹建一个部门,以将电影拍摄、制作中的所用到的有关产品产业化,那么,在做这件事之前,上下级之间有没有达成战略意图和竞争方法上的共识?下级有没有充分理解上级的意图?这里最关键的问题是上下级之间对一件事的认识是否已取得共识。

上下级之间没有取得共识的原因可能包括几种情况。第一,两人的"境界"不一样。道理很清楚,因为老板所接触的是整个行业的情况,信息又非常灵通,"境界"自然会比较高,而手下的人往往只是埋头于某项具体的工作,这样,老板与手下之间在关于市场定位、服务对象、战略步骤、具体事情的做法等问题上的认识上就会存在差距。第二,老板可能对所要做的事情已事先有了某种想象或"感觉",甚至这种"感觉"可能是很具体的,但是老板并没有告诉手下的人要按照他的这种"感觉"去行动,所以上下级之间没有形成共识。比如说,老板只笼统地说让手下人去搞一个电脑项目,这样,手下人所搞出来的结果就很可能与老板所想象的不一样;老板想的可能是像IBM这么好的东西,而手下人所做出的可能只是根据现有资源所能做出来的东西。这两者之间的差距可能会非常的大。实际上,大多数"执行不力"的原因都是这样造成的。在这种情况下,企业家就可能开始对自己手下的人不放心了。而不放心的一个结果就是:让手下去做一件事,但在做完后,他都要亲自再过一遍;如果不满意,甚至要推倒重来。但这样一来,所有此前的执行就全都变得没有意义了——今后还有谁愿意认真地为这位老板做事?反正你会再过一遍的,所以,手下就不会再有积极性了。显然,这样的做法对领导者没有任何好处。这样做所导致的结果是手下会越来越不愿意去执行,而不是手下是否有执行力的问题。

真正好的助手是会掌握分寸的,他对某件事情的策略会与老板想的基本一致,这才叫做有共识的执行。要做到这一点,办法之一是:应做到在战略执行之前的"事必躬亲"。与前面谈到的情况比较,这只是转换了一下"事必躬亲"的时间段而已。应在执行之前与执行者进行深入讨论,一直到几乎所有的进程都能够明确到具体的数字(或细节)为止。在这个过程中,上级要先和手下沟通,问他有什么办法来做这件事;当他所给出的答案上级认为不行时，就适当提示他，一直到他所讲出的想法是上级认为可行的为止。此外，这样的过程还能培养助手独立决策的能力。

因此，基于以上分析，企业在战略执行时应该有以下几个程序。第一，参与一件事的所有的人，无论其分工是什么，都要对这件事能有整体的把握。如果领导人的手下对整体性的把握很差，那么他的手下在执行上一定会和领导人有很大的差距。老板的聪明往往就在于他在做某件事情时的策略多，而一般来说，手下越年轻、越没有经验，策略就越少。所以，平时老板就应教给手下一些策略，让他对事情也尽可能地有整体性的把握。第二，在重大项目中，企业的高层团队一定要先达成共识，包括对做某件事的意义、方法以及要达到的目标等方面。有人认为，管财务的领导可以不用知道技术，这是错误的。目前，不少的首席财务官几乎都是由会计师担任的，而不是真正的财务规划师，这是很有问题的。真正的财务规划师必须知道某项技术在今后的竞争中所处的地位如何、值不值得投资。而现在很多所谓的"财务总监"所关心的只是钱的多少；如果是便宜一点的，他就愿意投资。而问题常常并不在于钱的多少，最主要的是某件事是否值得做。总之，高层团队一定要在综合视野上达成战略性的共识。如果高层团队缺少战略性共识，那么即便是有董事会，实际上也就只是老板一个人在做决策，而其他的人都只是在从各自的角度来看问题。到最后，对某件事情的意义的评估难免会不一样。第三，要对战略进行模块化处理。对于一个战略，要便于执行就一定要先进行分解，要明确各部门（或各人）负责什么，使之成为可执行的项目。并且，在各模块中要各自找到实施的资源和方法。第四，对执行中的具体方案和进程一定要做及时的总结和反馈。时间要尽可能短（以月度总结为最好），这样就能够及时监控进程，如果发现不行，就可以马上进行方案的调整（或换人）等等。否则，如果等到一件事已经完成了才发现不行，再推倒重来，那时的损失就大多了。方案的落实要具体，比如，用什么样的人，各自做哪些事，老板自己主抓哪些事，等等。这些具体的可执行方案的落实程度非常重要。第五，要做及时的反馈。在执行的过程中一定要及时反馈信息，否则老板就会处于"无知"的状态，事情的进程也会处于完全的放任状态。一般来说，在做项目时,最好能在最后的"决定性的一击"之前有一个调整,使各方面的工作调整到最好的状态。例如,人们常看到这样的情况,为了开一个新闻发布会,准备了很长的时间,结果却在临场时发现主席台上没有放上写人名的牌子。就是说,在项目的结束阶段要与项目开始的阶段一样,有一个全面的检验。这是使一个项目成功的关键之一。举例来说,如果举办一场电影试映会,放映之前就应对预先准备的放映宣传方案的细节进行一次检查。曾有过这样的例子:一个公司花了很多钱请影星来参加一个发布会,目的是宣传公司,但在随后播出的文化新闻里宣传的却都是影星,对公司只字未提,公司所辛辛苦苦准备的事情,结果却是"为他人做嫁衣裳"。所以,有必要强调在项目执行的最后阶段一定要再检查一遍,否则,一旦出错,就会影响目标的实现。

战略执行还要解决"让员工决策"的问题。最好是在沟通的过程中完成对手下决策能力的培养;这样可以很好地解决像"授权到什么程度"这样的问题。以前,由于不知道授权之后如何才能对事情的进程很好地加以控制,所以常常会感到无法授权。但是,现在我们知道,只要做到事前的"事必躬亲",就能很放心地对手下进行授权;手下的可靠性能到什么程度,就授权到什么程度。当然,如果在这个过程中能够进行适当调控,就能更好地解决授权问题。然而,如果与手下之间没有进行过较深入的沟通,那就不能轻易授权。这不仅是因为此时的授权是不可靠的,还因为对于这种不可靠的授权,企业家最后还不得不亲自对事情做弥补。而且,这也难免会对公司和员工造成很大的损害。公司的损失无法挽回,员工的积极性也会因此而受到严重挫伤。

在现实中,对于员工的"不配合",有不少企业老板没有能够从积极的角度来看待。他们大多认为这是员工的"不忠诚"或是"太懒",而实际情况却并不是这样的。大多数员工都是很想干好工作并且很希望能受到老板赏识的。问题往往出在老板方面:对于一些复杂的问题老板往往喜欢亲自动手,而不善于肯定员工的工作(比如适时表扬员工),没有让员工觉得自己做出了一定的成绩。有时,即使是员工做出成绩来了,老板甚至有可能会和员工去争功。这样,员工就会越来越失去对老板的信任和敬畏，并且会越来越没有积极性。因为员工会想，反正什么事都是由老板顶着的，即使我做了之后老板也还会再来做一遍的，等等。其实，在很多情况下员工不满意老板，并不是因为工资少，也不是因为对老板有什么特别不好的印象，而多是因为老板经常代替他们的工作，使他们认为自己没有什么事可做。这是老板在用人上的问题，也是企业在战略执行上的大问题。

最后，战略执行中最大的问题就是沟通和监控。一般来说，没有"完全"的授权。授权越充分，员工的自主性也就越强，但监控也一定要及时。所谓的"完全授权"或者"充分授权"，只是说这个项目由你手下来做具体的决策，而不是说这个项目交给手下后，老板就可以不管了。老板必须知道，手下是不是按照事先约定的那套方案来做的。同时，老板的监控也不应是凡事"插手插脚"，而只是要知道目前的进程是怎样的。总之，监控要控制在不妨碍激励的分寸上。

六、管理模式与商业模式

战略要结合管理模式来思考，并且应落实到商业模式的层面上。商业模式有时也叫做盈利模式，它是企业用以盈利的方法。商业模式和管理模式有一定的区别。管理模式差异很大，而商业模式则是同质化的，无论在什么地方，所用的商业模式（或盈利模式）基本上是一样的。商业模式是有先例可直接参考的。如网络时期，B2B的电子商务的成熟模式为许多企业所采纳。管理模式要求企业的管理符合当地的条件（我们称为本土化），但商业模式不同，它有许多共通性的因素。我们平时所说的"与国际接轨"，实际上就是指的经营能力或商业模式与国际的接轨，而不是要求管理模式与国际一样。管理模式受文化、市场和资源条件等因素的影响，所以它不可能相同。但是，商业模式一定是出自某些比较固定的公式化的因素，如信息的收集、投入产出比的计算、最后盈利的预期等等。我们过去讲的"管理的本土化"，确切的说法应该是：西方管理理论的中国化或商业模式的全球化。所以，商业模式的一个很重要的特点是可借鉴性。对商业模式的借鉴可产生非常显著的好处。例如，"真人秀"的电视节目借鉴了国外的节目，就达到了立竿见影的效果。

但是，有些商业模式是依存于管理模式的。商业模式的全球化并不是说每个企业的商业模式都会与其他企业一样，而是说可以借鉴其他企业的商业模式。然而，有些商业模式，因为没有管理模式的基础，所以无法复制。以电影业为例，美国的电影业很发达，但它有许多条件：第一，制作能力很强；第二，其市场有很好的电影文化的基础；第三，有很好的"院线"，也就是大规模推广电影的能力；第四，有国际市场。这些是一类管理模式。美国好莱坞电影的商业模式是依存于管理模式的，有管理模式才有商业模式。同样制作一部电影，在中国，由于我们的经纪人制度、营销方法、市场环境等管理基础的不同，所以商业模式的计算方法与美国不一样。好莱坞拍出大片后所计算出的运作之后的利润数，对于中国来说很可能是不适用的；同样，一些结合我国国情的商业模式，国外也无法模仿。如北京的保利剧院就有着一种很好的商业模式。国家每年要搞"五个一工程"，各地的宣传部门都要组织班子进京，上演各自精心打造的参评节目，其中许多节目的演出地点都选在保利剧院，这使得保利剧院基本上每天都有演出活动。这就是保利剧院的盈利模式。有的剧院（如人艺），自己创作、自己表演，而长安大戏院则主要是与其他人合作。不同的商业模式形成了各企业独特的优势。所以，商业模式与管理模式的不同就在于，管理模式是抽象的，而商业模式是具体的，即一定要找到可盈利的点。

七、具有竞争力的商业模式

根据我们对商业模式的研究,可以总结出关于具有竞争力的、标杆式的商业模式的普遍特点。易言之,好的或具有竞争力的商业模式必须体现或反映以下的一些特点。

第一,具有竞争力的商业模式必须依托于某种好产品或者服务,这种产品或者服务必须能够具有准确的市场定位、高于平均水平的盈利能力和获取附加价值的能力。当然,在相同的环境下,盈利能力是一个直接的指标。就此而言,某些代工的商业模式优于具有自主品牌的商业模式,因为后者的基本盈利几率较低、风险性大。在文化企业领域,某些拥有品牌的院团盈利能力低于品牌知名度低的企业,原因在于它并没有将企业即院团的资源转化为盈利能力,如固守于传统经典等的做法,从而导致产品和服务缺乏竞争力,或者企业的商业模式不具备竞争力。最好的商业模式,其产品则是人们生活方式所依赖的对象(如人们对某种娱乐方式的依赖),并且是具有规模化的效益。易言之,立足于培育人们的生活方式的商业模式[①],是最具竞争力的商业模式。

第二,具有竞争力的商业模式总是可以促进企业整体价值的提升。尽管商业模式总是可以体现在具体项目上的,但是好的商业模式一般不是单一项目的概念,而是作为企业整体价值的核心部分而存在的。因此,好的商业模式是价值放大型的。例如,一个动画大片不仅要体现出该片直接的经济收益,还必须体现为对企业整体价值的提升。为了体现这个特点,一般而言,好的商业模式必须与战略相一致,是在战略框架下的商业模式。

第三,好的、具有竞争力的商业模式应简洁清晰,即突出盈利上的稳

---

① 这与微软有意识培育大众对于视窗软件系统的依赖一样。

定性和可控制性。商业模式贵在简洁或简约,尽可能省去一切中间环节的商业模式是最能受到消费者欢迎,同时也是最能以较低成本获取最大商业回报的。也就是说,能够以最小的努力、最小的复杂性和最小的动力做好工作的工具,就是最好的工具。所以,选择和提炼具有竞争力的商业模式,需要学会"做减法",以保障收入结构上的简洁性和稳定性,避免许多复杂的交易过程和资金拖欠。例如,网络游戏与代理商或终端的关系,不是取决于代理商和终端的态度,而是取决于预付方式的保障和连续收入的保障,就此而言,交易的中间环节越多,商业模式就越依赖于外部环境。直接交易优于代理,终端企业优于生产商。再如,依赖于他人图书销售的出版商的商业模式,以及依赖于邮局代理的报刊的商业模式,都是比较复杂且充满风险的。

第四,具有竞争力的商业模式能够保障稳定的现金流。尽管好的商业模式并不能保障在所有的时间里都盈利,但是至少必须要对现金流提供保障。稳定的现金流量是衡量一家企业是否健康发展以及绩效高低的一个最重要的指标。没有现金流,"利润就是虚幻的数字,也许过不了一年或一年半,利润就消失了。"[①] 现金流是企业生命体的血液,好的商业模式首先要保障企业血液的正常流动。对于产品和服务的提供商而言,必须确保流通领域的回款速度以减少流通领域的库存,同时严格审核经销商所带来的风险。企业需要对财务有前瞻性,应该关注现金流动、资本和控制,特别是要有对现金流和未来资本需求的规划。也就是说,保障财务健全是对一个好的商业模式的基本要求。

第五,具有竞争力的商业模式应当处于价值链中的高端部分(或合理部分),应能够获取高附加价值的部分或全部,并力求减少规模化带来的风险。例如,中国的家电企业因受制于国外的专利技术,不仅没有获得高附加价值,而且随着规模化的发展和竞争的激烈,最终可能导致企业破产。就此而言,没有核心技术的自主品牌,反而不如代工。这也可以说明包括台湾地区在内的我国的许多企业乐于替人打工的原因。

---

① 〔美〕德鲁克:《德鲁克管理思想精要》,机械工业出版社 2007 年版,第 130 页。

第六,具有竞争力的商业模式不仅是对成熟的商业模式的改进,而且还必须是自我否定、自我淘汰型的。换言之,任何好的商业模式都有时空限制。因此,在某种商业模式被竞争所压迫或遭遇别人的淘汰之前,企业或商家必须采取自我否定的方式确保商业模式的创新和改进,以新的、改进的商业模式淘汰自身已经落伍的商业模式。例如,电影城是对单厅电影院的改进,电影城的综合经营是对播放电影模式的改进,等等。就此而言,好的商业模式必须通过不断自我否定、自我更新的方式保障它始终是行业的标杆。

第七,具有竞争力的商业模式必须具有未来性,而不是着眼于当下的可盈利方法。例如,一些民营的图书发行商过去获得过很大的成功,但是由于一些企业没有从产业形态的变化和经营方法的创新方面来保障商业模式的未来性,因而在产业变动中遭到了重创。同样,一些固守门户网站广告收入的网络企业,其依赖广告收入的商业模式是否具有未来竞争力,也正在遭遇市场的诘问。例如,在如何保障创新、保障未来的竞争力方面,腾讯就比分众具有更为扎实的基础,因为后者更依赖于广告的单一收入。

第八,具有竞争力的商业模式都非常注重战略性细节。由于商业模式总是直接地体现着竞争水平,因此,好的商业模式必须注重细节。注重细节首先必须是在战略指导下严格按照战略的阶段性予以落实,或是在战略调整的过程中体现出相应的变化。其次是保障该商业模式最核心部分的精细化和顾客价值的真正最大化。例如,一个项目的营销设计可能会影响到项目的传播,对代理商的严格筛选、背景调查与否可以决定项目的成功程度。以一个电视剧节目与相应的图书出版的互动为例,好的运作可以保障二者相得益彰并带来很高的收益,而不好的运作则不然,粗放经营的结果只能带来有限的收益。

第九,具有竞争力的商业模式应是本土化的。特别是对外来的项目,必须根据国情、企业情况予以调整,以保障该商业模式能合乎本土化的要求。例如,香港迪斯尼乐园2006年初所遭遇到的困境,就是由于其商业模式没有很好地本土化所造成的后果。

第十,具有竞争力的商业模式往往与企业文化融为一体。一个企业在真正体现出好的商业模式以后,一般很快就会有人模仿和跟进,但好的商业模式不怕模仿,因为它已经与企业文化融为一体了。以美国谷歌公司为例,包括雅虎和微软等在内的公司都在同样的商业模式上有过深入的思考,但在落实该商业模式的程度上却有着很大的差距,这一结果与谷歌的创新型的企业文化适合它的商业模式是有密切联系的。

八、商业模式的选择与完善

商业模式是具体而不是抽象的。因此,企业必须保障商业模式具有独特性或可行性。既然商业模式是具体的,那么在借鉴他人的商业模式时,一定要做细致周全的分析。例如,在美国一开始音像店(包括连锁店)都很挣钱,但是在中国很长时间就不大能行得通。因为,我们的物流环境、配送渠道太差,并且在物流中很有可能会混入盗版(甚至有音像店自己都制作盗版)。所以,如要将国外的商业模式具体落实到中国来,要针对具体条件做具体分析。

企业的发展战略是由商业模式支持的。或者说,实现发展战略需要有可行的商业模式。例如,就零售业的企业来说,20年前是以百货业为主,而今天则是以大型自助超市为主的。而且,在超市业中,还包含许多细分市场的定位和各自的商业模式。因此,企业找到适合自己的商业模式是制定战略的关键。从沃尔玛的案例当中,我们可以发现,它对百货业中所有的技术、技巧和能力做了充分和细致地挖掘,它所做的虽是最常规的商业模式,但它体现了这种商业模式中最有竞争力的部分。它的信息反应最快,比别的连锁业要提前好几天,因为它从20世纪70年代后期开始就采用卫星通讯了,它把全国各地的所有信息自动归类,到每个星期天时,就可以总结出本星期所存在的问题,第二天(星期一)开始营业时,它就可以做出相应的改进。这样的反应速度,很少有零售企业能跟得上它。它具有很大的规模优势，它所经销的许多品类的产品如果单独设立一个企业，都会成为世界五百强企业之一；如果它自己生产某些食品，很快就可以达到年产值上百亿美元。此外，它的竞价能力非常强，例如，宝洁为它生产牙膏时，卖给它的价是最低的，比卖给其他批发商的要低13%。所以，现在的沃尔玛实现了有规模效益、有管理能力，也有信息沟通的能力，所有的这些能力及其技术都能体现在它的商业模式当中，所以它非常具有未来性。

即使是在一些朝阳产业的领域，企业也需要确定具体有效的商业模式才能安身立命。例如，在游戏领域，它需要具体到游戏主题内容的选择、市场定位和营销方法等方面。例如，一些改编"红色经典"的努力大多不成功，多是因为缺乏娱乐性和体验性而使得产品缺乏吸引力。

企业经营的目标（或本质）是实现企业整体价值最大化。就此而言，它需要寻找盈利的切入点，使具体的商业模式具有可行性。同时，在中国这样一种以小企业为主体、缺乏产业链整合的产业环境下，在具体商业模式成熟的情况下，需要形成产业链经营的商业模式。

商业模式是可变化的，应根据企业的发展情况做出调整。就是说，不可能有一种固定的商业模式永远能给企业带来好处，企业需要根据自身情况的变化和市场的变化来调整自己商业模式。世界上的不少产业都逐渐趋向于第三产业的发展，第三产业越来越庞大，其他产业都会与服务业挂上钩。如金融业中已经有几百上千种产品和与之相应的商业模式。所以，在考虑商业模式时应以服务作为重要的考虑对象，无论是否做服务，它都应占有商业模式中非常重要的比重。在全球产品日益同质化的今天，只有两种商业模式最能盈利，一种是拥有知识产权，另一种是提供好的服务。这里所说的服务好不只是对客户的态度好，它还包括满足客户需求的能力比较强。

商业模式必须与市场的特性相结合，因此，在细节上的考虑是很重要的。商业模式的主要趋向是对细分市场的关注。过去20年来中国的宏观商业模式，在未来将逐渐为市场化的细分的商业模式所替代。高附加价值概念，是当今商业模式需要思考的一个重点。重视知识产权、强调产业中的技术的主导地位以及靠规模化获胜等情况并没有改变。而专业化及其品牌化的塑造所具有的高附加值，其中也包含着知识产权或无形资产的贡献。以文化产业领域里的商业模式为例，在中国的文化产业市场环境下，专业化的商业模式的拓展和延长，是一个具有创新意义的商业模式。例如，华谊兄弟传媒集团在制作电影成功的基础上，拓展出影视的内容广告、院线、经纪人、音乐、艺术授权以及国际合作等产业链的形态；结合资本运作，这种整合了的商业模式将成为实现高附加价值、体现企业整体价值最大化的优秀的商业模式。

商业模式的选择和改进是各种组合因素稳步推进的结果。因此，各个组合部分的完善是支持商业模式完善的必要条件。例如，在体育比赛中，靠一两个企业是难以形成有效的吸引力的，必须组成职业联赛这样的联盟。这种联赛一开始总是难以盈利的，但可以通过计划和改进在一段时间后达到盈利的目标。不过，其前提是，构成商业模式的不同要素必须持续予以维护、改进。中国的足球联赛就缺乏这种持续维护和改进的努力，因此没有实现规模化和产业化。实际上，即使已经是成功的联赛，也需要持续的维护、改进。以NBA为例，除了制定并维护各种规则以及开发产品和服务来形成产业链，如门票收入、球衣收入、电视和其他媒体转播权收入、广告、赞助、经纪服务、授权使用商标收入等以外，它还必须持续地对产品和服务的完善、改进做出努力。例如，它总是会在关键场次的比赛休息时向已退役的曾对联盟做出过重大贡献的球星致意，它会定期组织球星与球员交流，它一直在网罗各地的新秀，它努力处理好球员与拉拉队员、观众之间的关系，它还不断地推进国际化，以提高盈利水平，等等；同时，努力保障球员的职业化也是其重要的管理内容。

商业模式的改进涉及许多方面，最主要的是对人才、规模化和核心技术的把握。尽管许多文化产业的投资取得了很高的回报率，但并不是所有的投资都有回报或有很好的回报的。实际上，在需要以内容为主要收入源泉并需要产业链经营的领域，人的因素是决定性的；而对商业模式的分析、确定和改进则是人所能够做出的主要贡献。因此，内容创造、策划及计划中的对盈利能力的持续的维护、改进等等，都体现了人力的价值和不同人力资源的开发水平。

规模化是完善商业模式的一个途径。然而，规模化并不是简单的数量增加，而是对规模的收益测算、跨行业风险分析和企业的经营能力等的深刻把握和对战略的有效执行的结果。显然，有些商业模式是需要特定条件的。例如，有些需要有一定的规模，像那些基础投资比较大的项目；有些则需要跨媒体经营，或需要获得许可或者与政府合作。特别是在中国的文化传媒领域，由于是比较敏感的领域，因而也就有很大的不确定性，比较容易发生变化。所以，当一个企业与某个政府部门主办的杂志合作以后，就会担心在盈利后还能否保障这种商业模式可持续进行下去，那么，在合作过程中就需要及时评估风险，同时需要相当程度的项目驾驭能力和人际沟通能力。以文化产业园为例，它的规模化要求是直截了当的，但是，这种规模化是在洞察整个文化产业的发展趋势、了解当地的资源，并进行了合理的项目组合后才能完成的。文化产业园的商业模式不是一般商业模式的简单组合，而是一种全新的商业模式，它需要复合素质的人才和产业链形态的经营。从这个意义上来说，它是对商业模式的创新，是一种本质上的改进。

完善和改进商业模式的目标之一，就是要确保已有的商业模式能体现出在行业中具有竞争力的核心技术。所有的商业模式都有核心技术。所谓的"核心技术"就是决定该种商业模式具有竞争力的关键技术或管理能力。当然，盈利能力本身就是一种核心技术，管理当中也有技术。管理中有一些是属于"硬性"的要求，是必须做到的。比如成本核算或控制，就是一个技术问题；报表设计也是一个技术的问题。我们过去过于注重单一化的技术或能力，比如说企业的财务总监，本来需要的应该是负责前瞻性思考的财务规划师，而现在却都是由做会计工作的人在担任，仅仅是负责具体业务的总会计师。其实，企业所需要的不是只有单一技术的人才，而是需要结合了其他技术或能力的人才，需要他有眼光、有能力。技术必须与能力结合起来才是"核心技术"。所以，一个企业拥有最前沿的工艺、技术，并不能说明它就一定具有竞争能力，只有使得这种技术与能力结合起来，才能形成真正的核心技术。这种核心技术应能使得企业体现出两类优点：第一，企业在行业中能够被公认是做得最好的，或者是做得最好的之一。每个行业总有它的一些做法，这些做法当中，有的做得好，有的做得不好。一个企业如能够是这个行业中做得最好的，能体现出该行业的好的特点，这就是这个企业的优点。第二，企业应具有一种可持续发展的能力，这也是企业的最可珍贵的一种优点。每个企业都有优点，只是这些优点各不相同而已；所以，如果能把这些不同的优点以及核心技术或其他能力结合起来，那么企业的商业模式就更可靠了，就会是一种好的商业模式。

所有的商业模式都是可以改进和完善的。行业的商业模式都有一些共同的特点，如零售业的收益来自零售差价的赚取，规模越大，差价越大，收益也越好。所以，一般而言，零售业都需要具有一定的规模，规模化是其商业模式的要点。但是，规模也需要一个前提才能构成盈利——这就是没有恶性竞争，或者该企业具有比较优势。有些零售业还出现了一些新的特点，如网上零售或电子商务；其中的一些方式需要有相应的网上支付手段，有足够的客源。总之，其商业模式的评估和传统的零售业是不一样的。此外，在图书零售方面，有些图书零售商如贝塔斯曼等一些企业可以自己创作或定制图书，提高了利润率，这与零售业规模化之后，"下游"控制"上游"的特点有关。

商业模式的完善，需要创新、需要因地制宜，但并不是凭空想象出来的。合理的借鉴就是一种重要的途径，可以参照国外和其他地区的经验，也可以吸收传统的智慧。以电影为例，香港的电影足够提供内地电影产业许多借鉴。多年前就有人做过这方面的研究、分析："欧洲电影人犹自慨叹无法吸引本土观众，而昔日大英帝国偏远一方的殖民地，究竟哪来的办法，能令他们的廉价电影在国际上拥有广泛的吸引力？香港电影人究竟是怎么在现代娱乐工业的框架内，创造出富于艺术性的电影的？这些电影在大众媒体上的说故事方式，包括其历史、技术、设计的特色与煽情效果等等，能给我们带来什么启示？"[①] 实际上，香港电影是面向大众的文化产

---

① 〔美〕大卫·波德威尔：《香港电影的秘密》前言，海南出版社2003年版。

业，而不是面向个人的艺术。另外，中国过去特别是近现代的经验也很重要。例如，中国的出版业多以教材为主要利润的来源，而商务印书馆在民国时期的教材市场上的霸主地位的形成的历史，就是一部商业模式完善的创业史。

九、以文化产业为例看商业模式的特性及其创新

作为一种新兴产业，文化产业比其他制造业在商业模式创新方面更具代表性。文化产业的商业模式具有区别于其他产业的一些特殊性，包括更为关注品牌、内容创作、明星经纪、产业链经营以及消费主体等方面的特点。这些特点或者是单一的或者是组合性的，需根据业务的要求而定。即使在该产业的一些普通的领域里，也表现出产业对商业模式的独特要求。例如，在发展战略上，并购成长是文化企业发展的重要途径。而文化企业的并购成长一般针对的都是有品牌的企业或项目，并且强调被并购的品牌要具有未来价值。易言之，并购的对象应是优秀的、具有品牌价值的企业，而不仅仅只是为了扩大规模而并购。因此，在文化企业集团中，一般都是多品牌的；不同的品牌形成自身的商业模式，而这些品牌和业务之间可能会形成一加一大于二的效果，或者能形成产业链经营的整体价值（或效益）。

文化产业领域里的产品或服务的质量概念与其他产业的产品或服务是不一样的，其产品质量更加难以确定，因此，也更需要培养把握市场的良好感觉。此外，在文化产品的推广上，更强调包装和营销，对人力资源的评判的要求也更高。举例来说，对于一场演出来说，在演出之前是难以判断质量的，市场调查也难以真正开展，这就需要预先对节目内容进行严格的论证，对营销提出某种底线的要求。因此，演出公司在推出新产品时应量体裁衣、量力而行。只有在市场环境良好（如连锁市场）、已具有一定

的经验以及很强的营销或推广能力的情况下,才能推出投资较大的项目。此外,为了保障其商业模式的可行性,演出公司需要考虑与剧场院线合作。

文化产业跨行业的特点非常显著。在很多情况下,从产业链形态来实施文化产业的经营,是一般文化企业的商业模式的基本要求。例如,在产业链的形态中,各种明星往往是文化产业的核心要素之一,它直接与产品销售或活动结果相关。比如在体育产业中如忽视明星的包装与推广,就会减少该产业的关注度及广告价值。实际上,一些电影因主要演员是"票房毒药",可能会导致票房上的失败。因此,研究明星现象,是大多数涉及产业链经营的文化企业在思考商业模式时的必修课。

品牌是文化产业商业模式的核心要素之一。在制造业领域,靠代工(即贴牌生产)就可以产生规模化的收益,但在文化产业领域,"贴牌"却难以有大的作为。因此,品牌的力量是文化产业中核心竞争力的重要组成部分。然而,一些广告公司和文化公司忽视广告、忽视品牌的塑造,是中国的文化企业比较突出的现象。可以说,对品牌的忽视是一种与文化产业特性相背离的做法。

如前所述,文化娱乐产品的特点之一是满足人们的体验性、参与性的需求,这就要求其产品和服务具有独创性,而这种独创性也未必能够产生足够的吸引力。因此,文化产业的产品的不确定性比其他产业要大得多。特别是文化企业很难直接做市场调查,多靠直觉决策,其中更隐含着风险。这就要求文化企业不仅要依靠艺术家和专业人士提供创意,还要求企业家来把握市场的需求。而贯穿创意和需求的是对时尚的捕捉能力。可以说,要形成一个依靠内容产品来实现盈利的稳定的商业模式,需要一个具有不同素质又能够形成良好默契的有机的团队。

文化企业既要关注产业链经营的形态变化,又要因应不同行业的特性差异。文化企业的商业模式应当反映各自行业的特性或文化产业整体的特性。例如,在目前的高校教材出版领域尽管出现了一批好的丛书,却缺少对作为作者的大学知名学者的经纪和包装推广,其产业形态还是初级或原始的。教材出版领域要很好地把握、融合上述两个方面,就需要分别精通出版专业和基于出版之上的文化产业的产业链的拓展。

　　文化企业商业模式创新的基础在于企业必须把创意作为首要事项。然而，并不是只有全新的形态才是创新，一些创新是通过微调（比如适当改变营销模式）就可以获得的。例如，一个图书公司从热衷于"畅销书"转变为"常销书"，这就是一种商业模式创新；一个玩具制造商从动漫产品授权生产玩具到自己设计玩具，然后给玩具编上动漫故事，从而推动玩具的形象推广和最终规模化的生产，这也是一种重要的商业模式创新。

　　在商业模式创新的过程中，首先应当立足于对原有产品或服务的改进和完善，或者说在原有成绩（如客户群）的基础上进行创新。例如，索尼没有能够领先实现从 Walkman 到 MP3 的转型，而让苹果公司捷足先登了，结果造成了自己的被动局面，并出现了严重的亏顺。而据彼得·德鲁克先生的研究，索尼以前恰恰是最擅长"温故知新"的。可以说，索尼的问题出在没有把自己在创新领域里的长处提升为创新的商业模式，结果走了弯路。此外，一些创新可以围绕产品或服务的功能的拓展来实现。例如现在的手机，将来究竟是具有音乐播放器、多媒体还是作为其他什么工具的功能，是需要重新定位和思考的；至少，它不再是单一的通信工具了。几年前的"商务通"作为 PDA 遭遇了手机的冲击，实际上，它后来是被手机的多功能的商业模式所淘汰的。等它明白了这一点，手机产业的竞争已经很激烈了。而设计、自主知识产权和规模效益等一些决定商业模式的因素，都是商务通所缺乏的；即使是在营销方面，人们也不怎么认可商务通能够造出好手机来，所以不会轻易接受它的产品。此外，在一些领域，围绕核心产品的拓展也是创新的常见途径。例如，在苹果的 MP3 流行之后，美国的一些电子厂家和玩具厂商就围绕这个产品开发了系列产品。2005 年纽约国际玩具博览会上，iPod 除了能下载 iTune 的音乐以外，又专为 iPod 设计了卡通扬声器；此外，还有可连接 iPod、随音乐舞动的电子宠物——I-Dog、I-Cat；iDrum 和 iMix 既是保护 iPod 而设的盒子，又可让用家创作音乐；甚至还有连接 iPod 用的婴儿摇椅，以方便家长边听、边唱，哄婴儿入睡。所有这些都是对核心产品的一种拓展。

作为可资借鉴的观点，彼得·德鲁克曾经指出创新的七个重要来源[①]。我们对这些方面分别做了新的例证。第一是出乎意料的情况。有些时候，许多企业在力推自己的主打产品的时候，却发现自己不重视的那款产品十分畅销。例如，一家图书公司力推自己新开发的财经类畅销书，结果是该书不畅销，反而是一款人文类简易读本十分流行。第二是"不一致"，主要是现实与假设之间的不一致。例如，许多互联网公司假定电子商务可以降低价格，在中国药价高企的时期，人们更愿意在网上购买便宜的药品，结果却是一无所获。又如，人们以为人文专题电视节目、旅游电视节目和环保电视节目等与社会热点一致的电视节目具有很稳定的收视率，结果却发现还是"娱乐为王"（当然，这里就出现了创新的机遇）。再如，一些音乐公司主要重视消费市场，强调唱片市场的不断扩大，结果遭遇了盗版的严重打击而举步维艰，而一些以演出经纪为主的公司反而获得了较高的利润。第三，以需要为基础的创新。事物发展过程中的需求基于内在的需要。例如，体育经纪之所以越来越兴旺，是因为明星是体育产业的重要环节，中国要发展体育产业，必须首先发展各类球校和体育经纪。又如，图书出版商借助于版权交易，可以通过把图书改编为影视作品和游戏作品从而获得很高的收益，因为好的内容产品可以决定产业链的长度。第四，产业结构和市场结构的改变。这是最重要的创新领域。近年来，内容产业最重要的领域以及商机所在是网络和手机内容的提供，今后，随着包括三 G 视频化和四 C 合一的产业格局的逐渐形成，内容需求将持续增长。第五，人口统计数据和人口结构的变化。全球年轻人数量的增长，对体育和体验性的娱乐、时尚电子产品的需求将持续扩大。第六，认知、情绪和意义的改变。比如人们对医疗保健或者体育活动的重视，以及人们对尊贵的需要——高尔夫俱乐部甚至 MBA 的流行，都隐藏着创新的机会。第七，科学的及非科学的新知识。例如"饮茶有助于健康"的认识与茶的流行，"咖啡防癌"的认识与咖啡的热卖，美容、减肥和人工智能软件等等，诸如此类所引发的商业模式创新都与人们的某种新的看法或知识有关。

---

① 参见〔美〕德鲁克：《创新与企业家精神》，机械工业出版社 2007 年版，第 32 页。

就文化企业的商业模式创新来说，可以结合各个不同的角度来分析。以下我们对一些领域里商业模式创新环境和机遇的分析。第一是新的产业和新的产业发展模式。例如，在互联网时代，"注意力"是一种商业模式，也是眼球时代的商业模式。这种商业模式要求创意、品牌、活动营销与明星代言的一体化。音乐领域由专辑到单曲的变化，由销售音乐唱片和下载服务到把音乐作为形象代言的变化，就体现了"注意力"经济的新潮流。第二是需求替代。例如，年轻人成为文化产业的主流消费者，他们的娱乐方式更加注重体验性，因此，短期化、流动性的嘉年华比一般娱乐园有着更高的收入。此外还有博客写作代替传统文学，游戏代替电影。等等。第三是内在价值链的延长。在影视领域，内容、明星、广告代言、旅游等是一体化的产业链。以韩国影片为例，它的一个做法是把影星塑像作为拍摄地点的旅游景观。而双栖明星，包括媒体明星学者成为畅销书作者更是具有内在价值链的产业形态。对中国影视而言，后续产品的开发是一个直接的要求。第四，产业文化化的大潮带来的商机。一方面，结合文化产业与其他产业，可以形成附加价值的提升，如房地产的文化内涵及其设计，产品的艺术包装与设计，明星营销的长盛不衰等。另一方面，消费品需要以娱乐产品来拉动，以形成对娱乐的商业赞助，以及消费品的营销对娱乐产品的推广。例如，魔兽世界的游戏和可口可乐饮料之间的捆绑营销，就创造了双赢的局面。第五，围绕核心产业的跨行业的商业活动。例如，手机业的发达造就了手机的内容产业。再如围绕互联网产业不断扩展的内容产业，包括新闻、图片、地图、游戏、漫画、视频、名人博客、新文学、短信、音乐、体育赛事等方面的高度发达。第六，产品形态与交易方式的变化。如网络虚拟物品交易、游戏代练和其他玄幻武侠书的畅销等等，都是新的商机，也出现了许多新的商业模式。第七，市场的扩展性的变化。如成年人看漫画、市场国际化、国际化之后的留学产业、培训产业（包括语言培训等）、会展产业等等。第八，战略性规划带来的产业集聚和新的商业模式，如某些地区建设的文化中心、酒吧一条街；在战略规划指导下建立文化产业园区等等；而将公园改造为演出中心则是企业层面的战略规划所带来的结果。第九是品牌先行。如少林寺从寺庙经营到武术表演，又利用少林品牌开拓真人电视节目和拍摄影视节目；今后还将进一步形成少林足球学校和俱乐部。此外，先在一个电视节目中塑造一个餐饮品牌再在现实中形成餐饮连锁的做法也是品牌先行的重要策划。第十是顺应技术变革。技术变革（或提高技术）能形成技术领先性的商机。例如，谷歌和百度就是典型的技术变革的商业模式受益者。当然，技术领先性带来了长期立足的挑战。例如，苹果公司的音乐就遭遇了挑战，因为无限下载的硬件和传输技术已经日臻完备，手机音乐的商业模式正在确立。假如没有跟上技术的变化，某种商业模式很快就会过时，在一段繁荣之后会迅速地灰飞烟灭。不过，苹果的下载技术可能在今后的视频下载服务中形成克制盗版的新的商业模式。第十一，规模上的要求会促进新的商业模式的出现。如贝塔斯曼之举办图书俱乐部，实现了定制图书的商业模式，并可保障可靠的盈利。第十二，根据产品结构上的特殊性形成营销捆绑的商业模式。如SONY公司2004年底投放市场的游戏机售价很低，但它却能从UMD特别格式的游戏和记忆棒内存生意上获利；而这种商业策略的技术保障就是UMD光盘，一种从硬件上无法拷贝数据的技术。第十三，通过积累拓展新领域的商业模式。如内容提供商（如电影公司）进入有线电视，通过内容的积淀获得创作能力和内容服务能力。第十四，细分市场孕育着无数的创新机遇。如幼儿教育、留学服务、英语考试及其培训、艺术考试及其培训、对外汉语教学和教材出版、专项文化旅游等等。有时商业模式的创新能带动技术的创新，促进新的细分市场的形成。如网络广告的商业模式要求网络搜索引擎技术的提升，最终形成一系列的新的广告代理企业，并带来广告商业模式的创新。

文化企业的创新是其生命力之所在。即使是成熟可行的商业模式，也必须思考如何自我淘汰或更新。因此，对商业模式创新的持续关注应当作为企业培育核心竞争力的主要战略事项。

不同的产业需要有不同的商业模式，而文化企业更有其特殊的商业模式。由于文化和制度的特殊性，以及文化产业的发展历史比较短，不少商业模式都包含着一些不可以普遍化的要素，多是一些较特殊的形态，或者说是特殊的商业模式。例如，在电视节目制作向民营企业开放之前，一些内容制作商需要与电视台合作才能制作节目，有些甚至通过与电视台的个人合作来制作节目（进行私下委托交易）。又如，现在一些区域纷纷开始发展文化产业，出现了打造文化创意产业园区的热潮，其中许多项目需要有政府的审批，有些甚至要由政府组建公司来参与投资经营，这就出现了民营企业与政府之间（甚至需要通过部分官员私下公关）官商结合的商业模式。可以说，由于基础资源由政府垄断，加上行政干预比较明显，在我国官商结合的商业模式占有相当的比重。官商结合的商业模式，一方面比较不透明，操作起来比较复杂；另一方面有些官商结合的商业模式的风险比较大，包括合作的风险和政治风险都比较大。因此，企业应当谨慎对待。当然，如果某种官商合作是正式的并且是比较透明的，那么企业就应当积极参与。

就一些区域综合项目和活动经济而言，由于产业规模、内容创意和政府规划管理等几方面要求的结合，因此需要在政府的主导下来整合资源，这无疑需要官、产、学的一体化的合作。在这种综合运作的环境中，对于商业模式的完善和创新，需要思考以下几个问题：企业如何参与并发挥自己的长处？怎样才能完成这个大型的项目？政府的角色是什么？怎样实现合作创新？首先，就企业参与资源的开发经营而言，一方面，在视野上不应局限于文化艺术资源，还应包括大力发展教育、体育、活动经济、娱乐多媒体等相关内容。在这一方面，可以和拥有垄断资源的政府加强合作，尤其是开发出具有市场需求的内容产品。另一方面，应当吸引行业外的优秀人才参与经营管理，以他们丰富的市场经验，协助开发符合市场需求的产品。其次，大型项目需要品牌化经营。以区域为考察对象，无论是政府还是企业，品牌项目都具有重要价值。创建品牌项目，既要利用现有的品牌，也可以集中力量开发优势资源的品牌项目。以某个目前十分畅销的文摘类杂志为例，尽管该杂志的品牌声誉卓著，但杂志的商业价值并没有得到充分体现，其他价值链开发和规模化发展的潜力也没有得到充分的挖掘。这是一种明显的资源浪费。因此，企业进行品牌项目的开发，既要以内容为主，又要形成对产业价值链的深度挖掘，同时结合区域资源和自身创造能力的发挥，以形成专业化的独具特色的品牌。再次，政府在开发公共服务项目时，或者在发展活动经济时，可以由企业承担具体的经营责任。由于公共文化的服务系统的显性资源垄断特点比较显著，因此，企业可以通过承办和承包等方式参与垄断资源的经营开发。例如，把电影院改造为保留娱乐场所的商务中心、为演艺团体策划营销、与地方大学合作开发教育资源等等，都是有例可循的经验。最后，为保障合作创新，政府应转变部分职能。如政府所举办的会展可由企业策划和执行，政府只需要提供一些财政补贴或项目公关协助，而不必要大包大揽。另外，我国政府也可以借鉴韩国的经验，由政府购买部分大型设备，从而为民营企业提供大型设备租赁使用；或者由政府提供场地优惠租赁服务。因此，在政府改革和转变自身职能的过程中，可以实现官商结合良性的转变。

当然，特殊的商业模式是特殊阶段的产物。一方面，企业自身应当注意参与垄断资源开发的前期风险和所受到的体制上的制约。例如，某个企业为了获得某种垄断资源的经营权，盲目收购了一些媒体，结果不仅没有开发出品牌媒体，反而因负担过重而导致企业现金流的危机，这是一个过于依赖资源的典型例子。另一方面，企业在官商合作的同时，应当注意培育自主竞争能力，逐渐摆脱对垄断资源的依赖，努力使自身在今后竞争日益激烈的市场中具有核心竞争力。

第十四章
企业文化建设

企业文化是一种结构化体系,包括核心价值、制度、企业形象等。企业文化建设关键在于确立核心价值观及其制度化。

当前在理解企业文化的时候，多数企业管理者是从比较表象的方面来思考和分析问题的，有一些人甚至是在缺乏中国文化训练的学者的"引导"下来进行实践的，这就难免出现会出现隔靴搔痒、不专业甚至误导的情况。举例来说，不少企业在进行企业文化建设时，都是从CIS（甚至是LOGO）入手的，都没有能够与企业的核心价值联系起来，结果就闹出了一些笑话。因此，利用新中道的方法对企业文化进行探讨和分析，具有正本清源的意义。

一、企业文化的结构

实际上，企业文化是一种结构性的文化体系，对这种结构需要有个全面的认识。企业文化的结构包含几个不同的层次。首先，企业文化是由多方面的内容组合而成的；这种结构包括深层次的核心价值、中间层次的制度和思维方法以及比较表层的企业形象等由内而外的几个层次。所谓的由内而外，是从重要性的角度来说的。其次，企业文化要求全体员工达到职业化的要求；这是企业文化的基本要求。职业化的员工执行力强，道德风险也低。可以说，企业并不一定需要某个职业经理人，却很需要职业化的员工。但是，职业化的员工不是找来的，而是从选择、招聘员工开始逐步培养起来的；同时，职业化也需要企业的法治化环境的制约。再次，企业文化需要解决一系列彼此冲突的问题，同时促进相互依存关系的形成。在解决冲突的过程中，有很多方面需要沟通，特别是对需要取得共识以及需要相互包容的部分有深刻的洞察。此外，需要解决动态过程中出现的新问题。例如，企业引进一个高层成员，在给予他高工资待遇后所引起的连锁反应，是不是会出现打破公平竞争格局的结果？如果是，就应在引进外来者之前重新调整有关的制度，并要宣传、倡导有关公平竞争的企业文化。

最后，需要解决结合了审美的和伦理的要素的企业形象问题。

企业最大的特点是它有一套自己的价值观；员工需要按照这个价值观来行动。一个管理优良的企业，不仅需要明确自己的价值观，还需要有相应的"行为手册"来落实这些价值观。当然，不同的企业，价值观也不同。例如，DELL基本的价值观是注重工作程序和纪律；而不少中国的企业则更相信个性化的激励，在此基础上再考虑程序和纪律的要求。这就是两种不同的价值观。

就企业界目前盛行的"以人为本"和"法治化管理"的理念来看，人们并没有严格区分这两种理念，更缺乏对这两种理念相互冲突方面的关注，法治化管理是提高管理水平的必要途径。然而，在中国，由于观念和理念的混乱，人们并没有看到人性化管理必须以法治化管理为基础；特别是在企业规模达到一定程度之后，法治化管理更要依赖于职业化管理，而职业化管理中的"以人为本"并不是要求企业所有者去善待员工的问题，而是企业或员工如何服务顾客的问题。

进一步说，"以人为本"是一种文化诉求，它包括两种情况：一种是对于顾客和社会的，如产品及服务的质量，包括对其人性化的设计和改进。例如，一座公共建筑，必须照顾到残障人士在使用上的便利。另一种情况是人性化的管理，即如何善待员工，并发挥出员工的主动性。在这个意义上，"人性化"是个口号，它注重的是静态的程序或措施的贯彻，追求的是好的激励和好的工作结果。公司应给予员工很好的工资、福利，并让员工在业余生活中实现更为充分的"人性化"。

企业在价值观的追求上可有多种可能的选择，如追求"创新"、"团队"、"结果"、"导向"、"沟通"等等。不同的企业文化对企业的价值观有不同的体现方式。比如，强调程序化的企业所理解的"团队"是指像程序一样很便于运作的团队。中国的一些中小企业多认为自己企业的团队间的协作太差，常有部门主义，员工之间也缺乏协作，因而更强调企业要建立起团队这样的运作方式。可见，各个企业对价值观的理解是各不相同的。然而，如果一个企业没有价值观，那么这个企业就将无法运作，因为它无法指导员工应追求什么样的工作目标。所以，企业必须有自己的价值观,即确定自己的"核心价值";这个核心价值即相当于企业的"原则"。比如说,一个企业以"团队"为自己的核心价值,那么,如果一个员工有条件协同行动时却不顾同伴而行动,这就违背了"团队"的要求;作为一个不合群的人,他就会被排斥在团队之外。

企业应在"核心价值"的引导下建立企业的规章制度。比如说,如果企业以"创新"为核心价值,那就应建立相应的奖惩制度,并要具体化;创新有风险,需要资金的投入、要付出体力、精力,总之,创新需要脚踏实地的实践,而不是空想。在企业中多数人都不愿意独立思考、不愿意承担风险的情况下,戴尔公司的王真[①]其实是一个可贵的员工,之所以会出现他这样的情况,是因为他的创造性与企业的体制产生了冲突。制度的作用之一就是约束人的个性,并把人的个性纳入到企业所确定的价值范围之内。比如说,某位员工今天上班晚来了一分钟,按照企业的制度,晚来一分钟就算迟到,一个月三次迟到就扣奖金,制度的规定就是这样的简单、明了;否则,员工就可以为每天的迟到找到各种借口了。由于企业不可能照顾到每个人的想法或特殊情况,必须"一刀切",必须将各种情况按照某种价值要求置于具体的制度之下。有了制度,员工才会愿意按照老板的要求去做事;而实际上他是按照制度的要求去做事的。老板和员工都不能随意地更改制度,大家都须按照制度来做事;这时,制度就能转化为员工的行为了。员工服从制度的原因之一是觉得这样做有好处。实际上,企业不是从文化的角度来思考员工的,员工也不是从文化的角度来思考企业的。企业只是一个利益的平台。企业需要通过企业文化来整合人力,使人力发挥出更大的效益。在企业文化的结构上,最内在的方面是核心价值观,其次是制度,外围则是员工的行为。所以,要改变企业文化,就先要确立起企业的价值。

---

① 《南方周末》2004年3月4日的《员工公开抨击公司是言论自由还是对企业不忠?》中报道:"今年的1月5日,《IT时代周刊》(该刊主要发表IT行业的前沿趋势方面的文章)发表了一个封面故事《告诉你一个缺失的DELL》,作者(笔名西川)以一个DELL内部员工的身份,抨击DELL非人性的企业文化,在业界引起了较大反响"。这篇文章的作者已经辞职,作者的真名叫王真。

在这种企业文化的结构中,有三类人员的做法会与企业文化的和谐相违背。一是具有极端化思维的人(一般是过于理想化或过于急功近利的人);二是过于主观化的人;三是喜欢结党的人。对此,我们在后面会进一步作分析。

二、企业文化的影响因素

以上是对企业文化基本结构的思考。那么,企业文化主要受哪些因素的影响呢?

首先,企业文化是由创业者带来的,因此必然深刻地带有创业文化的意识(或特征)。一般来说,如果一个组织的人员比较稳定,就会逐渐形成组织文化。以大家比较熟悉的班级文化的形成为例,如果每个班级的学生只在学校一年或更短的时间,那么就不易形成班级文化;如在学校有更长的时间,比如三年以上,那么就会形成班级文化。通常,一个组织一般在三五里就会形成自己的文化。文化形成之后,就会产生"双刃剑"的效应:一方面这个文化使组织里的人更有效率,表现在他们知道应该按照什么规矩办事,知道这个组织鼓励什么、奖励什么,相互之间的沟通变得更容易。另一方面,文化也会产生出某种"惰性",或者称为"保守性"。比如,一个企业最初是由某三个人创办的,几年以后,发展成了一个有三千多人的企业;这三个人通常还是企业里最核心的高层,还会经常聚在一起讨论问题,互相之间的行为也都很有默契。但现在出现了新的情况:三千多名员工就意味着至少有五个层级的部门领导人,不能再靠平时一起吃饭、聊天来决策了;此时,就需要制定并依靠制度来办事了。这样,原来那三个人的处境就发生了变化。过去,有事只要三个人之间商量,就可以很快决定了。而现在,由于有了制度,这三个人就不能轻易推翻已决定了的事情,否则就是破坏程序,就会丧失制度的威信。这时,这三个人就会发现，自己原来的管理方法与现在的按程序管理的方法是完全不同的。还有一种情况是，当企业从三个人发展到三千多人后，往往需要请来一些经理，而有能力的经理往往是职业化、重程序的，这样，原来的三个人就难免经常与这些经理产生矛盾。企业文化的历史越长，人们的习惯、做法就越难改变。其中最难改变的是那些掌握实权的"元老派"。他们的习惯或做法很难改变，即使改变，也会是一个很痛苦的过程。总之，企业文化会受到企业发展历史中的"元老派"的影响，因为在企业的发展中沉淀了某些习惯的或惯性的东西。

其次，企业文化还会受到市场环境的影响。中国的市场环境决定了中国的企业很难做到像国外的一些比较规范的企业那样程序化；即使做到了，有些东西可能也会学得不像。经过了创业期后，企业需要法治化的管理，同时也需要职业经理人的管理。而由于缺乏职业经理人成长的环境，往往无法很好地实施职业经理人的管理。即使有些企业找到了职业经理人，但在具体的管理过程中，也难以实现整个企业的有机配合以及价值观上的高度共识。

再次，企业文化同时还受企业家态度的影响。由于是企业家及企业的其他创业元老使企业有了原初的企业文化，所以，如果他们想改变企业文化，那么这种改变就会相对容易一些，如果他们不想改变，一般的员工是很难改变的。所以，要改变企业文化，就一定要企业家愿意改变，而且愿意支持员工去做出改变。但是，由于企业家本身是现有企业文化的一分子，当他试图要改变企业文化时，也会遭遇困难：要么他会缺乏动力来做出改变，其中的原因包括面对与自己一样曾经创造该企业文化的元老们，他难以说服他们与自己一起做出改变（元老们也许根本就不愿改变，缺乏对改变后的企业文化的支持）；要么就是企业家难以克服变革过程中的痛苦，难以做率先变革的领头羊。

最后，传统文化也会影响企业文化。在中国，企业文化之所以不容易上升到规范管理的层次，在很大程度上是因为在中国的任何地方都从来没有过规范管理的经验。这就好比中国足球，世界其他地方几乎都已经职业化了，而中国足球还是"人治"色彩特别浓厚：国家体育总局管足协，足协管俱乐部,这样一级级管下去,而没有靠一种规范的程序或制度来管理。所以,在中国,企业文化如要获得突破,还有赖于整体上的文化环境的改变或管理文化上的突破。企业在不同的国家会受到不同民族的传统文化的影响。因此,企业在走向国际化的过程中,应当首先了解企业所在国的文化,包括法治化的程度、生活方式、员工对待工作的态度(包括是否乐意加班)、上下级的关系以及"办公室政治"等方面的情况。

基于以上的分析,假如企业是集团企业,集团总部和其各个分公司和子公司之间,是统一企业文化好还是区别开来好?从总体上来说,可以分为两种集团文化。一种集团企业是要求标准化的,如特许经营,它需要统一的企业文化。一种是没有严格要求的集团,如一些分公司制的集团,可以在坚持某些原则的基础上,对其他方面采取灵活的做法。具体说来,在战略、核心价值、职业道德和基本规章制度上应有一致性,而其他的,如团队运作方式、某些具体的行为模式则可以有所变通。由此而言,特许经营的企业集团,应选择那些具有相同核心价值的企业来合作,而不一定选择同行的企业。

由于企业在发展,因此企业文化在局部领域总是需要随时变革的。不过,即使企业试图改变企业文化,也未必能把握它的本质。有些人在创立新的企业文化时,只是把企业文化当成了某种"口号"或是"标识",或者只是制作了一本小册子,以把企业打扮得很漂亮。然而,这些都不是真正的企业文化。创立企业文化应"由内而外",口号、标志或者包装要与企业的内在文化相符合。例如,深圳有一家企业,本身运作得很好,但缺乏明确的企业文化,于是企业领导人花了很多钱找人做了一个企业文化的设计;该企业所强调的是"中正"和"诚信",但设计者却设计了一个斜放着的"中"来作为企业文化的标识。显然,设计者并没有理解这个公司所要倡导的企业文化的内涵。类似情况是企业文化建设中的常见的弊病之一。由于对企业文化的建设的本质不得要领,这样,企业就会认为创立企业文化是没有效果的,最终导致一些企业在尚未进入企业文化的门槛之前,就丧失了对企业文化的信心。出现这种情况的原因在于,设计企业标识的人大多是学美术出身的,而只有懂得了企业文化的内涵,才有可能设计出合适的企业标识。

三、企业核心价值观的确立

价值观是关于价值判断的各种观念，是对值得欲求的事物或事物性质做出的好坏判断。价值观可有多个方面的，有功利方面的，有伦理方面的，有审美方面的，有理想或理念方面的等等；并且，在事实上也存在着不好的、不健康的价值观。而核心价值观就是价值观中好的并且是最重要的部分。

由于价值观涉及一个人或一个群体的价值判断和选择，因此，为了确立积极的主流价值，就需要强调：具有根本意义的价值不能被违背。在一般情况下，像公正公平、诚实正直、创新进取、团队精神、追求卓越等都是一个品德优秀的人或追求美好事物的群体的核心价值。不过，在个人与群体之间以及不同的群体之间，核心价值也会有很大的差异。特别是对企业这种商业性组织来说，它的核心价值的选择需要与企业所承担的使命、支持一个企业的发展的思想力量以及近期的战略目标相统一。同时，企业也把社会价值中的对基本道德准则的遵守（如诚实正直等等）和对习俗的尊重作为自明的、应有的要求，是企业确立核心价值的前提，而一般并不把它们再列出来作为核心价值的一个组成部分。企业的核心价值是围绕企业持续、稳定、健康发展的根本价值。如果一个企业的员工缺乏职业道德或缺乏诚信等基本品德，企业的核心价值也就失去了基础，就没有人会遵守这种核心价值，其核心价值也就失去了意义。当然，企业的核心价值观不能违背一个社会的基本价值取向；比如企业之追求效率、追求卓越的价值不能与社会价值中的公平及人性原则相背离。

企业的核心价值十分重要。我们平常讲"道不同，不相与为谋"，而核心价值观就是一种"道"。核心价值观也就是企业的基本原则。企业的价值观涉及方方面面，例如，鼓励节俭、审慎、勤勉、团队协作、追求创新以及对市场保持灵敏的感觉等等，这些都是价值观，但它们之间可能会存在冲突，因此，需要确定其中最核心的部分，否则就失去了原则性（或指导性）。而核心的价值就相当于原则，而其他一般的价值则相当于规则。原则是不能通融、不可灵活处理的。有人说要做到"原则性和灵活性的统一"，实际上这个表述是有问题的。因为要求"灵活性"就会导致失去"原则性"；而原则是不能违背的。因为如果违背原则而没有受到惩罚，那么人们也就不需要坚持原则了。所以，我们只能说：在坚持原则的前提下兼顾灵活性。所以，企业只要有了核心价值观，那么这些核心价值观就是企业的原则。既然是原则，就不能只是口头上强调要提倡它，必须把它作为最重要的制度来加以处理、对待，并通过企业政策来巩固和落实。必须将核心价值与企业的用人制度、赏罚标准等结合起来。换言之，必须通过制度化的激励和约束来体现企业对核心价值的重视。正因为企业文化建设（包括核心价值观）是可以认识、有规则可遵循的，所以，企业文化建设的"可操作性"其实是很强的（在核心价值观的确立方面也是如此），只不过其可操作性并不像穿衣吃饭那般便捷而已。

企业文化建设包含着对内的核心价值观的确立及其制度化，以及由内而外的员工行为规范、企业形象设计和对外形象资源管理两个方面。从重要性来说，内重于外；或者说，越是内层的越是重要。从对内来说，它包括树立理念、确立核心价值观及其制度化等方面（体现在对员工的行为要求上是一个配套的工程）。从对外来说，客户服务、品牌和对企业形象的维护，是与企业营销活动相配合的工程；反过来，这些也有助于提高员工的自信心，并促进员工对企业文化的认同。

企业核心价值观的确立，需要具有直接的针对性。确立企业的核心价值观须注意以下几个方面：

首先，企业的核心价值观是支持企业长期可持续发展的价值。因此，它首先应着眼于借鉴所有优秀企业所共同体现出来的好的企业文化。核心价值观虽然是一个企业针对自己的发展所应具备的要求而提出的，但首先应着眼于成为一个优秀企业所应具有的美德。比如说，核心价值观应包含对企业经营管理不可或缺的价值，如团队精神或追求卓越的理念等等，并具体化为可辨识的知识和美德，再通过制度化转化为员工的一致、有效的行动。核心价值观的表述要具体、清晰。譬如说，很多企业都提倡"以人为本"，但究竟如何以人为本，却没有具体的表述，结果"以人为本"就成了一个抽象的口号。就文化企业来说，由于涉及艺术家们不同的个性或理念，往往更难达成一致的共识，因此，企业更需要强调职业化的要求，以通过职业化的要求来约束艺术家们个性化的随意性以及过于主观化的倾向。

其次，企业核心价值观应能体现企业自身的长处，并能用以强化这些长处。一个重视企业文化的企业家必须"知己"，对自身有反思和分析能力，并能以比较的眼光来看待自己的企业，既要发现自己企业的不足，也要珍惜已有的长处。为了使长处得到发挥，可以把企业的长处总结、提炼为核心价值观之一。例如，企业的长处可能是善于分析产业变化的趋势，从而把握机遇，那么，"前瞻性"就是其长处，企业可以把它作为核心价值来对待，使企业在做事时有前瞻性，不打无准备之仗。企业的长处也可能是其产品比别人好，那么"质量意识"就可以作为企业的核心价值之一。当然，这里的"质量意识"应包含对质量的宣传、推广的内涵，这样才能构成核心价值观的一部分。

再次，与此相对应，企业核心价值观应是对企业缺点的矫正或短处的反省，是对不良风气的一种克制。企业最常见的文化上的缺点一般有两类：一类是长期积累下来的问题，比如僵化、朋党、官僚习气以及死气沉沉缺乏热情等等；再一类是因为某些优点突出之后而其他方面没有跟上造成的。前一类问题基本上是企业发展过程中所沉淀下来的惰性和保守势力，以及由于管理水平不高所遗留的漏洞。例如，企业的创业文化形成后就会形成元老文化，它可能会妨碍企业对高层次的人才的进一步引进和规范化管理的建立。后一类问题则主要是企业在某一方面的阶段性成功造成企业过于骄傲、过于相信以前的经验所造成的。例如，靠营销成功的企业，就会像某年春节联欢晚会上的一个小品中所表现的：什么东西都可以卖出去，而不需要提高产品质量或进行技术创新。因而，它们认为企业实际上只需要一种人才（营销人才），由此有些企业还逐渐形成了急功近利或投机取巧的文化氛围。又如，一些善于做"资本运作"的企业有时会把企业做虚。所以，必须针对自己的长处加以发扬，但同时又不能矫枉过正，应及时克服明显的弱点。例如，号称华尔街投资第一人的沃伦·巴菲特，他善于分析企业股票的走势，也正因为如此，他就专门研究企业的基本面及其内在价值，在企业价值没有被市场充分挖掘出来以前就进行投资，结果取得了巨大的成功。

此外，核心价值观也可以吸收企业发展不同阶段或企业下属部门、分支机构所提出的一些比较精彩的理念。例如中国移动通信集团，它的一个分公司提出了"沟通从心开始"，既有品位，又有丰富的内涵，并且与无线移动通信的业务特点很吻合；中国移动集团就可以将它吸收作为核心价值观的一个方面。再如日本的被尊为"经营之神"的松下幸之助先生以"生产物美价廉的产品"作为企业的经营理念，至今它仍然是松下集团的核心价值观之一。

还有，企业的核心价值观应当包括能够体现该企业主营业务所在行业的公认美德。特别是在一些历史悠久的行业中，在一些优秀企业或杰出人物身上所表现出来的行业或职业美德，已被证明是能够使得企业获得成功的美德或好的做法，应予采纳。比如"审慎"是金融行业的职业道德；而"通过创新实现高技术低价格"就是一种技术行业的行业美德。

最后，企业核心价值观应与企业发展战略及核心竞争力相呼应，以便增强实现战略意图的力量，并强化核心竞争力。核心竞争力来自在产业分析基础上所制定的有效的发展战略，和落实这种战略的具体的商业模式，以及突出地体现该商业模式的核心技术、管理技术与美德。实际上，每一个战略阶段的核心价值都是有差异的，由于战略发生了变化，那么对核心价值做相应的调整也是必要的。企业的核心价值是支持发展战略的一个环节；如果没有核心价值观的支持，战略是无法执行的。所以，当换由不同的企业家来主持企业管理时，有时会调整战略，并把工作重点放在调整或变革企业文化上；当然，战略的调整应是有限度的，不能全盘推倒重来。

总之，企业的核心价值观主要从上述这些角度来确立的，但也并不是要求面面俱到。然而，企业核心价值的重要性是不能打折扣的，它与战略一起形成了在企业管理中最重要的关乎企业经营之成功与失败的基本标准。比如，1968年奥格威为奥美广告所归纳的宗旨为："比其他同业更有效地服务于我们的客户；逐年提升营收利润；维持崇高的道德标准；经营公司必须秉持战战兢兢、精益求精的精神；提供现代化的服务；使奥美成为最令人振奋的地方；赢取社会大众的尊敬。"① 这其实是一种侧重于经营哲学的核心价值观。韦尔奇在他管理通用电气时的20世纪90年代初期就提出："永远坚定地保持正直的品格；满怀激情地致力于促成用户的成功；看重'六西格玛'品质；坚持做到卓越，决不容忍官僚主义；按照无边界的方式行事；珍视全球内的智力资本及其提供者"② 等。他提出的核心价值，其特点是侧重于对企业战略的支持。

结合企业文化建设的实践，下面我们把确立核心价值观的实践中的一些问题指出来，以引起经营管理者的重视。

首先，企业的核心价值观不能等同于企业各部门指导思想的汇总。在从什么角度来确立核心价值观这一点上，有人认为应针对企业内不同的部门提出各自不同的核心价值。这是错误的。不同的部门必须体现共同的核心价值。由于业务或工作的不同，各部门在核心价值的制度化方面可以有所不同（可有不同的规章制度），但不能有各自不同的核心价值。各部门可以有自己的指导思想，并落实到具体业务上，突出自己的工作或要求，但是部门的指导思想并不是企业的核心价值。部门的指导思想是把企业的核心价值与部门的具体要求相结合的产物。

其次，企业的核心价值确立的是企业的共同原则，它要求企业所有员工一起共同做什么，而不只是高层领导要员工做什么。企业文化的建设及推广是由上而下和由下而上同时展开的。实际上，在确立企业核心价值观的时候，首先应要求高层做到什么，因为按照核心价值而行动的最大的阻力往往来自高层。如果高层管理者有了共识，企业核心价值就比较容易确立起来。另外，企业所确立的核心价值是要作为行为准则的，或者说它是

---

① 〔美〕大卫·奥格威：《广告大师奥格威》，三联书店1996年版，第118页。
② 〔美〕杰克·韦尔奇：《杰克·韦尔奇自传》，中信出版社2001年版，第178页。

要做的，而不只是用来说的（当然，有时也是要传播的）。

再次，企业的核心价值一定都是积极的，通常都具有要求改变现实的内涵，也包含着一定的理想性。但是，企业核心价值观不能成为游离于现实之外的理想，不能过于理想化。如要求员工"无私奉献"（包括"不计报酬"）之类，那都是与企业的基本价值或激励方向不一致的、过高标准的要求。核心价值观的确立，要体现出全体员工对该价值观意义的理解、认同及遵从的意向。只有全体员工都能遵守由这些价值观所指导的准则，核心价值观才能是一个理论指导实践的精神纲领。一些企业经营者常抱怨下属员工不加班，但问题是，加班是否是一种制度？如何做到让员工自觉地去加班？只有营造这样一种制度环境，使得员工对工作以及工作环境有内在的需求，他才会不计报酬地去加班。在发达国家里，加班都是要付加班费的。一些企业家错误地以为通过把"无私奉献"作为企业核心价值就可以要求员工无私奉献，那只能是一种幼稚且自私的想法。

以上就如何确立企业核心价值的问题从几个角度做了说明。需特别指出的是，在确立核心价值观时不应面面俱到，要有现实针对性。在企业文化建设的实践中，并不要求同时照顾到以上所涉及的确立企业核心价值观的所有方面，而以选取所涉及的价值观中的五个左右的内容为宜。这是因为，如果面面俱到，要么会无法体现出核心价值作为原则的重要性，要么就会造成多而无当，不便记忆、不好管理，等等。当然，建设企业文化还应注意各种细节，特别是对与经营管理有关的一些具体的操作办法也应从价值上予以肯定。然而，企业管理中所应肯定的东西虽有很多，却并不是所有的东西都具有原则性的地位或意义的。

四、核心价值观的制度化

作为核心价值观确立的重要环节，核心价值观应该与整个企业的管理制度相结合。抽象地说来，企业的核心价值观是在提倡一种健康的精神；但从企业文化建设的角度来说，应通过具体的规章制度或政策的确立，来改变人们的某些观念和行为，以体现企业的核心价值。就是说，企业的核心价值必须得到落实。例如，企业的团队精神应该落实在企业对员工合作态度、学习能力的考核以及对部门或小团体利益的克服上；而一个追求卓越的企业决不能容忍漫不经心、随意、懒惰、渎职、甘于落后等行为。在制度化的同时，也要注意对体现核心价值（如体现团队精神和追求卓越品质）的员工予以奖励和鼓励。就此来说，人力资源工作在企业文化的制度化方面具有重要的地位。核心价值观的制度化，是一个企业文化建设中非常重要的问题，还需要进一步进行讨论。

所谓的法治化、规范化、制度化，其实是异名而同实，就是要确立起规章制度（包括一些原则和具体的规则），以使行为有法可依、有规则作为标准。人们之所以强调制度，就是因为制度是比较公平的、且可以长期依靠的用以规范行为的规则体系。企业的规范化、制度化管理就是要对企业"人治"进行约束，以保障企业不会因某些高层人员的主观意志而随意改变政策（或做法），并使员工知道什么东西是被鼓励的、什么东西是被禁止的，这样就可以把员工的行为引导到一种健康、积极的态度上。因此，法治化实际上也具有一种引导作用。

企业的核心价值观是企业的原则，是必须坚决予以维护的。应通过将核心价值观的某些内涵制度化，形成能激励员工实践核心价值的具体制度。企业核心价值要转变为制度，就必须采取一些相应的措施。其一，这些核心价值观必须能够被清晰地解释为一个个的价值观念。比如说，所谓"团队精神"究竟是指什么？它不是指员工之间随意的相互帮助，而是要求首先要把自己的职责做好，然后再注意与其他人的协作，包括主动发现协调中的问题并予以解决、加快流程中合作的工作速度以提高效率、增加交流和练习以提高默契程度、在别人确实需要帮助时予以必要的帮助等等。其二，要把这些具体的价值观与业务工作结合起来，并形成系列的标准做法。其三，建立与这些价值观（或标准）有关的赏罚制度，以促进执行、防止违背制度。其四，以体现核心价值的相关标准作为考核、任用人才的标准。人们所说的"符合企业文化的员工是好员工；不符合企业文化的员工，即使才能出众，也不是好员工"，所说的正是这些员工是否真正成了企业的"成员"。其五，对新的标准进行解释和宣传，以保障员工能真正理解并认识到它们的重要性。其六，对违背准则的行为要制定严格的惩罚标准。针对标准可能被违背的种种可能，要事先对标准进行详细解释，制定出相应的执行细则，以保障有关准则的执行。其七，当有关制度确立后，企业主管经营的一把手必须亲自带头贯彻这些核心价值，使其落实在日常的管理过程中及员工的行为上。

企业核心价值的制度化，除了制定标准以外，还要在重要的场合就遵守、促进或漠视、违背核心价值所进行的奖励或惩罚的信息进行公开宣传。此外，如果企业确立了不同于以往的核心价值，那么，人力资源等部门就必须对有关的规章制度和政策进行相应的实质性的调整。

企业文化的制度化是企业文化建设的核心课题。特别是核心价值的制度化、团队管理技术的提高以及对员工的职业化培训等等，都是把企业文化转化为制度的重要环节。至于企业各部门如何针对自己部门的特点来落实核心价值观，也是一个系统工程（限于篇幅，有关分析从略）。

五、关于 CIS 设计

企业在确立了核心价值并将其制度化，并且对员工进行了行为规范的培训之后，此时应注重企业形象的建设。CIS 是企业形象建设的重要组成部分。在企业文化上，特别是在文化企业中，一般都很重视 LOGO 的问题（有些企业也很重视 CIS 设计问题）。但总的来说，如果忽略了企业文化的整体建设，对于 CIS 或者 LOGO 的理解也难免是片面的。

CIS 设计是要实现企业的系统化的形象设计，包括对企业某些理念的具体化。一般而言，CIS 包括理念识别系统（MI）、视觉识别系统（VI）

和行为识别系统（BI）三个部分。所谓"识别系统"，就是要使某些审美和观念的内涵以视觉识别的形态表现出来。文化企业中的CIS设计，并不是简单的美术设计，而是要以企业的核心价值和战略定位为依据的。企业在重新塑造企业文化时，假如已有CIS设计，则要思考是否改变。可以确定的是，有些部分在今后可能改变，有些则是因为塑造品牌的缘故而不能改变。在CIS设计中有一些比较机械的观念需要辨析。第一是过于僵化的观念。如IT行业的一些企业认定企业的主色调是蓝色，这明显是受到"蓝色巨人"IBM的影响。而实际上，那样的标识设计很容易落入俗套，而且并不能与苹果公司那样注重艺术设计的审美型企业的形象相媲美。第二是过于花哨，却忽视了LOGO传递某些企业文化信息的价值；同时，一些设计也缺乏庄重感。第三是脱离甚至颠倒了企业的文化内涵定位，出现内外脱节的"两张皮"。

从整体的角度看，CIS设计固然很重要，但它仅仅是企业文化理论与实践中的一个方面，而不是最关键的部分。如果没有把握住要点，CIS设计就可能会淡化企业核心价值及员工行为规范的意义，并会使企业文化流于简单化。除了上述问题外，企业形象的建设还涉及其他一些问题，包括公关、危机处理、品牌定位、媒体宣传、广告等等。这些问题都不是简单的CIS设计所能解决的问题。

在CIS设计的过程中，理念的提炼是很重要的。但是，这种理念需要清晰的阐释，否则人们可能会误解其中的要点。例如，诺基亚公司的"以人为本"主要是针对消费者而言的，但许多人并没有能够领会这一点，而把它视为是对企业内部的人性化管理，这就淡化了企业形象的塑造。

关于LOGO的设计，究竟是采用公司名称之外的LOGO形式，还是直接用公司的名称来作为LOGO，是一个值得考虑的问题。一些公司（如华纳唱片）采用公司的第一个字母作为LOGO，是一种折中的方式；国内有许多企业的LOGO设计也采用了这种方案。对于那些意图体现行业特点的公司来说，LOGO的设计一定要格外慎重，因为行业的特性有时不容易被适当表达，有时可能会使LOGO太难看，缺乏审美意味。此外，从审美的角度看，一些LOGO的设计过于直白，缺少柔和幽雅的特性，也缺乏亲切感。

六、企业品牌文化

　　何为品牌？品牌大师认为，品牌是"一个产品、服务或组织的独特身份，它蕴涵着一种与产品、服务或组织相关的、持久的和值得信赖的价值承诺，并显示这种承诺的来源，以区别于其他的产品、服务或组织。"① 对中国的企业来说，品牌的这种特点更是意味深长。特别是对消费者的承诺和提供增值服务的努力，都是实现高水平管理的基础。

　　品牌是市场导向的文化符号。作为一个消费者信赖的产品或服务标识，它必须来自人们的理想，符合人们的期望，并且体现一种重要的承诺。因此，好的品牌不仅仅是企业自身价值的象征，它更是追求满足消费者的价值增值的需求、追求产品质量卓越的实践宣言。就它是与消费者沟通的桥梁而言，任何公司都不能自大，任何品牌都不能忘记消费者与时俱进的需求和期待。例如，索尼公司在 20 世纪初期的彷徨，就是犯了自大的错误；而苹果公司的崛起，正是把各种文化元素融入产品、不断提供增值服务的典型。

　　重视品牌体现的是一种"面向未来"的价值观，它可以超越急功近利的做法，在时间上为未来的辉煌做准备。凡是品牌经营和管理，都需要上升到愿景的层面上来思考，并上升到战略的层面来落实。没有时间上的品牌文化意识，是难以达到卓越品牌的高度的。

　　品牌是无形资产的体现，这种体现需要综合的文化和员工良好的素质。品牌可以作为企业核心竞争力建设的目标之一来经营。凡是卓越的公司，无论是在行业还是公众心目中的地位，都可以藉此带来重要的高附加价值。品牌在文化企业和文化项目中的重要性早已超过其他行业。例如，

---

① 〔英〕沙尔坦·克默尼：《大师论营销》，华夏出版社 2005 年版，第 18 页。

"猫王"是一个品牌,他的作品直到今天每天还可以收到3000万美元的版税,使后人受益很大。

因此,品牌、愿景与战略是一致的。重视愿景、重视战略和重视品牌一样,都具有引导企业走向卓越的号召力,并可以藉此体现企业具有防止目标短期化的企业文化。品牌文化对企业经营管理行为具有一种约束和促进作用,它促使企业兢兢业业地为未来做努力。

从品牌代表的对象来看,我们可以把品牌分为公司品牌、产品品牌和个人品牌几个类别。对个人品牌来说,一些具有知名度的个人都有不同程度的品牌效应。而有些明星则善于将自己的个人品牌转化为产品品牌,有些甚至已经形成了产业链;如美国的玛莎·斯图尔特就是一个市值十亿美元的公司的品牌。对企业来说,品牌是企业文化中与企业在公众中的形象相一致的符号象征;它既是企业对外形象的展示,也是企业的能力与无形资产的综合体,因而具有双重性。一种信誉较高的强势品牌,可以使公司给产品定较高的价格,获得营销渠道空间;并预示产品质量高,推动消费者的购买决策过程,协助市场定位,构筑竞争者的进入壁垒,等等。

了解了品牌文化的内涵,可以进一步推进品牌建设。企业开展品牌建设需要遵循一些基本规律和方法,具体应注意以下几个方面。

首先,需要取个好名字。如上所述,企业的品牌包含两个方面:一是企业(或组织、机构)的品牌,一是产品品牌。无论是企业品牌还是产品品牌,首要的是注重传播功能,让人们可以认识它、知道它,为了发挥这种传播功能,就要有一个好名字。好名字的要求是:简洁,易记,易辨,字词之间最好有规律。有一个公司的名字叫"励鑫源",这个名字笔画多、不容易辨认、三个字之间又没有任何联系,是一个不太好的名字。比较好的名字有:SONY——用英语表达,很简洁,音韵好听,而且这个单词是创造的,在任何拉丁语系的语言中都不会有重复;ACER——本身的名字好,而且以"A"开头,在目录中可以排在前面。联想集团在企业的品牌改动方面就值得商榷。它最近设计了一个新的标识,把原来向内收缩的图案改得奔放、自由、流动了,但它的英文名称由Legend改成了Lenovo,这个改动不是很理想。它应该遵循一个规律,即在Legend这个词上只稍作改动,而不要换成全新的名称。改动较大的品牌在推广的过程中投资也会较大,而且与原来的品牌名称相差过远,不易为人们所很快适应或接受。

其次,需要斟酌选择单一品牌还是多品牌。有些企业的机构品牌和产品品牌是一致的,比如 Haier;有些则是不一致的,很多集团公司都有多个品牌,比如宝洁公司(P&G)就是多品牌的,它的每一个产品系列都形成了自己的品牌。多品牌是为了实现两个目标:个性化和规模化。宝洁公司有专门的品牌经理,就是因为它下属的品牌很多,需要专人来管理。

那么,企业品牌的统一与否各有什么优劣呢?如果产品名称与企业名称一致,其优点之一是:人们对产品的认知度是与对企业的认知度结合在一起的,相关的广告投入就可以少一点;而缺点在于:一荣俱荣,一毁俱毁。例如,假设 Haier 的电脑质量不高,人们就会认为 Haier 的电视、冰箱、洗衣机、手机、空调等所有产品不过如此,就会产生连锁反应。所以,企业名称是否应与产品名称一致,针对不同情况有不同的做法。如果是单一产品,或者是单一系列的产品,产品的名称就最好与企业名称一致,如福特、丰田等;如果产品或业务是多元的,而且一些业务较好,另一些业务不太好,那么,把它们做成同一个品牌就会使高端价值的获益受损。

再次,要培养品牌的知名度、美誉度和顾客的忠诚度。好的品牌是知名度、美誉度和顾客忠诚度的结合。只有知名度是不够的。比如某个品牌的低档车,它的知名度很高,但美誉度很差,忠诚度也不稳定。就品牌的美誉度和忠诚度的培养来说,它需要企业文化的支持,或者说,品牌与产品的品质与企业文化有关。只有重视产品品质,使产品品质为顾客所认可,才能形成企业或产品品牌的美誉度和忠诚度。另外,在产品品质相同的情况下,企业的服务文化就显得很重要了。

最后,需要持续地塑造品牌,以形成品牌的高附加价值。例如,可口可乐的品牌价值一直是世界第一位的,2009 年是 760 亿美元左右。三星的品牌价值已经上升到第 20 位左右。品牌价值就是同一种产品在有品牌和没有品牌的情况下的差价再乘以一个倍数。比如同一个手表,如果是劳力士的,售价就可以高达 70 万元,如果品牌不知名,也许就只能卖 100 元,这之间的差价非常之大。所乘的这个倍数，是指市场规模乘以年限；这样就能衡量出一个品牌的价值。企业之所以投资很多钱去培养一个品牌，就是因为品牌具有竞争力，能给商家在竞争中带来一个好的"溢价"。

品牌其实是企业无形资产的整体体现，是企业文化与对企业文化形象的塑造能力的结合。如果要塑造品牌，就一定要追求产品的高品质；除此之外，还要有能力去塑造企业的文化形象。例如，可口可乐公司每年投资在宣传方面的广告费就很多；一部分直接投资在营销上，还有一部分用于品牌的塑造。品牌的塑造不等于广告，只靠广告是无法建立品牌的；一定要把产品品质、广告和文化的塑造能力结合起来。文化的塑造能力包括企业自身的文化得到公众认可、企业公共形象的宣传、企业对品牌的设计理念和展示等等，是一个文化活动的过程。现在有很多企业做广告的目的是为了营销而不是为了塑造品牌。在国内，广告营销已经成了一个基本的手段，但是，真正地对品牌的培育做得好的企业还不多。例如，海尔比较善于用品牌来扩张，所有产品都用同一个品牌。开始时 Haier 的品牌塑造主要是与服务结合，服务得好，售价就可以比别的产品高，所以 Haier 就在中国的家电业中塑造了一个独特的品牌。但是产品的多元化却可能使品牌受损，因为它需要在"多元"的每个领域里都具有出色的能力，例如，Haier 电脑的竞争力就相对较弱。如果企业在某个产业中没有竞争力，产品的服务和品质就会下降，对品牌的塑造的贡献就会减少。所以，Haier 的品牌在今后一定存在着很多的挑战。

此外，品牌是一个长期的建设项目，需要制定一个战略来保护和发展品牌，包括在必要时调整品牌的部分内涵。例如，一些品牌的消费者，在他们的年龄变大以后，他们的品牌意识就会与青少年不一样。如何保持这两个不同文化特性的消费群体对同一品牌的忠诚度，是一个很大的挑战。一些企业（如李宁公司）如果因此要改变产品的市场定位，就会遇到这样的挑战。实际上，如果李宁公司采用一个新的品牌来定位自己的高端产品，可能效果会更好。这样，既能保持原来的中低端市场，又可保障新的品牌形象的直接传递。另外，品牌在国际经营中会涉及品牌内涵定位的本土化问题，它与品牌内涵的原有定位的内在一致性问题，也是一个很重要的挑战。只有在企业发展战略和品牌战略的指导下,才能确保品牌内涵的内在一致性和消费者的忠诚度。

对于生产消费品的企业来说,品牌传播途径的创新很重要。特别是在品牌与文化娱乐产品的关系上,通过文化娱乐产品来推广品牌,已经成为一个重要趋势。因此,文化企业可以与生产消费品的制造类企业合作来推广各自的品牌,以达到双赢的结果。

七、对企业文化中悖论的思考

在管理企业和促进企业文化完善的过程中,需要注重整体性的思考,同时研究各种观念和行为要素之间的和谐与对应。特别需要重视的是,在一些与管理职能相关的企业文化要素之间,还存在着一些悖论。举例来说,当企业上市以后,企业员工可能认为,既然圈钱那么容易,我们为什么还要辛辛苦苦地做实业呢?结果,上市企业的企业文化不仅没有因为境况变好而改善,反而失去了以往追求卓越的企业文化意识。这种悖论还有很多,其中,"素质最差者代表企业形象"、"绩效考核强化了急功近利"、"多团队背景下的团队孤立化的悖论"等是几个典型的例子。

企业文化悖论的第一个例子是"素质最差者代表企业形象"。所谓"素质最差",主要是指由于缺乏经验、能力或必要的培训,在处理问题时表现出了一些不当的行为或态度,如机械刻板或情绪化等等。一般而言,企业都是派遣普通的员工来承担一线工作的,因而他们代表了企业的形象;这在服务行业的那些直接面向消费者的员工那里尤为典型,如餐厅、酒店大堂、通信大厅、机场工作人员、主题公园的现场服务、城管、行政办公室等的普通人员等等。即使是在为顾客上门服务的领域,除了少数的销售和公关由高层出面以外,大多数的工作亦是以普通员工为主的,这些员工都是在第一线的,因而都是代表企业形象的。显然,按照企业文化的要求来说，应当是由最优秀的员工代表企业的形象，也就是企业的"形象大使"。而如果没有对员工普遍进行高水平的培训，他们就很难达到企业形象的要求。所以，提高所有员工的素质，让大家都能代表企业的形象，这是摆脱悖论的唯一方法。例如，我们可以提高员工的职业化程度，使他们具有主动性和友好的态度。比如说，应要求酒店餐厅等服务场所的员工，眼光应是流动的，随时关注顾客的需求，主动了解他们是否需要帮助。在细节上，要求他们的眼睛能经常"巡视"顾客，即便是正在收拾餐桌，也要不时抬头巡视顾客，以关注顾客的需求。同时，应要求服务人员不能聚在一起聊天，眼睛不能只盯着脚下，不能互相之间大声呼叫，等等；这些都是需要训练的。从根本上说，应把企业的核心价值制度化，形成一种可检验的企业文化素质标准。

　　培训是解决上述问题的一个重要途径。例如，通过培训使得服务人员具备帮助顾客、满足顾客需求的一套服务技术。至于涉及员工不熟悉的有关团队合作要求、甚至可能用到的团队管理技能等方面的内容更是需要训练。从根本上说，首先需要进行职业化训练及服务技能的训练；其次需要进行满足顾客需求的技术和解决服务难题的训练，包括处理危机的能力的训练；再次是优质服务的训练，做到细腻周到等等。总之，优秀的企业应让员工获得足够的培训，以使他们的素质达到能代表企业形象的程度。例如，迪斯尼乐园的员工培训就是解决这个悖论的有效方法，也为其他企业提供了标杆。

　　企业文化悖论的第二个例子是企业的"绩效考核强化了员工的急功近利"。企业对员工进行绩效考核是企业管理中的基本做法，它对职责和工作结果所做的要求，是强调务实的企业文化的表现，也是企业提高竞争力的一个必要环节。但是，如果这种绩效考核主要与短期效益有关、没有结合长期战略要求，而员工又把这种绩效考核标准作为主要的工作压力所在，那么就很容易变成追求急功近利的动力；这就容易扭曲企业的战略，最终无法实现可持续的发展。

　　对于企业发展来说，需要将短期利益与长期利益结合起来考虑。战略性的目标具有特殊的重要性，而短期化的行为常会妨碍企业把目光投向未来；并且，员工会把遗留问题转交给后来者，因而造成经营压力的持续升级。虽然绩效考核有助于让员工更务实，这也是企业文化的要求之一。然而，务实并不等于要急功近利。要努力实现好的结果但不能变成短期化的行为。因此，就这个悖论的解决来说，应当对绩效考核的内容进行重新思考。应综合考虑绩效考核的短期任务和长期任务，或者说，在考核标准中应结合战略任务的要求，重视与中、长期目标有关的考核。

第三个悖论，即"多团队背景下的团队孤立化"，是最容易被忽视的。一般而言，好的团队是好的企业文化的结果。团队的要求包括成员责任、合作和内在凝聚力等等，但是，在一个组织机构（如企业）中，往往有多个团队，在这样的多个团队的情况下，各个团队之间由于各自的任务压力不同或利益差异，往往并不容易形成合作。其中的一些小团队甚至会转变为小团体，从而忽视企业的整体利益。一般说来，团队内部的凝聚力越强，越有可能忽视团队之间的关系或企业整体利益。另外，从部门（团队）中提升上来的企业高层领导有可能会成为该部门的利益代言人。例如，企业财务总监（或销售总监等）在为企业做决策时，往往会优先考虑自己所主管的部门（一般也是自己曾工作过的部门）的人员的利益；而这种做法有时是违背企业整体战略利益的。在行政体系中也会出现这种现象，即基于某种非全局性观念去优先考虑某些部门的利益。

对于这个团队悖论的解决，首先应考虑打破团队间的任务安排过于彼此独立的情况。团队不能因为任务安排方式上所存在的问题而分裂。为了改善团队之间的分离或不配合的情况，必须将团队之间需要相互配合的任务作为对每个团队绩效考核的一个重要组成部分。也就是说，团队的任务应包括团队的直接任务、企业整体发展的任务（包括企业未来的战略性任务）、配合其他部门的任务和个人单独完成的任务等几个方面。在确定团队任务（或绩效考核目标）时，可包括60%左右的团队的直接任务，20%配合企业整体发展的任务（其中包括企业未来的战略性任务），20%配合其他部门的任务。相应地，绩效奖励制度要与整体战略相吻合。比如，所有高级经理的年终奖中将有一部分是由公司的整体绩效来决定。换句话说，无论是主管服务集团的高级经理还是主管硬件集团的高级经理，他的奖金都将不仅取决于他们自己所在集团的业绩，也将取决于整个公司的业绩状况。高级经理的奖金中将有60%是取决于公司整体的盈利状况，40%建立在他们自己所在事业部的盈利状况基础上。总之，要打破团队的悖论，最终形成团队间彼此合作的企业文化，不仅需要培训，更需要管理上的技巧。

八、企业文化变革的时机选择

　　时机选择及其程序设计是企业文化变革的最基本的环节。一般而言，主动性的变革，特别是在企业业绩较好的情况下主动进行变革，可以减少许多压力、避免各种问题的纠缠，从而可以降低由变革造成的震荡和风险。就程序上来说，形成价值观上的共识是最重要的步骤，在此基础上再进行企业形象设计和品牌塑造，最终形成内外融合的新的企业文化体系。
　　企业在什么情况下会想到要变革自己的企业文化呢？我们通过大量调查研究发现，在中国，一般是在企业出现问题甚至陷入迫不得已的困境时，企业才会以"二次创业"等名义来改革企业文化。所出现的问题通常有两种：一是企业的发展遇到了某种困难，二是企业发展太快。企业发展遇到困难时，人员流动就会加快，部门之间更易各行其是、钩心斗角、缺乏协作，企业领导人通常会把问题归结到企业文化上。企业发展太快时，新与旧之间的各种冲突增加，人与人之间会缺乏沟通，相互之间缺乏诚信、缺乏共同的价值观，越来越难以达到默契，这时，就只能依靠建立规章制度了。而法律的背后是以道德或协作的文化作为基础的，如果没有价值观和文化上的支持，就无法建立任何法律（或规章）制度。
　　然而，创立企业文化的最佳时机是在企业成长之时，或者企业应该在"成长的前夜"进行企业文化的调整。在调整的过程中，应当明确企业的愿景和战略，特别是要强化企业文化支持战略及品牌的意识。

当然，无论选择何种时机，都会遭遇深层次的思维惯性和行为方式的抵抗。这种抵抗主要来自元老文化与新文化之间的冲突。因此，企业在创新企业文化的过程中，人力资源管理的调整将是首当其冲的课题。不仅需要果断解决元老的地位、利益和对新的企业文化的适应性等方面的问题，还要解决人才的使用及企业的稳固等问题。一般而言，对反对企业文化变革的元老们，应当根据他们的不同动机或特点分阶段地区别对待，特别是要解决好对他们的安置问题。具体地说，如果元老们是为了保护自己利益而反对企业文化变革的，应当用其他方式补偿他们的利益损失；如果是与新的组织文化不适应的，应当辞任或作为非核心人员继续留任；如果是不认可新的企业文化的，则应当分道扬镳。

总的来说，企业文化变革的时机必须选择在企业家权力巩固，并且下大决心推动改革的时期；同时，应做好充分准备，建立起相应的政策等配套措施。

九、企业文化变革的基本程序

在变革企业文化的过程中，首先是目标要明确，究竟是仅仅做个LOGO的设计，还是进行企业文化的整体重塑？一定要有明确的目标定位。在确定目标的过程中，需要对企业进行诊断，以避免企业盲目行动。例如，假如企业文化本没有很大的缺陷，而且能够支持新的发展战略，那么，只需做一些局部的改变就可以了；否则就需要从核心问题入手来进行变革。

其次，需要明确企业的核心价值观是否清晰。要以核心价值观为主要的考虑来使企业的价值观系统化。假如核心价值观不够清晰，就需要优先考虑如何结合战略来凸现核心价值，并理顺核心价值与其他价值之间的关系。

再次，企业应在确立核心价值观之后来重新制定或修改规章制度，使核心价值能够真正制度化，变成行动指南。为了体现核心价值观的对企业管理的有效指导，特别是其在用人原则方面所体现的指导作用，企业核心价值观的制度化应由人力资源部门来规范和执行。其中包括完成员工的再培训以及员工手册、企业形象手册的修订等一系列的工作。

再者，对于大多数企业而言，对企业文化的具体改变要逐部分地进行，不能一下子调整所有的制度。比如，可以先从惩罚标准入手做一些改变，而并不是一上来就推翻原有的所有规则、建立起一套全新的制度（如果这样做，面临的风险就会很大）；也就是说，要循序渐进。

此外，在企业文化的变革过程中以及变革之后，要"内外呼应"地加以推广。在调整企业文化时，要结合企业战略、结合对企业形象的塑造来提出企业文化的目标，以促进企业内部的成员更快地认同新的企业文化。此外，由于外部环境会对内部成员造成某种压力，所以，调整企业文化时，必须"内外互动"。例如，企业可以通过对外公布企业文化的要点，通过媒体的宣传，转变为外部社会对企业员工的期待，以形成一种激励，强化企业内部人员对企业文化的责任感。

最后，企业文化的整体变革需要有勇气与韧性。对大多数从原始创业发展而来的企业，由于缺乏经验，所面临的阻力又较大，要完成这样的变革一般需要持续三年左右。就是说，除非是管理上比较规范的企业，否则，要想从根本上调整企业的文化，至少需要三年时间。这里的"三年时间"，是指在这三年中始终在调整、塑造中，是持续的而不是间歇进行的。

按照这样的程序来调整企业文化需要一定的条件。如果企业某一时期的重点工作是企业文化，那就可以按照这样的程序来做；否则，就可能无法按照这样的程序做。由于总是由老板来决定一件事情是否可行的，有人把企业文化称为"老板文化"。在中国，要塑造企业文化非常难，因为老板是多变的，而且老板往往希望在企业文化中把他个人的想法表现出来，无论他的想法是否行得通。

因此，变革和塑造企业文化的难度很大，需要最高管理者下决心，并且需要企业大多数员工的信心和勇气。

第十五章
企业发展的阶段性及其管理方法

企业发展需要经历不同阶段，相应管理的方法及境界也有新商、业商、兵商、法商、儒商、道商、圣商之分。

任何企业的发展都将经过几个不同的阶段，每个阶段的管理方法都要有针对性，这也是与时俱进以及《周易》中所谓"生生不息"的本质。但是，目前中国的企业普遍存在一个很大的问题，就是在企业发展的不同阶段，大家却想套用同一种经验来做事情；而没有充分意识到企业已经处在不同的阶段，问题的形态和性质已经不一样，不可能总是沿用同一发展阶段的做法来一劳永逸地解决问题。事业在发展，企业在逐渐做大，如果其做法还是原来的，显然就没有跟上内外部环境变化所带来的新要求。人们都知道，做事要强调"抓大放小"，要抓住主要矛盾，从这个意义上来说，企业家们也应该看到企业发展需要经历哪几个具体的阶段，不同的阶段有哪些主要矛盾，这是很重要的。由此，依照我国企业发展的特点，我们有必要进行结构化分析，把企业家的管理方法与境界分成新商、业商、兵商、法商、儒商、道商、圣商等几个阶段。

一、创业图存的新商

企业发展的第一个阶段是创业阶段。在这个阶段里，最主要的任务和要求是：要有一定的创业素质和积极的创新意识、冒险精神；要有看深入理解问题的敏锐眼光；要找到一种创业的模式并组建一个好的团队；要熟悉企业基本的运作原理，并对所要进入的行业有一定的调查研究，等等。创业所要求的素质，包括愿意承担风险，有热情，有信心，勤奋刻苦，做事比较稳妥，能够对形势以及所要做的事情的可能趋势做出适当的判断等等。

在初创企业时，有几个问题需要注意：首先，企业构建之初，规模通常都不大，人员也不多，这时不应把所有的高职位都占满了。就是说，在构建企业时要有一定的前瞻性，要留下一些较高的职位给今后可能会不断引进的人才。其次，对企业下一步发展有自觉的安排，对于业务的拓展有深思熟虑的考虑。此外，对今后如何引进人才、给予他们什么样的待遇，都应有一个完整的思考。再次，对于那些今后注重品牌和做强做大的企业，需要有规范的财务计划和财务透明度，包括思考今后上市的基本要求。总之，在创业初步成功之后对于企业下一步发展要有一个初步的计划。就是说，创业不能仅仅考虑创业本身的成功，也要考虑到创业初步完成、立足已稳之后下一步可能出现的问题。要提前把下一步可能出现的问题考虑周到，才能更好地推动企业的发展。

一般来说，等到业务成熟、企业的生产经营稳定下来之后，基本上就可以说，创业是成功的。虽然有些企业的成功保持的时间比较短，没有解决根基稳固的问题，这些成功持续性的关键问题包括企业是不是在一些方面达到了稳定的要求，包括现金流的情况是否合理，是否有赢利，人员是否稳定，业务能力是否达到专业化，以及不会轻易上当受骗等等。当然，所谓的成功是指创业本身的成功，或者是说企业得以生存下来，而不只是说某个人如企业家取得了事业上很大的成功。

二、赢利第一的业商

企业发展的第二个阶段，我们把它叫做业商。所谓的业商，在某种意义上说，就是做项目型的企业。其主要的特点是以项目赢利为基本指针，而不是注重企业未来所需要的中长期计划、核心技术或竞争力的培养、品牌与企业无形资产的积累、管理团队的建设等促进企业整体价值提高。它的业务能力比较强，项目可能做得很多，也很挣钱。但是，它有一个显著的特点，就是它一直是以项目为主来做企业，而不是按照做企业的一些要求来做项目。也就是说，它不怎么去考虑经营企业的品牌、无形资产和核心技术等等，也很少考虑人才的培养，因而无法形成产业升级。它只想着下一步如何去做更多的项目，如何到处去挖人，它从来不把企业作为一个以人为本的整体来经营，也没有对企业的发展有过某种战略性的安排。这种企业只关注眼前的一些经营机会，比如说，今天发现这里有消费群体就开上一家餐厅，同理，明天又在另外一个地方开上一个餐厅；或者今天接了一个装修业务，明天又接了另一个装修业务；或者既开餐厅又做装修；或者是搞定了某个政府部门，临时找来了某个项目做做；今天搞定了某个政府部门就做这件事，明天用类似的办法可能就会做另外一件事。总之，这只是一种项目型的企业，它的老板并非真正要做企业，而只是做买卖，企业仅仅是一个躯壳型的工具。

项目型的企业在经营上是能够得以立足的，但是，企业有时候也会出现一些裂变。因为这种企业以做项目为主，这样，企业的高级员工一旦知道了整个项目的设计、客户、工作流程等，就可以自己另立山头了。比如说，自己去开店或者办一家与之竞争的新公司。所以，项目型的企业如果把某个项目交给某个项目经理从头做到尾，就很容易分裂。另外，项目型的企业在管理上比较倾向于所谓的"人性化"的管理，就是比较随意，以老板的意志为主，老板想怎么做就怎么做，员工对老板的信心很强，总是愿意跟着他的指挥行动。

从发展趋向来看，作为业商的项目型的企业需要解决两个问题：第一，如何从项目型的企业变成一个整体价值型的企业；第二，如何解决企业发生裂变的问题。就第一个问题来说，它要求企业有战略，有经营无形资产的意识，否则就不可能突破企业算术级数的增长形态、做成一个整体价值型的企业。对于第二个问题，防止企业裂变可以有各种措施。例如，企业的客户资源不能集中地掌握在某个人的手里，应该由老板亲自来抓主要客户的资源。或者，应该实行任务分解的、有专业化分工的项目组合制。比如说，如果要搞一个论坛，应有人专门负责策划，有人专门负责招商，有人专门负责过程实施，有人负责售后服务，等等，不要让某个人全面地做上述工作。总之，要把有关任务分解，让资源分别掌握在不同的部门和人员手里，让他们具有相互依存的关系等等，以防止日后企业中的人员裂变出去。

另外，项目型的企业要建立一些初步的标准、目标，制定战略，提炼商业模式，形成一些相对的稳定的具有方法意义的做法。例如，项目在精不在多，把项目经营转化为企业经营；对领导也要有所约束，如采取团队决策等等。

三、不战屈人的兵商

企业发展的第三个阶段是兵商。在这个阶段，企业着力解决并基本上解决了两个问题。第一是重视战略的问题，包括重视董事会的治理和重视战略规划。第二个是解决竞争上的问题，兵商的企业具有比较优势。

企业的发展需要有一个有效的战略，这样才能有助于企业由小变大，使企业突破可能遇到的瓶颈。如果没有战略，就不知道该如何去做，只能有一些很随便的做法：今天做这个、明天做那个。"战略"提供了企业发展的目标，它有助于企业突破瓶颈，为有限的资源找到配置的方向。一个企业如果战略对了，那么该企业的寿命一般都会比较长，所以，制定战略是至关重要的。战略包括发展方向、重大的业务事项、主要人员的任用，以及重大的财务支出事项等等。其中，发展方向则使企业具有明晰的方法。兵商因为初步解决了战略问题而进入比较稳定成长的时期。

兵商阶段的企业知道建立有效的董事会。董事会的成立以某种形式的智囊团对企业战略的制定很重要。身为企业家的同学之间可以互相为对方的企业当董事，来解决制定战略的问题。战略的制定有赖于企业家自身战略思维和前瞻能力的提高。

在市场竞争日趋激烈的市场中，企业要考虑如何能够在竞争中脱颖而出。到了兵商这个阶段，它主要的特点就是很善于竞争，具有很合理的竞争战略，以及拥有产品促销、广告、服务顾客的个性化等具体手段。

这里需要注意的是，尽管这个阶段的企业认识并制定了竞争战略，但是，由于它的比较优势很容易丧失，它有可能采用的是一种不好的竞争策略。比如说，它有时候采用的是官商合作或者是降价竞争的方式，而这些竞争方式本身都是有问题的或者有缺陷的。官商合作的这种竞争在中国的环境下表面看起来是很好的，但从长远来说，它却缺乏市场竞争力，在今后它可能会变成瘸子，无法走向市场。而降价竞争是一种最不好的竞争方式，也是与孙子竞争思想相悖的。孙子最反对短兵相接，因为短兵相接必有死伤。他认为，双赢的竞争策略才是一个很重要的问题，因此他强调的是"不战而屈人之兵"。也就是说，他强调在竞争时要靠无形的东西。从企业竞争的角度看，则主要靠智慧、品牌、规模、竞争优势等方面的力量。优秀的企业最注重的不是击败竞争对手，而是最注重如何战胜自己，如何自我改进，使明天做得比今天好。

兵商的企业要求应制定一个包括制度化建设和品牌战略等系统的战略，应把竞争方式提高到一种制度的高度来考虑；否则，就容易使战略无法持续。比如说，如果商业伙伴欠债不还时，企业就不能一忍再忍，不能让对方的欠债越来越多；否则，对方一旦宣布破产了，企业就会很难办。长虹所遇到的代理销售公司巨额债务无法偿还问题就是一个例子。要解决三角债的困扰，企业必须有制度，有原则。

四、依法治企的法商

企业发展的第四个阶段是法商。为支持战略的实施，企业需要有一套完整的机制。也就是说，战略必须被制度化，然后人们才会更好地去执行。道理很简单，如果标准一直变来变去，战略就不会得到持续的执行。通常，战略的执行是很不容易的，它需要持之以恒；需要执行者具备多种美德。既然已把某种战略立为目标，就应像法家那样运用好赏罚"二柄"。谁按照原则执行了战略，就给他以相应的激励；反之就要给他以惩罚。因此，法商企业的理念就在于用制度来管理。

在法商这个阶段，企业应能够完成二次创业。也就是说，它能初步解决制度建设、人才培养体系、企业文化建设等方面的问题。这里说的"文化"是法治化的文化，它是用来支持制度或标准的。重视企业制度建设是基于对人性的这样的一种理解，它并不指望人们主动地去做好事，而是要人们负责任，并且防止或惩罚人们做坏事。制度建设的目的在于对员工的激励，贡献越多，企业给他的奖励就越大。所以，这多少有点"效率主义"的意味。法家是很讲究效率的，并且它认为制度出效率。对于制度建设有一些基本要求。比如说，人人都知道规章制度，知道企业用人的原则；企业的奖赏标准要公之于众、要明示，要让员工了解；制度的执行要严格，这样它才有威信；等等。

此外，企业在法商阶段要解决元老问题。企业到了这个阶段，元老们出现了分化，一些人可能变懒了或者没有激情了，一些人与新人们有利益冲突了，一些人反对制度化，等等。这就要求通过制度的调整来解决这方面的问题。这种通过制度来解决问题的途径，是一种结构化、体系化的解决方式。法商重视战略，并且有相应的人力及文化的支持。企业通过建立新的企业文化来着力解决新旧文化之间的冲突。也就是说，以制度化的文化来取代原来的所谓的"人性化"的主观性强的文化。所以，法商已经建立起了一个稳定的制度框架。这样，从第一个阶段开始所需要的架构化的企业及其企业文化，到了这个阶段得以完成。

在中国，目前做得比较好的企业，基本上都已经进入了法商的阶段。当然，有的做完了，有的还没有做完。对中国目前的企业来说，法商的这种建立在法治精神和法治化的文化基础上的制度化管理，是各企业都要经过的一个阶段。法商的主要缺点就在于它对于制度的依赖性比较强，而对人的自觉性考虑不够，引导性比较弱。也就是说，它对人们的自尊、自豪、自律、自觉等的文化意识考虑不够，对系统化的人才培养机制也不够重视；或者，至少法商没有能更好地体现上述这些因素的作用。

五、以文化人为主的儒商

企业发展的第五个阶段是儒商。在法商阶段，由于有严格的制度，企业的绩效通常会很好，企业生产经营的进展情况也比较稳定。这时，应使企业从比较良好的企业进入到一种比较优秀或卓越的企业的发展阶段。儒商阶段是企业发展到优秀企业的阶段，它有比较好的企业文化，也善于发挥文化的力量。

我们过去讲儒商的一个重要特点是德才兼备。从企业经营的角度来说，这个"德才兼备"主要是体现在职业道德上，而不适用于在一般的个人道德上来理解。实际上，法商对职业道德的要求也很高。但是，儒商与法商还是有一些重要的差异。所谓的儒家，包括几个重要的特点：第一，重视个人的品德；第二，重视文化；第三，重视教育。而这些方面都是与培养人才有关的，尤其是关系到企业里与人有关的企业文化建设的问题。文化的力量与人的力量是合二而一的，文化是为了推动人的行动的。我们打造企业文化，就是为了让人变得更有活力、更有进取心，能够把事情做得更好。然而，为了让每个人都能够把事情做得更好，就需要有制度的约束。所以，儒商是兼容法商的。或者说，在法商的基础上才有儒商；否则，儒商就只是"儒"，而不是"商"。所以，人们过去都认为强调道德或道德标准高，这就是儒商。实际上，儒商经营能力必须很强才能称得上是"儒商"。否则，一个经营能力不强的企业家，连企业都经营不下去了，如何去坚持道德标准？它也就失去了遵守较高道德标准的资格。比如说，对于一个经营能力不强的企业，不仅要像他人一样贿赂，甚至还会贿赂得更多。俗话说，"无欲则刚"。如果一个人没有很高的经营才能，他的企业文化一定会搞得一团糟，他会连员工的基本生存问题都解决不了，更不用说要坚持很高的道德标准了。所以，儒商要解决的一个重要问题并不是文化问题，在儒商这个阶段，它会有很多的办法去解决文化上的问题；儒商要解决的恰恰是经营才能的问题。可以用"新儒商"来理解它的特点。

这里所强调的不是个人的经营才能，而是企业作为一个整体所应体现出的经营才能。以个人为主的经营，还只是个体户式的，还不是"企业"意义上的。真正到了企业阶段的经营一定是制度化的，应该是团队式的决策、开放式的人力资源的吸纳等等。儒商能够解决这些问题；并且，经过了法商阶段的制度化后，企业的生产经营已经有了一种建立在制度基础上的机制。但是，这些问题的解决并不一定能够解决它的经营才能的问题。所以，经营才能的问题是儒商这个阶段所需要补足的一个最主要的方面。此外，注意把文化与经营融为一体，这也是儒商阶段的一个很重要的特色。可以说，儒商已经具备了自身的核心竞争力。

儒商需要注意一个问题，它对道德的要求可能比较理想、比较高，它需要考虑到中国社会的发展的阶段性。儒商在经营企业时，希望做得比较规范，希望有着很好的企业文化，但是却找不到相应的职业化的人才，而自己培养的人才又有可能被别人挖走。所以，儒商在考虑问题时，要顾及到中国社会发展的阶段性；既要坚持高标准，又要能够针对中国社会的实际情况，做出一些调整。

六、无为而治的道商

企业发展的第六个阶段是道商。这里说的"道"，即经营之道。就是说，企业在"术"的基础上，通过严格的管理，讲究做事的方法，在领悟了企业经营管理的各种技巧之上，最后达到了"道"的境界，也就是无为而治的境界。道商能够对经营当中的各种方法，对有形、无形资产的管理，对产业趋势的洞察力、前瞻性，对企业制度建设的重视等各个方面都顾及到，企业各个方面的能力都能够挖掘出来，每个人的分工、角色都很分明，企业做得很稳定、很规范。实际上，这时的企业经营管理达到了一种"大宗师"的境界。按照庄子的思想来说，此时的企业管理该顺其自然时就顺其自然，该人为的时候就人为。一个人在做事的时候开始总是先强调"人为"的刻苦的方面，等到他悟透了，就可以不必那样的拘泥，到了可以顺其自然的时候，他实际上就已经具有融通"人为"和"顺其自然"这两个方面的能力，达到了"无为而无不为"的境界。所谓的"无为而治"，就是指的不仅仅依靠人为，还要顺势而为，善于利用天时、地利、人和，还要善于造势，如法家强调法、术、势，其中就强调了"势"的重要性。

道商能够超越有形，善于以无驭有，无形的东西在企业价值中占据越来越重要的地位。管理思想、企业文化、知识产权、品牌、艺术包装和时尚感觉、社会资源的整合、知识共享等等，都是无形资产的组成要素。

道商阶段的企业，已经是卓越的企业。它有优秀的企业家和职业经理人团队，有完备的企业制度，善于培养接班人，有强大的核心竞争力。总之，道商相当于经营管理中的顶级的或大师级的专家。

七、泽被天下的圣商

企业发展的最高境界也就是第七个阶段是圣商。圣商在做企业时，把企业视为社会的精英，追求企业的社会价值。所以，它不仅做好自己的企业，追求效益，还要关心谁受益；不仅关注企业永续经营，还关注企业的社会责任，关注企业之回馈社会。对圣商的特点的这一概括来自孔子对"圣"的定义。孔子的"圣"有一种推恩于人或泽被天下、泽被苍生的意思，它强调圣人要能够普惠百姓，或者说，要使得老百姓能够享受到企业所带来的恩泽或好处。所以，圣商不只是企业的最高境界，它更是企业家和企业两个方面的最高境界。就是说，企业达到了最高的境界，企业家的做人也达到了最高的境界。

当然，圣商阶段的企业也存在着这样的情况：企业也许做得不那么好，但是，其企业家也想回馈社会。从总的来说，圣商应该是企业或企业家追求的目标。在这个阶段，并不是外力强制他回馈社会，而是他自己本就胸怀天下，他以对社会的贡献为自豪，并把它看成是自己的价值所在。他追求自己的企业成为杰出的企业，该企业和个人对社会的贡献越多，他就越是感到充实，人生价值也越大；他这两方面的价值是融为一体的。此时的企业与社会只在功能上存在着界限，而没有其他的界限。企业家自己和其他人的界限，只在于职业上的差别，而没有其他的差别。

从这个意义上来说，无论是儒商还是道商、圣商，在企业达到了优秀阶段之后，它需要去接纳一种更高的文化，而不是一般意义上的企业文化。它需要接纳一种博爱精神，或者说是一种较深邃的爱心。并且，这种爱心不仅在企业家身上要得到体现，还要在企业所有员工的身上都能得到体现。在企业发展的最高阶段，企业家及其员工的胸襟会更为开阔，更有包容性，更能够同情弱者、关怀其他人，并追求回馈社会，甚至于具有"大同"社会的信念和追求热情。

第十六章
反思与启迪

企业管理者要善于汲取古今中外的智慧资源,时时保持对管理问题的警觉和敏锐。

哲学方法和哲理故事经常促使人们反思一些常规的做法，促使人们警觉一些教条的幽闭。无论是中国古代的哲人还是西方的智者，都有许多值得借鉴的学说和感人的故事。举例而言，无论是孔子的"因材施教"还是苏格拉底的"精神接生术"理论，都是培养人才的重要方法；无论是孔子还是亚里士多德，都重视"中道"思想的价值，都认为它们是做事的理论指导。其实，一些管理思想家和企业家也都对哲学做出了重要的贡献，特别是实践哲学方面的思考，往往可以成为具有不朽价值的方法。顾客导向的实践，巴菲特重视基本面的价值投资理论，苹果公司首席执行官乔布斯重视产品塑造之形式与内容统一的策略，IBM把员工视为企业机体的一部分，联想善于在其成长的过程中把社会资源转化为企业自身的内部资源的战略文化，都是富于启迪性的智慧。

为了时时保持对经营管理问题的警觉和敏锐，以下我们借助于一些哲学方法和实践中的哲理故事，进一步来反思企业经营管理中常见的问题，同时引导企业防患于未然。

一、绿色狗食

在宠物产业大繁荣的时代，企业总是将用于人的最新理念用来对待宠物。比如说，既然人们重视绿色食品，那么宠物食品也最好是绿色的。或者说，宠物产品质量改进的要义，是根据人的消费文化的变化来衡量和调整的。

有一家生产宠物食品的企业，其领导者决定开发绿色狗食。他根据人的标准来思考，召集手下的技术研发人员来探讨绿色狗食的配方。经过半年的开发，绿色狗食成功上市。由于这个概念非常诱人，加上大张旗鼓的宣传，产品上市的一个月内，销售十分火爆，企业的股价也一飞冲天。不过，出乎意料的是，第二个月产品的销售即迅速下降，此后更是直线下滑。为了挽救企业，该公司决定聘请咨询公司寻找产品销售下滑的原因。咨询公司经过一个月的调查，最后给狗食公司提交了一份报告；报告只有四个字："狗不爱吃"。

看来，这个例子中的顾客有点复杂。究竟谁是顾客呢？有人认为狗是顾客，有人认为狗的主人是顾客。实际上，狗食的顾客是双重的，狗是真正的顾客（消费者），而狗的主人是作为代理人的顾客（购买者）；双方缺一不可。因为狗自己不会去购买东西，但是，狗的主人也不能代替狗这个顾客去选择产品，因为如果狗不喜欢的话，他也没办法，他还得要根据狗是否喜欢吃来购买食物。因此，在这个例子中，生产狗食的企业搞错了顾客（或对象）。尽管狗食的主人很喜欢绿色食品的概念，但是狗食的质量好坏的最终评价标准却掌握在狗那里。因此，无论是如何的具有"绿色"概念，狗食企业必须先保障狗喜欢这个食物，否则就无法真正体现"顾客导向"。

可能企业家会说，这是个很特殊的例子。其实不然。以动漫公司为例。有的动漫公司知道动漫领域的衍生产品销售和产业链经营很重要，因此，他们从创作开始就立志要开办衍生产品的专卖店。不过，他们的动漫作品主要是给低龄幼儿看的，而低龄幼儿缺乏辨别能力，什么动画都喜欢，因此，动画电视的收视率不低。在此基础上，动漫公司就开设专卖店。一开始十分红火，许多商家加盟，但没过多久，这些专卖店大多倒闭了。原因何在？主要在于，低幼儿不会自己去专卖店消费，而他们的家长也不会主动去专卖店买这些衍生产品。结果，动漫公司的动画产品也是搞错了真正的顾客。他们要么应让家长喜欢，要么应面向大龄儿童和青少年，因为只有这两类顾客才能决定专卖店的消费。

其实，只要留心观察和思考，现实生活中类似的双重顾客或者多重顾客的情况是很多的。顾客是一个复合的概念；消费者，即一种产品或服务的最终使用者，永远都是顾客，但他永远不会是唯一的顾客。因此，作为企业，如何辨别或细分顾客的群体，弄清顾客的特性，确是一门需要用心对待的学问。

二、一个晋商的故事

晋商的起家与徽商颇为相似，一开始就是通过资助政府调集粮食支援边疆而获得盐的垄断经营权起家的。后来晋商以经营票号而闻名天下。从企业化的制度来说，晋商已有了很大程度上的创新。其中，晋商在经营管理体制上主要做了三个方面的创新：一是引进职业经理来管理；二是采用子母公司制；三是采用干股，即所谓的与投资者的"银股"相区别的智力入股"身股"制。

有一个晋商企业的一把手（也是职业经理人性质的票号总经理）比较独断，与二把手有矛盾。一次，总经理生病时，二把手怂恿东家聘任自己为总经理，想趁机让这位主管经营的一把手退休。东家本来也有此意，他也看好二把手的经营能力。可是，那个总经理却很快宣布，他已经联合全国各地的票号（即分公司）的经理一起辞职。这个联合行动无异于釜底抽薪。结果吓得这个东家给这个总经理磕头，挽留他继续经营。当然，那个二把手没有能得手（但是他后来被聘其他票号，取得了巨大的成功）。此外，"娃哈哈"合资公司的经销商在宗庆后与达能冲突时，宣布抵制法国达能和娃哈哈合资公司的产品的营销，也是一个相似的事件。

这个晋商故事的教训就是：在聘用总经理后，企业所有人不能对用人的事情撒手不管，否则就会失去主动权；同时，也要避免出现内部人控制的局面。

三、韩非子的防奸说

　　法家的集大成者韩非子，喜欢用"人性自利"的理论来说明臣下的行为往往是和君主的期望不一致的。他认为，臣下对君主的忠诚，不是喜欢君主，而是为了自身的好处，包括害怕惩罚。但是，人性是可以因势利导的，只要对臣下有利同时也对君主有利的，就可以通过激励手段引导臣下，使得事情获得成效。不过，要防止小人为了自身利益而不择手段，而这些手段往往是利用人性的弱点来达到自己的目的的。

　　由此，韩非子总结了臣下的各种诡计，好让君主警惕。第一种是"同床"，就是在君主喜欢的女人身上动脑筋、下功夫，靠吹"枕边风"达到其目的。第二种是"在旁"，靠同轨以移主心，就是让君主身边的人都主张应当做某件事或者提拔某个人以影响君主的意志。第三种是"父兄"，收买君主的父兄和身边的大臣。第四种是"养殃"，就是娱乐君主，建宫殿献女子，以谋私于其间。第五种是"民萌"，利用国家的资源来收买百姓，让百姓给自己说好话。第六种是"流行"，就是养士、结交游说的人才，让口才好的劝说君主来实现臣下的意愿。第七种是"威强"，就是威胁利诱，胁迫他人与自己勾结起来欺骗君主、为自己谋私。第八种是"四方"，利用国家软弱或内部混乱，勾结外敌来抬高自己的地位、获得好处，或者以抗外名义聚敛私人财富。事实证明，历史上所出现的臣下的一些诡计和破坏性做法，基本上都不出韩非子所总结的以上这些招数。

　　在以权威制为主导的企业管理中，企业的所有者或最高经营责任人往往会忽视企业里的内部勾结、以谋取私利的情况。例如，三九集团的老总到最终都没有搞清自己的手下都做了哪些损公肥私的事情，就是一个例子。

四、德鲁克的知识工作者管理

德鲁克是20世纪最伟大的管理思想家。他不仅学识渊博，具有敏锐的对管理的洞察力，而且具有了不起的前瞻性眼光。其中，他在二十几年前所率先提出的关于"知识工作者"的概念，并认为在21世纪，企业组织最有价值的资产将是知识工作者及其生产率[①]。对于知识工作者来说，重要的是"做正确的事情"（to get the right things done）的能力，而不是"正确地做事情"（to do things right）的能力。这是体力劳动者和知识工作者的主要区别。因为对体力劳动者来说，"做正确的事情"是给定的或者是自明的，他能够"正确地做事情"就可以提高效率了。

知识经济时代，对知识工作者的管理方法对许多企业来说是一个巨大的挑战。德鲁克认为，对知识工作者的管理与体力劳动者的管理应有不同的方法，需要注重以下的事项：首先，要提高知识工作者的责任心。因为知识掌握在知识工作者的大脑里，他们是否贡献出来，是无法监督的。知识工作者必须自我管理，唯一的办法是提高他们的责任心。其次，让知识工作者自己给自己定任务标准。也就是说，很多情况下我们不知道他们究竟是干多还是干少，应让他们自己定标准，再请熟悉业务的人来评估这样的标准是否合理。再次，知识工作者都可能有这样或那样的缺点，但是这些并不重要，重要的是能够用其所长。因此，领导的任务是要了解知识工作者的长处，并尽量发挥他们的长处，这样他们才会热爱他们的工作、才会有成就感。此外，不能或至少不能只用产出的数量来衡量知识工作者的生产率，质量至少与数量同样重要。最后，企业应把知识工作者看做"资

---

① 〔美〕德鲁克：《21世纪的管理挑战》，朱雁斌译，机械工业出版社2009年版，第118页。

产"，而不是"成本"，并给予相应的待遇；要提高其工作满意度，为他们实现工作业绩扫清障碍。

对于德鲁克的主张，我们还补充认为，在知识分子组成的团队中，不仅要注重合作，还要注重团队任务对每个人在职责上的分解，以使得能对工作成果的评价具体而公平。要注意保障真正有能力的人在合适的岗位上工作，因为知识工作者看不起庸人，如果将庸人置于他们的上面，他们就会心灰意懒。再者，要辨别谁在起真正的作用，不要让某些人滥竽充数。另外，管理知识工作者的人员应从知识工作者中选拔，要让他们佩服的人来做部门的领导，他们才会心服口服。

五、哈默买公牛

曾经创办标准石油公司的哈默是一个重视中美关系的企业家，他曾经购买陈逸飞的油画送给邓小平同志，使得陈逸飞声名鹊起。在哈默的企业经营实践中，曾经发生过一个有趣的故事。

有一段时间，哈默买了一个种牛场。不过，他发现，他的种牛不如其他人的种牛好。每年种牛场都会举办种牛评比，其中一头冠军打动了哈默，他就与冠军的拥有者洽商购买。卖家初开了个价，他嫌贵没买。第二年，他又想买，结果，虽然牛更老了，但是价格却升上去了，哈默生气之下没买。到了第三年，价格更高了，哈默咬咬牙买下了。结果，那头种牛冠军虽然在哈默这里只服役了三年，但是它所做的贡献却远远高于他为引进这头种牛所付出的花费。哈默感慨地说，他因为犹豫不决而损失了两年的美好时光。

许多企业都碰到过相似的情况，这说明了前瞻性的重要。前段时间刚退任不久的前花旗银行董事长兼CEO桑迪·韦尔当年就遇到这种情况。有人向他推销一支球队的一半股权，需要花400万美元，他觉得球队当时处于亏损状态,就没买。可是,随着体育电视转播权价值的上升,球队的价值很快就直线上升了,结果,他没有能赚到后来球队价值上升所带来的好几亿美元。同样,当年阳光文化的吴征在与新浪做了一笔十分划算的生意以后,拥有了新浪百分之二十的股权。此后新浪的股价持续下跌,吴征就在股价最低的时候把新浪的股份卖掉了。不久,新浪的股票直线上涨,吴征少赚了几亿人民币。

买东西要买好的,而不是买便宜的,特别是当机遇来临的时候。对于企业并购来说,一定要并购好的企业(或项目),而不要并购衰败的企业(或项目)。前者初看起来成本很高,但因为企业(或项目)好,它就会增值;相反,那些不好的企业(或项目),初看起来很便宜,但实际上却常常是个无底洞。因此,并购好的企业(或项目)更容易成功,反之则容易失败。

六、曾国藩论英雄

曾国藩是一位文武双全的思想家,也是近代的一位重要政治家。在他最辉煌的时代,他的手下可谓人才辈出,许多是叱咤风云的人物。显然,这些都与他注重观察、总结人才的特点以及注重用人方法是分不开的。

让我们看看曾国藩是怎么论英雄的。他说:"三达德(即孔子的智仁勇)之首曰智:智,即明也。古来豪杰,动称英雄,英即明也。明有二端:人见其近,吾见其远,曰高明;人见其粗,吾见其细,曰精明。"他又说,"大抵人才约有两种:高明者好顾体面,耻居人后;奖之以忠,则勉而为忠,许之以廉,则勉而为廉。卑琐者,本无远志,但计锱铢,驭之于严则生悻,防之稍宽则日肆。"[①]曾国藩的话有两个层面的意思:一方

[①] 参见曾国藩:《挺经》卷四。

面，英雄是有高瞻远瞩眼光的人，这种眼光其实不是天生的，而是培养的，只要经常往远一点看，就与常人不一样的了。同样，他们也注意细节，而不是马虎了事。另一方面，英雄们有自信、自尊，你越是给他们加压力，越是对他们有高的期望，他们会做得越好。相反，对一般人则没有办法施加激励或给予期待；管得严了或要求高了，他们就畏缩了；而管得宽了或要求低了，他们就不识大体、肆意妄为了。所以，曾国藩认为对待英雄和对待常人的办法要区别开来。

既然是英雄，就要尊重他们，尊重的方式之一是对他们委以重任。举例来说，春秋时期的晏婴也是爱才的人，他曾经遇到一个叫石越父的，后者因为负债拿自己作抵，晏子就把自己坐的马车卖了，把他赎了出来。过了一段时间，石越父宣布要和晏子断交。晏子很吃惊，忙问原因。石越父说，你既然已经知道我有才能，但是把我赎出来以后却不用我，这是不尊重我。结果晏子赶忙道歉①。

对于企业家来说，未来比现在更重要，怎么结束比怎么开始更重要。如果按照曾国藩所说"所谓的英雄就是高明加精明"来衡量的话，那么，企业家和职业经理人必须让自己成为英雄。高明就是比别人看得远一些，精明就是比别人看得深入一些、细致一些。真正的英雄不是做出结果之后再去盖棺定论，而是在做出结果之前就已经可以看得出来了。

七、庄子坐忘

庄子是个浪漫的哲学家，他认为道的境界是一种超越具体技术的圆融境界，不能拿日常所学来衡量，甚至应当忘记日常所学。《庄子》书中讲了一个孔子教颜回的故事。孔子的教法不是让颜回掌握个别的知识越多越

---

① 参阅许倬云：《从历史看组织》，上海人民出版社 2000 年版，第 19 页。

好，而是要忘记得越彻底越好，这就是"坐忘"。当然，这是个寓言故事。

在武侠小说《倚天屠龙记》中，金庸讲了武学大师张三丰和他的孙子张无忌的故事。当张三丰遭遇暗算、并且大敌环伺时，张无忌隐瞒身份准备替张三丰退敌。他在众目睽睽之下现场向张三丰学太极拳和太极剑。在学太极剑时，先是张三丰现场表演给他看动作招数，看完后他思考了一会儿说，忘了大半了。听了这话之后，武当派的人和陆续赶来助拳的明教的人都是心里一"咯噔"。接下来张三丰又做了些示范。张无忌看完后，沉思了一下说，忘得差不多了。听了这话，友军的那些人几乎全都绝望了。结果，张无忌在却敌的时候，没有按照一招一式来打，而是以无招胜有招，大获全胜。

显然，坐忘不是忘记所有的东西，而是忘记有迹可寻的东西；或者说，坐忘是需要融会贯通，达到对本质的理解。许多企业管理者学了一些管理理论之后却食而不化，只会按部就班或生搬硬套，这就需要来个"坐忘"。

第十七章
中国式企业管理哲学

中国企业的管理需要形成自己的管理哲学,它不仅体现本土化的特色,更需要体现前瞻性的思考。

成功的管理模式本身就是一种高妙的管理哲学。从国际范围看，印度模式已经成为国际管理学界议论的话题；相形之下，中国的管理模式似乎还停留在"世界工厂"的层次上。"世界工厂"与"世界制造中心"的意义是不一样的；后者是行业标准的制定者，也是技术开发中心。而作为世界工厂，其利润是微薄的；作为世界制造中心，则具有很高的附加价值。在走向世界制造中心的过程中，需要付出多方面的努力，尤其是需要通过企业管理哲学的省察来提升认知层次。因此，当我们探讨中国式的管理模式时，需要探讨中国式的企业管理哲学。问题就是：我们的理想管理模式是什么？如果想创造真正具有影响力的管理模式，中国企业应当做些什么？

一、经济崛起与管理模式

根据2011年初日本内阁府公布的数据，2010年中国经济总量已经跃居世界第二位。随着中国经济的崛起，人们自然地期待中国式的管理模式的诞生。不过，虽然经济崛起为企业探索卓越的管理模式提供了舞台，却并没有这种自然而然的趋势在发生。在某种程度上可以说，卓越的经济成就与平庸的管理模式的问题正在困扰着企业家。

因文化差异和管理风格的不同，企业的管理模式也不一样。因此，不同的国家都有不同的管理模式，不同的企业也有不同的管理模式。不过，从比较的角度来说，由于管理模式与企业竞争力有关，管理模式仍有高下之分。好的管理模式能够克服文化的阻力而不断发展，使企业的经营能力不断升级，从单一的竞争力转向综合竞争力，如从代工转向人才密集型、资本密集型、技术密集型以及文化密集型的管理模式转变。

无疑，经济崛起是中国为世界所瞩目的亮点所在。在经济发展的过程中，中国企业走过了经济发达国家同样的路程，即将进入一个大的提升阶段。虽然中国的制造业已经成为"世界工厂"，但是，由于它的经营缺乏独立的技术和品牌的支持，加上主要是低成本的竞争，因此，除了少数企业（像华为、海尔、中兴、联想等）以外，其管理上的做法都还说不上是有"模式"意义的。而那些表现比较突出的企业，都经历了贸易、制造、技术和品牌的过程，目前尚未达到技术上的领先性，也没有达到足够大的规模。可以说，都还只是处于转型阶段。相比之下，IT产业的发展比较迅速，但仍较多地突出了制造业主导的特点。一些企业（如互联网）已经具备了与跨国公司在国内的竞争能力，也取得了较好的效益。不过，由于国有垄断企业的控制，国内的民营企业仍然举步维艰，难以取得大的突破。

可以说，中国企业已经展示了制造业低成本的管理模式，但是，它所受到的挑战将大于它的竞争能力。这些挑战包括缺乏积极投资于研发创新的文化意识，人力成本和土地成本上升的压力，国际市场环保标准的提高以及民族主义的市场保护意识的抵抗等等。

然而，外在环境的任何挑战都不如来自企业内部的挑战大。企业内部的最大挑战，是企业家只看见有形的东西，而看不到无形的东西[①]；愿意投资项目，而不愿意投资智慧。

二、民营企业的发展走向

由于中国民营企业所处的特殊的环境，特别是垄断企业与民营企业之间的政策鸿沟，使得民营企业必须花费很大的人力物力来解决各种摊派、关系、企业在政策上的安全性等等问题，而不能真正集中精力于经营管

[①] 法国《论坛报》2007年3月13日文章《非物质资产成为企业发展的关键因素》报道，根据一份对98家上市企业的调查结果，非物质资产（特许权、商标、研发能力、合同、市场份额等）平均占到企业总资产的60%。转引自《参考消息》2007年3月15日。

理。这当然是目前市场不成熟的集中表现。但是，也正因为如此，民营企业需要花更多的时间和精力来思考未来。

我们通过调研认为，对于民营企业来说，目前主要存在着十个方面的障碍（或问题）。第一，非国民待遇。由于历史的成因，民营企业尚未真正在市场准入、融资、税收等方面享受到国民待遇，特别是在朝阳产业领域，经常受到准入的限制。第二，有些民营企业对政府的依赖性太强，缺乏独立分析产业趋势的能力，同时也缺乏直接面向市场竞争的锻炼。第三，多数民营企业过于依赖自己的经验，缺乏系统地学习和思考，忽视企业发展的不同阶段需要用不同的管理方法来管理，特别是一些民营企业还受到自己过去的成功所带来的束缚。第四，民营企业常常囿于家族企业的思维模式，难以真正做到规范化管理，特别是通过制度实现的规范化管理。许多民营企业为了实现规范化管理而引进所谓的"职业经理人"，但是，要么所引进的职业经理人是假的、不合格的，要么因为企业自身没有做好准备，不知道该如何用好职业经理人。第五，民营企业一般都没有能够真正解决"二次创业"的问题。所谓的"二次创业"，其目标并不是第二次创业，而是要解决战略转型、制度化、利益再分配、企业文化惰性以及"元老问题"等等。易言之，二次创业不是真正意义上的创业，而是解决和克服继续发展中的的困扰和障碍。第六，民营企业在产业转型的过程中，大多缺乏产业趋势分析的能力，往往是"一头撞到底"。在新技术日新月异的今天，产业的变动极为迅速，企业需根据自己的能力和资源，随时调整自己的产业定位和产业链。第七，民营企业多缺乏人才培养的机制。一方面，家族企业的人力资源存在着障碍或瓶颈，另一方面，民营企业常由于员工的流动性而担心对人才的投资付诸流水。实际上，就像我们前面的分析，只要有很好的机制，这个问题是可以解决的。第八，民营企业一般不太懂得企业文化，或者他们虽然对于企业文化有一些直观的感受，但是并没有能力改变和建设好的企业文化。第九，民营企业对于新思想的借鉴能力和学习能力多比较差，虽然有学习的热情，但常缺乏辨别能力，往往被一些错误的观点所吸引。例如，许多管理者在谈论管理上的"人无我有，人有我特"的说法，然而这种说法是违背管理规律的。再如，所谓"蓝海战略",只是大型企业(或创业型企业)的创新的机遇,并不适合一般的中小企业。对于中小企业来说,基本没有所谓的"独特领域",它们需要在自己的业务领域里实施专业化,并加强对产业边界的拓展。第十,许多民营企业对于外部环境的关注和反应比较滞后;包括对政策、机遇、竞争中撞车的可能性的认识等方面。例如,很多民营企业不了解日本等国逐渐提高食品农药检测标准的趋势(并且最近已经大幅提高标准)的事实,不了解欧洲不断提高环保标准的政策,因此,在对外出口时就难免会遭受严重的损失。

企业经营是经营的是未来,而不是现在或者过去。对于未来,民营企业家需要培养战略性思维,特别是前瞻性的眼光。民营企业有辉煌的未来,但是,这个未来不是画饼充饥,而是通过竞争力的提升来实现的。民营企业必须切实地思考核心竞争力,包括商业模式和比较优势,而不能是只顾抓项目的机会主义者。可以说,解决企业整体价值的问题,是企业突破瓶颈的重要途径所在。民营企业需要了解企业是如何成长的,以避免完全依靠经验的做法。企业的成长有普遍的规律,一般是把企业的架构与经营能力之间的相互关系作为基础来思考的。例如,当遭遇行业激烈竞争(甚至是无序竞争)以及遭遇到账单回收的困难等问题时,企业必须调整自身的经营策略,包括考虑是否放弃和重新选择。

人力资源与企业文化上的问题将成为民营企业发展的关键,并且二者是对应的关系。特别是家族企业的人力资源与企业文化,常会受到亲疏意识的影响,难以实现公平和激励。为此,需要重新思考企业的人力资源政策,并通过新的制度来帮助实现企业文化的转型。例如,家族企业可以通过完善决策体系和治理结构,以及制定严格的执行标准,来避免随意性和主观性,同时保障那些卓越的人才能够获得应有的地位,最大限度地发挥其作用。此外,民营企业大多在企业文化上比较注重形式,如花费很多资金去设计LOGO或做形象包装,而对于企业内在的问题却缺乏足够的关注。这就容易出现内外不一致的情形。因此,家族企业需要深入理解企业文化的特点,通过制度设计和文化理念的引导来变革企业文化。

由于民营企业对政府的依赖性太强,因而民营企业被政府误导的事情似乎不少。例如，许多几乎没有任何动漫知识背景的企业纷纷进入了动漫产业，直到他们的产品销售遇到障碍时，才发现自己进入了一个不熟悉的产业，不仅耽误了原来的专业化努力，也未能在新的产业里有所突破或斩获，损失很大。有些地方政府喜欢形象工程，引导民营企业也迎合其"好大喜功"的做法，使得民营企业在忽忽悠悠中蒙受巨大损失。因此，民营企业需要建立有效的决策制度，以避免因一时的热情澎湃而看不到存在的陷阱。《孙子兵法》中的理性决策的态度，应当为民营企业的企业家所采取。

与民营企业相比，国有企业呈现出两极分化的态势。那些拥有垄断权利的企业固然可以继续高歌猛进，但是，那些处于竞争性行业中的国有企业就遭遇了严重的困难。虽然有经济学家主张管理层参与利润的索取和分配权，或者实行MBO，但这里仍然存在巨大的问题。前者的问题在于，单纯依靠利润分配和效益激励，是不能保障管理层的满足的，除非企业管理层拥有职业化的素质，否则他们不会满足于只得到部分利益，而是希望获得全部利益（因为人的贪欲是无底洞），最后还是会把企业做破产处理（或卖掉）。至于后者，我们认为不能仅仅搞MBO，而是应把企业公开拍卖处理；除非竞争性的国有企业的管理者具备职业化素质，否则就难以解决长期连续经营的问题。因此，我们建议所有竞争性的国有企业应尽早拍卖，尽快融入市场制度中。当然，拍卖要采用邀标制，而不是一般的所谓"挂牌"。邀标的对象应当公开公示，并采用听证会的方式竞标。

民营企业的发展将成为中国经济发展的主流。当前，民营企业艰辛的生存处境应当受到足够的关注并改变，他们对于国家的贡献以及涌动出的"产业报国"的热情应当受到充分肯定。因此，政府应当着力最大限度地从体制上消除各种人为的限制和壁垒，促进民营企业参与市场的公平竞争。并通过立法引导促进民营企业的规范化管理，使民营企业有更大的舞台，做强做大。此外，不仅要被动地保护私有财产，而且要主动地解除民营企业所受到的各种限制，以减轻民营企业的各种负担。只有这样，才能塑造出卓越的企业，才能体现出真正有价值的经营管理模式。显而易见，一个带着镣铐的企业，是无法释放出真正的创造力的。

三、在比较中学习

　　管理模式与文化传统、企业特点和经营风格密切相关，因此，管理模式应当是细化的、具体的，而不是笼统的、抽象的。虽然可以从大的方面来理解管理模式，但是，所谓的"亚洲价值观"和"亚洲模式"这样的概念是不存在的。这不仅是因为管理经验和技术上的差距，还包括企业家群体在自觉程度上的差距。

　　文化的差异导致管理风格会有很大的不同。例如，以家族文化比较浓厚、熟人文化特点显著、社会信任度较低的中国与日本相比较而言，这个差别更是显而易见的。由于几十年的市场文化缺失，中国的企业显得比较急功近利。日本的企业不仅人力资源比较丰沛、企业规模大，而且重视未来性和积累性。尽管日本的一些企业（如索尼）曾经因为自己的领先而变得傲慢和不思进取，但从总体来说，日本企业所共同信奉的"质量立国"和节约型的经营风格，是具有强大竞争力的。相比而言，其他国家的管理仍然未能达到可以与之争雄的阶段。

　　从社会文化对管理模式之形成的影响来看，它与一个社会的核心价值及其在组织（或企业）中的体现是密切相关的。德鲁克把日本的企业文化及商业伦理归结为"相互依存"的伦理和价值观。可以说，日本的企业文化是建立在社会伦理的基础上的，它更多地从利益相关者的角度来思考问题，因而比较注重稳定的关系和合理的利润，适度的竞争和相互信赖。而美国的企业文化则建立在自由竞争的基础上，它比较偏重于各种管理技术、注重科学方法的运用。

　　然而，在最近的十年，美国的企业管理模式（特别是注重效率的模式）影响到了日本和欧洲。就此而言，以国家为单位的管理模式也并非是真正的"模式"，更多的只是一种"背景"。在这种背景下，企业可以体现各自独特的管理模式。例如,丰田公司长期具有可持续增长的力量,既体现了日本文化的特点,也是消化了一些注重效率管理的管理模式的结果。

针对上述不同的特点的管理模式,若要采取比较、借鉴的策略,就要首先考虑作为一个优秀企业的一般特性,其次是要考虑到企业所处的阶段及相应的管理方法,从未来发展的角度进行借鉴或选择。

四、中国式管理的文化基础

思考中国式的管理,需要优先考虑中国的文化基础,包括积淀的文化和变化、发展中的文化,有利于发展的文化和妨碍发展的文化。

唤起精英意识是一个重要的文化基础,企业家的使命感是一个国家的企业文化的重要组成部分。从"学而优则仕"到"学而优则商",精英意识是企业家共同的文化基础。尽管由于诚信的缺失,许多人希望紧紧护卫所谓的"信用"和"良善"等"底线伦理"或者"底线文化",然而,这种防御性的心态不仅不能解决一个社会的理想问题,也会使得社会精英变得自我满足和傲慢,以为自己已经超过了社会底线的要求,对社会上的各种黑暗面极尽谴责之能事,而不去提出建设性的意见、从事具体的引导,以践行理想。从几十年来儒家成为许多知识分子的利禄工具可以看出,"知行合一"的理想必须与精英的自律的要求相结合,理想主义必须与建设性的改善主义方法相结合。只有精英企业家的自我意识觉醒,以追求事业和解决民生问题为己任,才可以与世界上的优秀企业家竞争(这当然也包括前面提到的日本的优秀企业家,而日本企业的文化基础,很大程度上来自中国传统文化的遗泽)。

传统的职业自豪感是企业文化可以借鉴的重要内容。职业自豪感来自职业化的态度和自信,来自热情和投入,以及来自对自己产品的珍爱。企业之所以会珍爱自己的产品,除了"敝帚自珍"的意识或情感以外,最主要的是觉得自己按照高标准来做事情，那么消费者也会尊重我的产品。古代好多匠人都希望自己的产品能落到知音手中，能够卖到热爱自己产品的有识之士手中，否则再多的钱也不卖。这不是简单的缺乏市场意识的行为，而是有高度的职业自豪感的表现。就像科勒龙头的广告一样："你能不能造出一所房子，配得上我们的龙头？！"

"老字号"是传统商业文化的精髓。老字号注重企业的可持续发展，注重信誉、品牌和老店的传统，注重吸引老顾客。之所以能够吸引老顾客，凭的是优良的产品品质、卓越的服务、热情周到的服务。因此，我们今天不仅要保护老字号，更要保护老字号的文化底蕴和文化内涵。老字号的经营哲学的复兴，是一个重要的文化传承和哲学运动。

包容性和兼收并蓄，这是中国自古以来文化发展的奥秘所在，也是企业发展的关键。特别是在企业获得阶段性成功之后，千万不能变得自大、傲慢，沉迷在自己的美梦中，否则就会被人超越、淘汰。而要始终善于向他人学习，就得善于思考，态度真诚，研究深入仔细，否则就只能得其皮毛乃至糟粕而已。对这一点，大企业也不能例外。以海尔和TCL在国内的地位，他们的老总在学习美国通用电气公司和杰克·韦尔奇时，却基本上仅得了其表象，而没有得其真髓。他们对问题缺少深入仔细的研究，仅仅依靠所谓的"多元化"来为自己做辩护，而忽视了在多元化过程中，应选择朝阳产业的问题。多元化需要经营能力和相应的条件，尤其是资金密集、人才密集和技术密集。如果学习仅仅停留在表面上，那是有害的。海尔的电视、手机、电脑都不及其冰箱、洗衣机的品牌具有号召力，就是一个重要的警示。

借鉴传统的思想资源并且对其做合理权衡，是一个基本的选择。可以把传统哲学转化为企业不同发展阶段的文化力量。业商重视创业，重视形成自己的商业模式；法商重视纪律和法度，重视制度化管理；儒商则是在此基础上，重视文化的力量、人才培养和领导力。儒商之所以能坚持比较高的道德标准和社会责任，是因为他们善于发挥诚信、品牌和人才的力量，在经营能力上高出普通人一筹。当然，历史上法家和儒家的文化存在着冲突，但在儒商那里，他们可以借鉴（或包容）法家的长处。"道商"

在经营上得心应手，而圣商则把回报社会和发挥精英责任作为企业的目标。这些也是企业家应当自觉追求的发展过程。

传统文化中也包含着许多消极的因素。人治就是其中的一个消极的文化传承。"亲疏有别"在一些情况下变成了"双重标准"，这也是消极的。企业应从"人治"转型为"法治"，这需要突破传统上双重标准的文化。只有建立起公平的奖惩制度，才能为实现卓越奠定基础。为此，需要打破传统的双重标准的文化，树立规则之上的文化。

创新是中国近代以来的文化传统，也是与传统哲学中的"生生不息"、"维新"等思想息息相关的。能够持续创新是世界各国文明发展的动力，更是企业发展的动力。许多人只知道积累和守成，却忽视了"以攻为守"的中国兵家哲学的深邃意蕴。创新是企业走向国际的保障。如果一个企业在国际上还在卖没有自己的核心技术和自主品牌的产品、卖没有附加价值的产品，是谈不上竞争力的。创新是全球化时代企业获取竞争优势的通行证。

五、中国企业的管理哲学

中国的企业管理模式需要提炼和形成自己的管理哲学。这种管理哲学不仅要研究管理中的哲学问题，更要用哲学方法来研究管理问题。当然，最理想的状态是用自己的哲学来研究管理问题。

无论用什么样的哲学来研究管理问题或体现管理境界，都需要以企业家为核心。这需要从三个层面来分析：一是企业要与中国社会的发展进程相适应，也就是与时俱进。追求可持续发展和不断完善的市场制度，是企业发展的新的契机，当然也提出了新的挑战。对于那些学习型和规范管理的企业而言，是契机；而对于那些依赖政府和管理不规范的企业来说，是挑战。二是已经出现（并将继续出现）一批具有精英意识的企业家（如柳传志），并将形成中国的优秀企业的基本模式。这些模式将建立在职业化的基础上，同时也建立在洞察人情世事的基础上，其特点之一是善于挖掘相互依存的伦理价值和文化力量。三是卓越的企业将展现企业自身的特点和独特魅力。卓越的企业务实而不急功近利，有明确的理念而不流于口号。

与中国的企业发展相适应的管理哲学，并不仅仅体现为本土化的特色，更需要体现出前瞻性，并在中国企业对可持续发展的追求过程中，成为领头羊。当前，一些已经初步实现职业化管理的公司，就是与可持续发展的方向相适应的，并且具有未来性的企业。

体现中国文化特点的卓越企业群体，更注重"以人为本"。以人为本是普世的、美好的价值理念，是中国老字号的文化血脉所在。中国优秀的企业将结合直觉与理性决策，摒弃只凭感性或直觉做判断的经营方式（因为它缺乏理性思考和科学决策的精神）。从科学决策的角度来说，中国的优秀企业需要向世界上的优秀企业学习。不过，中国的企业有其独特性，比如说，它更注重中道（或新中道）的价值和方法。"太极生两仪"，战略决定成败，细节也决定成败，最终是是否具有追求卓越的企业文化决定企业发展的成败。

对于代表中国管理哲学的企业来说，入道和悟道是他们的境界。俗话说，"盗亦有道"，企业经营更应是"有道"的。"道"是微妙而不可言说的，但可以通过实例和比喻来领悟、来启发企业家的智慧。庄子说，道在"矢溺"；禅宗说，百姓日用即道。从法家的角度来说，企业的经营如果让管理者称心如意，则一定不能让员工称心如意。企业管理如果任人唯亲，那么人们自然没有动力和激情；企业管理如果所心所欲，则员工必将无所适从。因此，经营的方法和标准必须透明，必须约束那些容易产生冲突的文化力量和亲信的力量。从儒家的角度来说，企业如果没有尊重人才、重视人才的文化，就会沦为"独乐乐"，很容易成为孤家寡人。从道家的角度来说，企业如果能充分发挥人们的潜能，能让人们自觉地行动，就可以实现无为而治。

企业家如崇尚无为而治，就必须知道，只有员工充分发挥其潜力，以文化发扬其自觉，以制度引导充分竞争，才能得员工之心，遂老板之愿。曹操告诉士兵说，前面有梅林，饥渴的士兵们自然奋勇向前。不过，应当记住，曹操是爱才如命的，这是三国归于魏的基石。培养人才模式的成熟，是我们的管理哲学走向成熟的标志。

中国企业的管理哲学，正在企业家的不断实践之中。

参 考 文 献

（宋）朱熹：《四书集注》，中华书局1957年版。

陈鼓应：《〈老子〉注释及评价》，中华书局1984年版。

陈鼓应：《〈庄子〉今注今译》，中华书局1983年版。

陈曦：《〈孙子兵法〉译注》，中华书局2011年版。

〔美〕亚伯拉罕·马斯洛：《动机与人格》，许金声等译，中国人民大学出版社2007年版。

〔美〕亚伯拉罕·马斯洛：《人性能达到的境界》，马良诚译，陕西师范大学出版社2010年版。

〔英〕格伦迪：《大师论战略》，王磊、原磊译，华夏出版社2005年版。

〔美〕郭士纳：《谁说大象不能跳舞》，张秀琴、音正权译，中信出版社2006年版。

〔美〕弗朗西斯·福山：《信任——社会美德与创造经济繁荣》，彭志华译，海南出版社2001年版。

〔美〕杰克·韦尔奇、苏茜·韦尔奇：《赢的答案》，扈喜林译，中信出版社2007年版。

〔美〕杰克·韦尔奇：《杰克·韦尔奇自传》，曹彦博等译，中信出版社2001年版。

〔美〕吉姆·柯林斯、杰里·I.波勒斯：《基业长青》，真如译，中信出版社2005年版。

〔美〕彼得·德鲁克：《21世纪的管理挑战》，朱雁斌译，机械工业出版社2009年版。

〔美〕彼得·德鲁克：《管理的实践》，齐若兰译，机械工业出版社2006年版。

〔美〕彼得·德鲁克：《管理：使命、责任、实务（使命篇）》，王永贵译，机械工业出版社2009年版。

〔美〕彼得·德鲁克：《管理：使命、责任、实务（责任篇）》，王永贵译，机械工业出版社2006年版。

〔美〕彼得·德鲁克：《管理：使命、责任、实务（实务篇）》，王永贵译，机械工业出版社2007年版。

〔美〕彼得·德鲁克：《创新与企业家精神》，蔡文燕译，机械工业出版社2007年版。

〔美〕迈克尔·波特:《竞争优势》,陈小悦译,华夏出版社 2005 年版。

〔美〕迈克尔·波特:《国家竞争优势》,李明轩、邱如美译,中信出版社 2007 年版。

〔英〕汉纳根:《管理:理念与实践》,周光尚等译,中国社会科学出版社 2006 年版。

〔美〕威廉·大内:《Z 理论:美国企业如何面对日本的挑战》,朱雁斌译,机械工业出版社 2007 年版。

〔美〕戈麦斯·梅西亚、戴维·鲍尔金、罗伯特·卡迪:《管理学——人·绩效·变革》(第 3 版),詹正茂主译,人民邮电出版社 2009 年版。

〔日〕涩泽荣一:《论语与算盘——人生·道德·财富》,上海译文出版社 1999 年版。

〔秘鲁〕索托:《资本的秘密》,于海生译,华夏出版社 2007 年版。

〔美〕萨克尼克:《职业的选择》,周文霞译,机械工业出版社 2011 年版。

费孝通:《乡土中国》,北京出版社 2005 年版。

陈少峰:《学而优则商》,新世界出版社 2008 年版。

陈少峰:《正义的公平》,人民出版社 2009 年版。

陈少峰:《企业文化与企业伦理》,复旦大学出版社 2009 年版。

陈少峰:《企业兵法》,金城出版社 2011 年版。

陈少峰、张立波:《文化产业商业模式》,北京大学出版社 2011 年版。

张建国、窦世宏、彭青峰:《职业化进程设计——人才成长的阶梯》,北京工业大学出版社 2003 年版。

商振:《职业精神》,电子工业出版社 2005 年版。

张立波:《论"中"》,《湖北大学学报》2006 年第 6 期。

张立波:《"维权型商业贿赂":概念、成因及路径选择》,《经济体制改革》2008 年第 6 期。

方建国:《竞争经济的伦理基础》,《福州大学学报》2007 年第 4 期。

张维迎、李其主编:《体制与效率》,上海世纪出版集团、上海人民出版社 2005 年版。

张维迎:《竞争力与企业成长》,北京大学出版社 2006 年版。

汪丁丁:《市场经济与道德基础》,上海世纪出版集团、上海人民出版社 2007 年版。

许倬云:《从历史看组织》,上海人民出版社 2000 年版。